明治大学社会科学研究所叢書

福祉測定の歴史と理論

QOL研究の学際的総括と展望

新田 功 著
Nitta Isao

東京 白桃書房 神田

序：本書の目的と構成

　筆者は，広義の「福祉」（well-being）を幸福，効用，厚生などの概念を包括する用語として規定する。そして，この広義の福祉の測定（＝数量化）に関する実証的研究と理論的研究が数百年の歴史を有することを明らかにし，その歴史の中で積み重ねられてきた福祉の測定方法と福祉の数量化の基礎理論について考察する。このように広義の福祉を議論の対象とする理由は，クオリティ・オブ・ライフ（以下，QOL）研究の発展の一助とするためである。

　QOLは多義的であり，このため「生の質」，「生活の質」，「幸福感」等の意味で解釈されることがある。さらに，学際的な概念であるために，多様な解釈がなされるだけでなく，他の学問領域の研究成果が十分に共有されているとは思われないのが現状である。本書によって，QOLに関わりをもつ異分野の研究者たちが，経済学，社会学，統計学，倫理学においてはQOLという用語が登場する以前から，QOLとほぼ同義の広義の福祉に関して先駆的な研究成果が積み重ねられてきたこと，それらの研究成果がQOLの数量化に役立ちうることについての理解が促進されれば幸甚である。

　本書は3つの章によって構成されている。第Ⅰ章では，経済学，社会学，統計学およびその関連領域における福祉（well-being, welfare）の数量化の歴史的推移について考察する。

　筆者は，QOLの概念が登場する以前の，つまり，1690年代から1970年代前半までの福祉ないし生活状態の数量的把握の歴史が，次の6つの期間に区分できると考える。①観察によって経験的に得た数字をもとに，生活状態を推測した期間，②典型的と考えられる労働者家族を選んで，家計を中心とする家族生活の綿密な観察を行った期間，③初歩的な家計調査を通じて消費を数量的に把握しようとした期間，④大規模な貧困調査を通じて生活状態が明らかにされた期間，⑤標本理論に基づく家計調査の期間，⑥福祉を多様な角度から数量的に把握しようという試みが先進各国において熱狂的になさ

れた期間。各期間における福祉の数量化の知的営為について検討することが本書の第Ⅰ章の課題である。

　第Ⅱ章では，広義の福祉，すなわち，個人あるいは社会全体の幸福の数量化（幸福計算）に関する経済学と倫理学の理論的研究の歴史について考察する。最初に，幸福計算の創始者である18世紀後半のジェレミー・ベンサムの時代から1930年代のライオネル・ロビンズによる幸福計算に対する批判までの期間を取り上げる。幸福計算の意義と問題点について考察することが本章の第1の課題である。幸福計算においては効用の基数性が議論の前提とされていたが，ロビンズによる批判以降，効用に関する理論的な研究は，①序数的効用を前提とする無差別曲線分析，②効用を一切前提とせずに消費者行動を説明できるとする顕示選好理論，③個々人の効用を社会全体について集計する方法を議論する社会的厚生関数，④社会的厚生関数が民主主義的手続きによって決定しうるかどうかを議論する社会選択論，という4つの方向で進められてきた。これら4つの方向の研究がQOLの基礎理論を構築するうえで重要な役割を果たしうるかどうかを検討することが第Ⅱ章の第2の課題である。

　幸福計算およびロビンズによる幸福計算批判以後に展開された効用に関する議論は，いずれも，制度や行為をその帰結に従って道徳的に判断する「帰結主義」の立場に立っているだけでなく，その帰結の望ましさを判断する際に，個々人の厚生・効用・満足のみを判断の材料とする「厚生主義」（welfarism）の立場に立っている。これに対して，帰結の望ましさを厚生・効用・満足以外の要因によって判断しようとする立場は「非厚生主義」（non-welfarism）と呼ばれている。アマルティア・センは，人びとの機能（人びとがなしうること，あるいはなりうるもの）に注目し，潜在能力の理論を提示した。この理論は帰結の望ましさを機能の充足度によって判断しようとするものであり，非厚生主義を代表する理論の1つとなっている。筆者は，この潜在能力の理論が，広義の福祉の測定，ひいてはQOL測定の基礎理論としての可能性を秘めていると考える。この理論について考察することが第Ⅱ章の第3の課題である。

　第Ⅲ章では，QOL測定のグランド・セオリーの構築について若干の考察

を行う。筆者は，QOL 測定のグランド・セオリーの構築は極めて困難であり，場合によっては不可能かもしれないことを率直に認める。しかし，たとえ可能性が低いとしても，グランド・セオリー構築のための努力は継続すべきであると考える。筆者は，QOL の理論構築を試みた先行研究においては，方法論的な検討が不十分であったと考える。こうした方法論的な検討の方向性に関する示唆を行って本書を結ぶことにしたい。

目　次

序：本書の目的と構成

Ⅰ　福祉測定の歴史

1　本章の課題　2

2　推算の時代　4

2.1　政治算術の目的と背景　4
2.2　ペティによる生活状態の測定　7
2.3　17世紀末から18世紀にかけての政治算術　12

3　典型調査の時代　18

3.1　18世紀後半から19世紀初頭までの生活状態についての数量的研究　18
　3.1.1　イギリスにおける動向　18
　3.1.2　フランスにおける動向　22
3.2　ル・プレーの家族モノグラフ　23
　3.2.1　ル・プレーの研究の動機と背景　23
　3.2.2　ル・プレーの家族モノグラフ　28

4　初期家計調査の時代　33

4.1　デュクペショーの家計調査　33
4.2　エンゲルの家計調査　37

5 大規模な貧困調査の時代　44

5.1　19世紀中葉のイギリスにおけるサーベイ法の発展　44
5.2　ブースのロンドン調査　46
   5.2.1　ロンドン調査の時代背景と調査の動機　46
   5.2.2　「貧困調査」の方法　50
   5.2.3　「貧困調査」の成果　57
5.3　ラウントリーのヨーク調査　61
   5.3.1　ヨーク調査の動機と背景　61
   5.3.2　ヨーク調査の方法と結果　63

6 標本調査に基づく家計調査の時代　72

6.1　ボーレーの調査の経緯と背景　72
6.2　ボーレーの標本調査　76
6.3　生活標準に関するボーレーの議論　82

7 社会指標運動の時代　85

7.1　社会報告：社会状態の数量的把握　85
   7.1.1　先駆的業績としての『アメリカ合衆国における最近の社会的趨勢』　85
   7.1.2　シェルドン＝ムーア編『社会変動の指標』　88
   7.1.3　アメリカ保健教育福祉省の『社会報告に向けて』　89
7.2　社会的費用の測定　93
7.3　非貨幣的指標　95
   7.3.1　1950年代における国際連合の動向　95
   7.3.2　1960年代の国連社会開発研究所における動向　98
   7.3.3　1970年代前半における動向　102
7.4　主観的指標　106

8 本章のまとめ　111

II 経済学・倫理学と福祉測定の理論

1 本章の課題　120
2 功利主義と幸福計算：功利の概念とその測定法　124

    2.1　ベンサムと幸福計算　124
    2.2　J.S.ミルと幸福計算　129
    2.3　シジウィックと幸福計算　132

3 限界革命と幸福計算　139

    3.1　ジェヴォンズと幸福計算　139
    3.2　エッジワースと幸福計算　145

4 ピグーの厚生経済学とロビンズによる批判　150

    4.1　「福祉の経済学」としてのピグーの厚生経済学　150
    4.2　ロビンズによる幸福計算批判　157

5 無差別曲線分析　160

    5.1　パレートの無差別曲線分析　160
    5.2　ヒックスの無差別曲線分析　162

6 顕示選好の理論　169
7 社会的厚生関数　174

    7.1　バーグソン＝サミュエルソン型社会的厚生関数　174
    7.2　ベンサム型社会的厚生関数　178
    7.3　ロールズ型社会的厚生関数　180

8 社会選択論　184

 8.1　アローの不可能性定理　184

 8.2　パレート派リベラルの不可能性定理　187

9　福祉測定の基礎理論としての潜在能力アプローチ　191

 9.1　センの潜在能力アプローチ　191

 9.2　潜在能力の指標化　195

  9.2.1　ヌスバウムによる機能・潜在能力のリスト　195

  9.2.2　マックス－ニーフのマトリックス　198

10　本章のまとめ　203

III　福祉の測定からクオリティ・オブ・ライフの測定へ

1　本章の課題　216

2　クオリティ・オブ・ライフの理論および測定と科学方法論　218

 2.1　ヘイグの科学方法論から見たオーストラリア統計局のQOL指標作成法　218

 2.2　ウォレスの方法論と塩野谷祐一の価値研究の方法　221

  2.2.1　ウォレスによる方法論の循環図式　221

  2.2.2　塩野谷祐一の価値研究の方法　223

3　クオリティ・オブ・ライフに対する主観的アプローチと客観的アプローチ　226

 3.1　主観的クオリティ・オブ・ライフと類似概念との関係　226

  3.1.1　客観的幸福と主観的幸福　226

  3.1.2　幸福，満足，快・不快の感情と主観的クオリティ・オブ・ライフ　227

 3.2　主観的クオリティ・オブ・ライフと客観的クオリティ・オブ・ライフ　229

4 クオリティ・オブ・ライフの理論と測定の枠組み　231

- 4.1　クオリティ・オブ・ライフを把握する4つのレベル　231
- 4.2　ミクロレベルのクオリティ・オブ・ライフの理論と指標　233
- 4.3　メゾレベルのクオリティ・オブ・ライフの理論と指標　236
- 4.4　マクロレベルのクオリティ・オブ・ライフの理論と指標　239
  - 4.4.1　人間開発指数（HDI）　239
  - 4.4.2　OECDの「よりよい暮らし指標」と国連の『世界幸福度報告』　243
- 4.5　グローバルレベルのクオリティ・オブ・ライフの理論と指標　247

5 本章のまとめ　251

参考文献　255

索　引　269

あとがき　273

I

福祉測定の歴史

1 本章の課題

クオリティ・オブ・ライフ（quality of life，以下 QOL と略称）という概念は近年登場したものであり，その測定の歴史はせいぜい 1970 年代まで遡ることができるにすぎない。しかし，QOL の類義語である「福祉」（welfare, well-being）に着目するならば，その歴史は古く，福祉の測定を意図した研究は 17 世紀後半のペティ（William Petty, 1623-1687）の研究にまで遡ることができる。もっとも，福祉という用語に拘泥するのであれば，福祉の測定は断続的に行われたにすぎない。しかし，福祉という用語を明示的に用いていなくても，人びとの幸福や生活の充足度を把握することを直接・間接の目標とする，生活状態の数量的分析に注目するならば，この種の研究は 17 世紀以来今日まで連綿となされてきたと言える。本章の課題は，QOL 測定に先立つ，福祉ないし生活状態の数量的把握の歴史的変遷について考察することにある。

図 I.1 福祉（生活状態）測定法の推移

QOL の概念が登場する以前の，つまり，1970 年代前半までの，福祉ないし生活状態の数量的把握の歴史は，図 I.1 に示すような 6 つの期間に区分することができる[1]。第 1 期は，推算の時代である。これは統計調査を行わずに，観察によって経験的に得た数字をもとに，生活状態を推測する時代であり，ペティによる標準生活費の推定作業をその代表的なものとみなすことができる。第 2 期は，ル・プレー（Pierre Guillaume Frédéric le Play, 1806-

1882)の「モノグラフ」の方法に代表される，典型調査の時代である。これは典型的と考えられる労働者家族を選んで，家計を中心とする家族生活の綿密な観察を行うものである。第3期は，家計調査を通じて消費を数量的に把握しようとした時代である。生活の欲望の充足される程度が国民の福祉を決定すると考え，既存の家計調査を利用して消費水準の測定を行ったエンゲル（Ernst Engel, 1821-1896）の研究が第3期の代表的な業績である。ただし，家計調査は標本理論に基づいて行われたわけではなく，抽出された家計の代表性には議論の余地があるため，筆者はこの時代の家計調査を初期家計調査と呼ぶことにする。第4期は，大規模な貧困調査を通じて生活状態が明らかにされた時代であり，ブース（Charles Booth, 1840-1916）のロンドン調査，ラウントリー（Benjamin Seebohm Rowntree, 1871-1954）のヨーク調査がこの時代の象徴的な研究成果である。第5期は，標本理論に基づく家計調査の時代である。この時代にボーレー（Arthur Lyon Bowley, 1869-1957）は家計調査理論を確立し，標本から生活費の推計を行った。第6期は，社会指標の時代である。福祉を多様な角度から数量的に把握しようという試みが，先進各国において熱狂的になされた。このような動向は「社会指標運動」と呼ばれている。

　本章の構成は以下のとおりである。第2節において，推算の時代について考察する。この時代の主役はペティであるが，政治算術学派の若干の論者についても言及する。第3節では，典型調査を代表するル・プレーの研究を取り上げる。第4節では，近代家計調査の嚆矢と言うべきデュクペショー（Édouard Antoine Ducpétiaux, 1804-1868）とエンゲルの業績を検討する。第5節では，ブースとラウントリーの貧困調査について考察する。第6節では，ボーレーの標本理論と家計調査を取り上げる。第7節では，社会指標運動の盛衰について検討する。第8節では，本章で行った考察の総括を行う。

　なお，以下において，家族とは「居住共同に基づいて形成された親族集団」[2]を指す。また，生活水準は「level of living」に対する訳語として，生活標準は「standard of living」の訳語として使用する。

2 推算の時代

2.1 政治算術の目的と背景

　家族の生活状態を数量的に把握しようとする最も初期の試みは，旧家の帳簿あるいは記録を分析することによって行われた。これに続いて，物価や賃金，利潤，税金および消費に関する散在した資料に基づいて，生活状態を数量的に把握する試みがなされた[3]。しかし，これらの試みによって推測された生活状態は，ごく限られた地域あるいは階層のものにすぎなかった。

　福祉の把握を目的として，一国あるいは一地域の住民の生活状態を数量的に捉えようとしたのが，経済学と統計学のパイオニアの1人である，ウィリアム・ペティである[4]。1623年，イングランド南部の小都市ラムジーの織元の家に生を享けたペティは，数奇な運命をたどった。14歳で水夫になったものの，彼は乗船中に足を怪我すると，同僚の水夫によってフランスのカーン近くの浜辺に遺棄された。怪我の回復後，同地のイエズス会のカレッジで1639年頃まで学んだペティは，1640年にイングランドに帰国すると，1643年まで海軍に勤務した。その後，彼は，オランダとフランスへの遊学を経て，イングランドに帰国し，家業の織元を短期間継承した後，複写機を発明してその販売のためにロンドンに転居した。ロンドンでは，彼は自然研究者の私的サークル「理学協会」（後の王立協会）に加入し，人口統計学の祖，グラント（John Graunt, 1620-1674）と知己になった。その後，医学博士の学位を取得するために，彼はオックスフォードに移動した。1649年にペティはオックスフォード大学の学位を取得し，1651年には同大学解剖学教授に就任した[5]。教授になって間もなく，ペティはアイルランド派遣軍の軍医監に任命される。彼は，1652年にこの島国に渡航してから1687年の死に至るま

での35年間のうち，約24年間をそこで過ごすことになる。

　このように起伏に富んだ人生を歩んだペティであるが，こうした人生の起伏は，彼の生きた時代の政治状況を反映したものであったと言える。17世紀初頭に，チューダー朝がエリザベスI世（Elizabeth I, 1533-1603）の死によって途絶えたことにより，スコットランドからジェームズI世（James I, 1566-1625）が迎えられ，スチュアート朝が成立した。それまで王と議会は協調していたのに対し，ジェームズI世は王権神授説を信じ，中産階級主体の議会と対立した。1625年に即位したチャールズI世（Charles I, 1600-1649）も議会無視の態度をとったので，議会は1628年に「権利の請願」を可決した。しかし，国王は翌年議会を解散し，以来11年間議会を召集せずに専制政治を行った。やがて，スコットランドの反乱鎮圧で財政難に陥ったため，1640年に国王は短期議会および長期議会を召集することになった。しかし，議会は王の失政を非難し，それに対して国王が武力干渉を図ったことから，長期議会の最中の1642年に，ついに内乱が始まり，この内乱が清教徒革命に発展した。ペティがイギリス海軍を離れてオランダとパリに遊学したのは，イギリスの内乱が白熱化したときであり，彼はこの種の騒動と関わりをもちたくなかったら大陸に逃れたと想像できる[6]。

　ペティのオックスフォード大学での学位取得および同大学での解剖学教授就任，さらにはアイルランド派遣軍の軍医監の任命，そしてアイルランドでの浮沈は，いずれも清教徒革命の政治的なうねりと密接な関わりをもっていた。1642年に内乱が始まると，国王はオックスフォード市に宮廷を移し，オックスフォード大学を接収した。しかし，1646年に議会軍は同市を奪取し，翌47年には国王に対して忠実であった同大学を改組した。そして，前述の理学協会のメンバーのうち，議会側に好意的な人びとが，新たにこの大学において中心的な役割を果たすようになった。そしてこのことが，ペティにこの大学で学位を取得したいという意欲をかき立てたようである[7]。

　ペティが医学博士の学位を取得した1649年には，議会主権を主張するクロムウェル（Oliver Cromwell, 1599-1658）がチャールズI世を処刑して，一院制のコモンウェルス（共和政）の樹立を宣言した。そしてクロムウェルは議会内の対立派を追放し，独裁的な政治を開始する。彼は貴族院の廃止，ア

イルランドの征服（1652年），第1次イングランド・オランダ戦争（1652～54年）の勝利を経て，1653年には終身の護国卿となって独裁体制を固めた。

　ペティが共和国政府によってアイルランド派遣軍の軍医に任命されたのは1651年のことであり，翌52年にアイルランドに赴任した。彼は，アイルランドでは軍医としてではなく，クロムウェルの収奪＝植民の基本政策に直結する活動に携わった。具体的には，彼は，アイルランド人反徒から没収した土地をイングランド人に分配するための基礎資料となる土地測量，土地の分配，アイルランドの人口調査，この3つの事業を主催したのであった。この過程において，ペティはアイルランドにおける大土地所有者に上り詰めた。こうしてペティは議会派，共和派と利害をともにしながら社会的階梯を上り詰めていったのである。

　しかし，1658年にクロムウェルが亡くなると，クロムウェル一族の庇護を受けていたペティは，土地測量や土地分配について不正行為を働いたかどで議会によって告発され，一切の公職から追放されてしまった。そうしたなかで王党派が勢力を盛り返し，1660年，フランスに亡命していたチャールズⅠ世の息子チャールズⅡ世（Charles Ⅱ, 1630-1685）が帰国して王位に就き，王政復古の時代を迎えた。共和国時代にクロムウェル一族の庇護を受けていたにもかかわらず，ペティは国王チャールズⅡ世からも愛され，土地資産を回復した。さらに，彼はチャールズⅡ世によってナイトに叙せられただけでなく，アイルランドのさまざまな官職に就いた[8]。結局，前述のように，ペティは彼の生涯のうちの約24年間をアイルランドで過ごしたのであった。

　ペティが経済学的・統計学的な学問的成果を生み出すようになったのは1660年代に入ってから，つまり王政復古期になってからである。そして1670年代に，彼は主著『政治算術』と『アイルランドの政治的解剖』（以下，『政治的解剖』）を著した。彼がこうした成果を生み出すことができたのは，上記のような身分的・経済的安定が保障されたことと関連があることは疑いない。

　それでは，これら2つの主著はなぜ1670年代に著されたのであろうか。松川七郎は，王政復古期におけるペティの経済学的・統計学的著作の究極の目的は，「強大な主権者によって統治されるイングランド王国の富強の実

現」[9]にあった，と述べている。具体的に言えば，2つの主著のうち『政治的解剖』は，イングランドの植民地的国家になりつつあったアイルランドを，イングランドの平和と豊かさに役立たせるにはどうすればよいか，という方策を示すことにその目的があった[10]。彼はこの当時すでにアイルランドの物質的利害に大いに関わっていたのであるから，この目的は彼にとって二重の現実的意味をもっていたのである。

もう1つの主著『政治算術』は，当時の国際関係に関する悲観的な意見を論駁することを目的として著された。イングランドは，当時最大の中継貿易国家であったオランダ（当時の正式名称はネーデルラント連邦共和国）と3回にわたり英蘭戦争を行ったが，1670年代前半に行われた第三次英蘭戦争（1672-74年）の際には，オランダを主要敵国とする一方で，隣国のフランスがルイ14世の親政のもとに絶対王政の絶頂期を迎えていた[11]。こうした国内外の情勢に対して，1670年代前半のイングランドにおいては国の現状や前途について悲観論が流布していた。ペティが『政治算術』を執筆したのはこうした悲観論を打ち消すためであった。彼は『政治算術』の序文で，「王国は日ごとに貧乏になっていく」という信念があるが，「イングランドの利害と諸問題とは断じて悲しむべき状態にあるのではない」[12]ことを明らかにすることが同書の執筆の目的であると明言している。

2.2　ペティによる生活状態の測定

以上のような背景と目的のもとに，ペティは『政治的解剖』と『政治算術』を執筆したのであるが，彼は両書が一体をなすものと考えていた。したがって両書に通底する方法論は共通のものである。その方法論とは，ベーコン（Francis Bacon, 1561-1626）の経験論哲学に基づく方法であり，ペティはこの方法について『政治算術』の「序」で次のように述べている。

> 私は，比較級や最上級の言葉のみを用いたり，思弁的な議論をするかわりに〔中略〕自分のいわんとするところを数・重量または尺度を用いて表現し，感覚にうったえる議論のみを用い，自然のなかに実見しうる基礎をもつような諸原因のみを考察する[13]。

このような経験的・数量的・帰納的方法の社会現象の観察への適用が、後日「政治算術」と呼ばれるようになるのであり、ペティはこの政治算術を、『政治的解剖』ではアイルランドの国富の推計に用い、『政治算術』ではイングランド、オランダ、フランスの国富の推計に用いた。ノーベル経済学賞受賞者のストーン（John Richard Nicholas Stone）は、ペティを国民経済計算のパイオニアとして評価しているが、まさしく『政治的解剖』と『政治算術』は国民経済計算の先駆的業績である[14]。

　それでは、『政治的解剖』と『政治算術』において、アイルランドやイングランドの国富はどのように推計されたのであろうか。また、その作業を通じて明らかにされた当時の市民生活はどのようなものだったのであろうか。

　最初に、『政治的解剖』において、国富や市民生活が数量的にどのように捉えられていたのかを見ていくことにする。同書は、アイルランドの土地の総量とその価値、および1641年と1672年の間に生じた土地の所有権の変化について述べた第1章に続いて、第2章では1672年のアイルランドの人口構成と生活標準（standard of living）を論じている。ペティは第2章の冒頭で、「そこには人民、すなわち男子、女子および子供が110万、そこには世帯が20万、かまどが25万」[15]と書いている。ペティが推測したアイルランドの総人口110万人のうち、約80万人がカトリック教徒のアイルランド人、10万人が長老派のスコットランド人、20万人がイングランド人（そのうち半数以上が国教徒）であった。また、20万の世帯のうち、「作りつけの炉」を1つももたない、つまり煙突のない小屋（cabin）に住む世帯が16万、煙突が1つしかない世帯が2万4,000、煙突が2つ以上ある世帯はわずか1万6,000にすぎなかった。

　「アイルランドの産業」と題した第11章で、ペティはアイルランドの煙突のない小屋に住む人々の年間総支出を以下のように記述している。

　　　人びとは自分自身で3、4日間のうちに建てられるようなあばら屋に住み、他人から買わずにすむような食物（タバコは別にして）をたべ、自分自身で飼育する羊の毛を、みずから糸につむぎ、それでつくる衣類をきているのである〔中略〕つまるところ、1人の男子、その妻、3人の子供、

およひ使用人の食物は，貨幣に換算すると1週当たり3シリング6ペンス，すなわち1人1日当たり1ペンスとみつもられるであろう。1人の男子の衣類は1年当たり30シリング，16歳未満の子どもたちのそれは平均して15シリングで，住居の建築は5シリングにも値しない。燃料はとりにいってもってくるだけのことでなんのかかりもしない。それゆえ，総計6人で構成されているこのような1世帯の年々の全支出は，各々1人平均約52シリングにすぎないと思われるのである。それゆえ，これらの建物にいる95万人の住民は，1年当たり237万5,000ポンドをついやすであろう（括弧内筆者）[16]。

同じく第11章で，ペティは，アイルランドの生産力について次のように推計している。

アイルランドの土地と家屋は1年当たり約100万（ポンド）の値があること，人民の労働は300万（ポンド）の値があるであろうこと，そしてこの額は（110万のうちの）約75万人〔中略〕によってかせぎだされているものであり，したがって，各々の労働する人は，もし全部が働くならば，1年当たり4シリングしかかせぎださない[17]。

このようにペティが描き出したアイルランド庶民の生活は，総世帯の8割が「非常に悲惨」[18]な家屋に住み，しかも自給自足に近い状態で，粗末な衣服を身にまとうという寒々しい状況であった。

表Ⅰ.1には1672年当時のアイルランドの国情に関するペティの推計値を掲げた。この表に示されている数字，また，前述のようなさまざまな数字について，ペティはその出所や調査方法について明示していないが，アイルランドの人口と住居に関する数字は，ペティが1659年に非公式にセンサスを行って得た数字である。他方，それ以外の数値は，彼が社会経済現象を実際に直接観察した結果として得られたもの，既知の数字を基礎として，ある具体的な関係をたどって推計されたもの，理論的な推理に数字を当てはめて推計されたもの，平均的な数値を基礎として推計されたものが混在している[19]。

表 I.1　1672 年当時のアイルランドの国状と国富

項　　　目	推計値
土地収益	900 万ポンド
家屋の価値	250 万ポンド
家畜の価値	300 万ポンド
穀物・家具・商貨・船舶等の価値	100 万ポンド
流通貨幣	35 万ポンド
人口	110 万人
世帯数	20 万世帯
ダブリン市と特許区域の戸数	5,000 戸未満
知事，副知事，上級・一般官吏数	約 3,000 人
カトリック教徒	80 万人
カトリック教徒と新教徒の労働日数比	266 日：300 日
国民の支出総額	400 万ポンド
輸出品と船舶の運賃の計	50 万ポンド
アイルランドがイングランドに支払う債務	20 万ポンド
アイルランドからイングランドに輸出される家畜の価値	14 万ポンド
アイルランドとイングランドの輸出入に課される関税	3.2 万ポンド

（出所）Petty, W., *The Political Anatomy of Ireland*, 1691, in Hull, C. H.（ed.）, *The Economic Writings of Sir William Petty*; reprint, Augustus M. Kelley, New Jersey, 1986, pp. 214-217（松川七郎訳『アイァランドの政治的解剖』岩波文庫，1951 年，pp. 202-206）から作成。

　ペティのもう1つの主著『政治算術』は，新書判を縦に約1cm 短くした大きさである。全 10 章からなる同書は次のように3つのパートに区分できる。第1部は，オランダとフランスの国力の比較（第1章，第2章），第2部はフランスとイングランドの国力の比較（第3章〜第5章），第3部はイングランドの国力増進の根拠の実証（第6章〜第10章）である。

　『政治算術』におけるペティの議論の出発点は，国力と国富が同等の場合，国富を増進させることが「人民の富」を増進させるということであった。そして，彼は，国富を決定する要因として，土地についてはその面積よりも肥沃度，地勢，地価を，人口についてもその絶対数よりもその技術水準，機械の使用の程度を重視した。換言すれば，彼は土地も人口もその生産性が重要であると考えたのである。

　このような観点のもとに，ペティは『政治算術』の第1部でオランダとフ

ランスを比較し，オランダとフランスの国土面積の比は1対80，また，両国の人口比は1対13であるのに対して，国力の比は1対3であると結論した。オランダの国力を高めている要因としてペティが指摘したのは，オランダの海運業，中継貿易業である。

続いて，イングランドとフランスの国力の比較を行った第2部では，ペティは，植民地を除くと，イングランドとフランスの国土面積比は1対2.73，人口比は1対1.35であるが，フランスには非生産的な聖職者がイングランドの13.5倍おり，他方，イングランドには生産性の高い海運業，製造業に従事する人口がフランスの4倍いることから，イングランドが必ずしもフランスに劣っていないことを明らかにした。ちなみに，ペティは，国民の大多数を占める「平民」の消費は，イングランドの方がフランスよりも6分の1多いと推計した。

最後の第3部において，ペティはイングランドの国力が増進するであろうことを論証しようとした。まず，第6章では，約40年間のうちに，植民地が増大し，土地改良がなされ，イングランド，スコットランド，アイルランドの人口が増加し，住宅の価値が2倍になり，船舶は3〜4倍に増加し，他方，利子率は半分に低下し，また貨幣も歳入も増加したことから，「イングランドの権力および富は，ここ最近40年の間に増大した」[20]と推測した。

国富の推計および一般市民の生活状態という観点からすると，最も興味深いのが第7章である。この章において，ペティは次のように，イングランドの一般市民の1人当たり支出額の中央値（ペティはmiddleという表現を使っている）を推測している。すなわち，男性労働者1人が食事に支出する金額は1週当たり2シリング，年間で5ポンド4シリングである。また，衣服への支出額は，地方の最貧の女性の召使に与えられる最低賃金である年間30シリング（＝1ポンド10シリング）以下ではありえないし，他のすべての必需品についての支出も年間6シリング以下ではありえないから，これらを合計すると，労働者の支出額は年間で7ポンドと見積もられる，と[21]。さらに，彼は当時のイングランドの人口を1,000万人と仮定し，総支出額を7,000万ポンドと推定した。

第8章では，ペティは，イングランドには年間で200万ポンド余分に所

2　推算の時代　　*11*

表 I.2　イングラドの人口と国民所得についてのペティによる推計

推計項目	推計値
A　イングランドの全人口（植民地を含む）	1,000 万人
B　全人口の食料・衣料その他への支出（1 人当たり 7 ポンド）	7,000 万ポンド
C　地代・利潤・利子	3,000 万ポンド
D　「労働の価値」の年額（B−C）	4,000 万ポンド
E　650 万人（労働可能人口）の稼得年額（1 人当たり 10 ポンド）	6,500 万ポンド
F　期待しうる余剰利得年額（E−D）	2,500 万ポンド

（出所）松川七郎「解題『政治算術』」ペティ著，大内兵衛・松川七郎訳『政治算術』岩波文庫，1955 年，p. 192。

得を増やせるだけの労働力と就業機会があることを論証しようとした。彼は，総支出額＝国民総生産とした場合，土地と資本が国民総生産の 7 分の 3 を生み出し，残りの 7 分の 4 を労働が生み出すと推計した（表 I.2）。

　ペティは，第 9 章で，イングランドには産業を運営するのに十分な貨幣があることを論証し，最終章の第 10 章で，イングランドが世界貿易を支配できるほどの資本を有していることを論証し，不平家が言うほどイングランドの現状は悪くないとの結論を下している。

　以上のように『政治算術』においては，人々の生活状態に関する数量的記述は部分的になされたにすぎない。また，国富および国民所得の推計も極めて大雑把なものであり，しかも推計の基礎も明示されていない。まさに，ペティ研究者の松川七郎が述べたように，『政治算術』も『政治的解剖』もともに「全篇推算の基礎のうえに」[22] 議論を展開している，という評価が適切である。

　しかし，こうした限界があるとはいえ，ペティが，富やその源泉の実態の認識が社会の不安や動揺を克服し，社会全体の福祉を増進する，という視点の下に政治算術を実践したことは大いに評価すべきである。

2.3　17 世紀末から 18 世紀にかけての政治算術

　ペティの上記の二著は，現代流にいえば，マクロ経済学的な視点から，福祉および人びとの生活状態の数量的把握を行った研究の嚆矢である。また，彼の著書が推算に満ちあふれているとしても，ペティの活躍した 17 世紀に

は満足な統計調査が存在しなかったことを考慮すれば，それはやむをえないことだったと言える．

それでは，ペティの研究は後続の研究にどのような影響を及ぼしたのであろうか．『政治算術』も『政治的解剖』もペティの生存中には公刊されず，どちらも彼の死後，名誉革命後になってようやく出版された（前者は1690年，後者は1691年の出版）．出版が死後に延期されたのは，ペティの存命中はまだスチュアート朝が続いており，慎重なペティは，著書が自らに対する批判のきっかけとなることを恐れたためではなかったかと推測される．というのは，『政治的解剖』においては，アイルランドの悲惨な生活状態や，イングランド人によるアイルランド人からの土地の収奪の状況が叙述されており，また，『政治算術』には，スコットランドおよびアイルランドからイングランドへの大胆な移民論が試論として含まれていたからである．

公刊が先延ばしにされたことに象徴されるように，ペティの『政治算術』と『政治的解剖』はイングランド社会やアイルランド社会の改善には直接結びつかなかったと思われる．しかし，ペティの令名は両著の出版によって高まり，彼の後に続こうとする者がイングランドに現れた．ペティを高く評価した論者の1人が，ダヴェナント（Charles Davenant, 1656-1714）である．彼は，シェークスピアの隠し子とも言われたサー・ウィリアム・ダヴェナント（William Davenant, 1606-1668）の長男として生まれ，最初は父親の残した劇場の経営に携わったものの，その後は法律家，下院議員として公共政策や経済問題にかかわった[23]．

1698年に出版されたダヴェナントの『歳入ならびにイングランドの貿易に関する論考』は，ペティの業績に関する議論から始まり，政治算術に関する有名な定義を与えた．その定義とは，「政治算術という言葉で，われわれは，統治に関する物事について数字で推論する術（art）を意味する」[24]というものである．前出のストーンは，ダヴェナントがペティの業績を広く知らしめるうえで大いに貢献したものの，ダヴェナント自身は数字に疎く，政治算術という点に関してオリジナルな業績と呼べるものは残さなかったと述べている[25]．しかし，ダヴェナントは，彼と交流のあったキング（Gregory King, 1648-1729）の研究成果を自らの著書で多用し，キングの業績を後世に

残したという点で貢献した。

　測量技師の子として生まれ，中級紋章官（Lancaster Herald of Arms in Ordinary）の地位に上り詰めたキングは，紋章官として，系譜の記録を管理するうえで，人頭税や出生，婚姻，死亡にかかわる税の情報を入手しやすい立場にあった。また，実弟のトーマス（Thomas King）が物品税を扱う役所に勤務していたことや，ダヴェナントが税務に関わる公職に就いていたことから，キングは彼らからも人口データや経済データを入手したのではないかと言われている[26]。

　紋章院内での権力闘争に敗れ，失意の底にあった1695年頃に，キングは，政治算術の創始者であるペティやグラントの行った推計を検証し，これらの推計に疑問をもった。そこで彼は，1695年から97年にかけて，政治算術の方法を用いて研究を行ったものの，彼の研究成果は一切公刊されることがなかった。もし，ダヴェナントとの交流がなければ，彼の草稿は忘却された可能性が高い。

　キングの遺稿のうち最も有名なものは，『イングランドの状態と条件に関する自然的，政治的観察』という論考である。これは手稿のまま残されたもので，公刊されることはなかったものの，その内容はダヴェナントの著書を通じて膾炙していた。この論考において，キングは，1688年の時点におけるイングランドの人口構成と国民所得および国民支出を表I.3のように推計した。同表に示すように，彼は同年におけるイングランドの世帯数を136万，総人口を550万人と推計しただけでなく，職業や身分などに応じて全人口を26の階級に区分し，それぞれの階級に属する世帯数，人数，それぞれの階級ごとの1世帯当たりの所得，1人当たり所得，1人当たり支出，1人当たり余剰，総所得，総支出，総余剰も推計した。

　表I.3に掲げたのは，キングの原表にある誤りをストーンが訂正した数字であるが，若干の数字については即座に違和感を覚えるであろう。たとえば，貴族ないし準貴族の1世帯当たり人数が2桁の数字になっており，とくに貴族は40人という途方もない数字になっている。これは，この数字に召使いや血縁でない同居人が含まれているためである[27]。また，26階級の中で最下層の浮浪者についても，その人数や所得額，支出額をどのようにして推

表 I.3 イングランドの人口構成と国民所得および国民支出に関するグレゴリー・キングの推計

階級・身分・称号・資格 (単位)	世帯数 (世帯)	1世帯当たり人数 (人)	総人数 (人)	1世帯当たり所得 (£)	1人当たり所得 (£)	1人当たり支出 (£)	1人当たり貯蓄 (£)	総所得 (千£)	総支出 (千£)	総貯蓄 (千£)
貴族	160	40	6,400	2,800	70	60	10	448	384	64
聖職上院議員	26	20	520	1,300	65	55	10	34	29	5
準男爵	800	16	12,800	880	55	51	4	704	653	51
ナイト爵	600	13	7,800	650	50	46	4	390	359	31
エスクワイア	3,000	10	30,000	400	40	37	3	1,200	1,110	90
ジェントルマン	12,000	8	96,000	240	30	27.5	2.5	2,880	2,640	240
上級官吏	5,000	8	40,000	240	30	27	3	1,200	1,080	120
一般官吏	5,000	6	30,000	120	20	18	2	600	540	60
著名な商人・貿易商	2,000	8	16,000	400	50	40	10	800	640	160
一般商人・貿易商	8,000	6	48,000	200	33.3	28.3	5	1,600	1,360	240
法律家	10,000	7	70,000	140	20	17	3	1,400	1,190	210
上級聖職者	2,000	6	12,000	60	10	9	1	120	108	12
一般聖職者	8,000	5	40,000	45	9	8	1	360	320	40
上層自由土地保有者	40,000	7	280,000	84	12	11	1	3,360	3,080	280
下層自由土地保有者	140,000	5	700,000	50	10	9.5	0.5	7,000	6,650	350
小作農	150,000	5	750,000	44	8.8	8.55	0.25	6,600	6,413	188
芸術家・科学者	16,000	5	80,000	60	12	11.5	0.5	960	920	40
店員・御用聞き	40,000	4.5	180,000	45	10	9.5	0.5	1,800	1,710	90
職工・職人	60,000	4	240,000	40	10	9.5	0.5	2,400	2,280	120
海軍士官	5,000	4	20,000	80	20	18	2	400	360	40
陸軍士官	4,000	4	16,000	60	15	14	1	240	224	16
	511,586	5.25	2,675,520	67	12.9	12	0.9	34,496	32,049	2,447
船員	50,000	3	150,000	21	7	7.5	-0.5	1,050	1,125	-75
労働者・戸外労働者	364,000	3.5	1,275,000	15	4.3	4.4	-0.1	5,460	5,587	-127
農場労働者／生活保護者	400,000	3.25	1,300,000	5	1.5	1.75	-0.25	1,950	2,275	-325
兵士	35,000	2	70,000	14	7	7.5	-0.5	490	525	-35
	849,000	3	2,795,000	11	3.25	3.45	-0.2	8,950	9,512	-562
浮浪者			30,000		2	4	-2	60	120	-60
	849,000	3	2,825,000	11	3.19	3.41	-0.22	9,010	9,632	-622
総計ないし総平均	1,360,586	3.25	5,500,520	32	7.9	7.55	0.33	43,506	41,681	1,825

(出所) Stone, R., *Some British Empiricists in the Social Sciences, 1650-1900*, Cambridge University Press, Cambridge, 1997, p. 87.

定したのか疑問が生じる。

　ストーンは，キングがこのような一種の国民経済計算を行ったのは，さまざまな階級がイングランド王国の富にどの程度貢献しているかを明らかにするためであった，と述べている[28]。このため，キングの推計は国民の生活状態を明らかにすることを目的としていない。しかし，キングの推計には興味深い情報が多数含まれている。第1に，細分化された階級ごとの世帯数および人口の推計値は，国勢調査がなされていなかった当時においては，価値のある情報だったに違いない。第2に，階級ごとの1世帯当たり，および1人当たりの所得額・支出額の数字から，各階級の経済水準および階級間の経済格差を推測することが可能である。第3に，17世紀末におけるイングランドにおいては，貴族から陸軍士官までの階級は貯蓄が可能であったのに対し，一般庶民（船員，労働者・戸外労働者，農場労働者／生活保護者，兵士）は支出が収入を上回る苦しい生活状態におかれていたことを示唆している。

　キングは，『イングランドの状態と条件に関する自然的，政治的観察』の最後を，1688年と1695年のイングランド，フランス，オランダの経済の比較で締めくくっている。

　表I.4は三国の経済状態についての推計結果を示したものである（原表の一部を省略した）。この表は三国の経済活動をポンドで評価しており，しかも人口1人当たりの数値も算出しているために，三国間の比較が容易である。また，消費（市場価格表示）＋貯蓄＝総支出，財産所得＋勤労所得＝総所得，消費（要素費用表示）＋税金＋貯蓄＝総支出として，所得と支出を規定している点において，現代の国民経済計算の先駆的業績の1つとみなすことができる。また，三国の生活状態に関して，同表から次のことを読み取ることができる。第1に，1688年と95年のいずれの年次においても，経済規模はフランスが最大であるが，1人当たりの所得額と支出額はイングランドとオランダの方が高く，生活水準もこの両国の方がフランスよりも高かったことである。この推計結果は，前述のペティの推論と合致する。第2に，イングランドとフランスの間で植民地戦争を繰り広げていたさなかの1695年の両国の所得水準，消費水準が1688年よりも低下し，しかも国民貯蓄を取り崩していたことである。

表 I.4 キングによるイングランド，フランス，オランダの経済と人口の比較

| | 総額（単位100万ポンド） |||||| 1人当たり（単位：ポンド） ||||||
| | 1688 ||| 1695 ||| 1688 ||| 1695 |||
	イングランド	フランス	オランダ	イングランド	フランス	オランダ	イングランド	フランス	オランダ	イングランド	フランス	オランダ
飲食物	21.3	41.0	6.40	21.0	38.0	6.20	3.87	2.93	2.91	3.85	2.82	2.78
被服	10.4	18.5	3.00	10.2	16.0	2.80	1.89	1.32	1.36	1.87	1.19	1.25
付帯的消費	10.0	21.0	6.35	14.3	26.0	8.40	1.82	1.50	2.89	2.62	1.93	3.75
貯蓄	1.8	3.5	2.00	-3.0	-6.0	0.85	0.33	0.25	0.91	-0.55	-0.44	0.38
総支出	43.5	84.0	17.75	42.5	74.0	18.25	7.91	6.00	8.07	7.79	5.50	8.16
レント	13.0	32.0	4.00									
取引，技芸，労働による生産	30.5	52.0	13.75									
総所得	43.5	84.0	17.75	42.5	74.0	18.25	7.91	6.00	8.07	7.80	5.49	8.15
税額控除後の消費	39.7	70	11.00	39	62.5	10.50	7.22	5.00	5.00	7.16	4.63	4.69
国庫収入と税収	2.0	10.5	4.75	6.5	17.5	6.90	0.36	0.75	2.16	1.19	1.30	3.08
貯蓄	1.8	3.5	2.00	-3	-6	0.85	0.33	0.25	0.91	-0.55	-0.44	0.38
総支出	43.5	84.0	17.75	42.5	74.0	18.25	7.91	6.00	8.07	7.80	5.49	8.15
人口（単位100万人）	5.5	14.0	2.20	5.45	13.5	2.24						

（出所）Stone, *Some British Empiricists in the Social Sciences*, p. 102.

　以上のように，17世紀末にダヴェナントやキングといった政治算術学派の一員とみなされる人びとが研究成果を上げたのに対し，18世紀前半には政治算術はふるわなかった。デンマークの統計学説史家ウェスターガード（Harald Ludvig Westergaard, 1853-1936）は，その理由を，「新しい着想が現れず，統計的観察もまれであった」[29] ことに求めている。18世紀前半には政治算術が低調であっただけでなく，生活状態に関する数量的研究も，注目に値するようなものを見出すことは困難である。

3 典型調査の時代

3.1 18世紀後半から19世紀初頭までの生活状態についての数量的研究
3.1.1 イギリスにおける動向

　前節で触れたように，18世紀半ば頃までは，生活状態に関する数量的研究として特筆すべきものを見出すことは困難であった。しかし，18世紀後半になると，この領域の研究で注目に値するものが再び散見されるようになった。

　聖職者の次男として生まれたヤング（Arthur Young, 1741-1820）は，20歳前後まで放縦であった。しかし，20代半ばで結婚したのを契機に，農業に携わる傍ら，イギリスの内外を旅行して農業の経済状態や篤農家の農法を研究し，これに関する諸著作を発表した。ヤングの執筆活動の対象は農業問題だけにとどまらず，紀行文，政治や経済問題，さらには国勢調査の必要性を説いたパンフレットにまで及んだ。

　ヤングの出世作となったのは『イングランド・ウェールズ南部地方6週間の旅』（1768年）であり，同書には，各地域の農産物価格や賃金，家計に関して彼が収集したデータが多数含まれていた。1770年に著した『イングランド北部紀行』では，彼は，前著と同様の数値情報に加え，1770年のイングランドの国民所得推計も試みた。この国民所得推計の推計値は付加価値の合計として求められた（表I.5）。また農業部門の所得推計は，貸借対照表形式で行われた[30]。したがって，ヤングは国民所得推計を一歩前進させたと言うことができる。さらに，彼は労働者の貧困問題にも関心を寄せ，18世紀末にイングランドで食糧不足に起因する食糧暴動が発生した際に，食糧不足の実態とともに貧民の実態を知るためのアンケート調査を実施し，これ

表 I.5 アーサー・ヤングによる1770年のイングランドの国民所得の推計
(単位：百万ポンド)

農業，鉱業，漁業	
農業	60.0
林業，内水面漁業等	6.0
	66.0
製造業	
毛織物	7.0
皮革製品	4.0
金属製品	6.0
リンネル，麻，紙，磁器	2.0
絹，木綿	1.5
建設，家具製造等	6.5
	27.0
商業，貿易，造船	10.0
専門的職業活動	5.0
外国で支払われた利子からの純歳入	9.0
利子	5.0
	29.0
イングランドの総所得	122.0

(出所) Stone, *Some British Empiricists in the Social Sciences*, p.149.

らについての情報を収集・公表した[31]。

バークシャー州バークハム教区の牧師であったデイヴィーズ (David Davies, 生年・没年とも不明) は，イングランド，ウェールズ，スコットランドから計137の農業労働者の家計を集めて，1795年に『農業における労働者の状態』として出版した[32]。彼はこれらの家計から，農業労働者の収入が不足し，その不足分が公的扶助によって補われている状況を明らかにした[33]。

デイヴィーズの研究対象が農業労働者に限定されていたのに対し，イーデン (Frederick Morton Eden, 1766-1809) は都市労働者と農業労働者につい

ての詳細な社会調査を，後述するブースやラウントリーの調査よりも約1世紀前の18世紀末に行った[34]。奥村忠雄は，デイヴィーズの手法をイーデンが農業労働者から一般労働者へと拡張したと述べている[35]。

　北米メリーランド植民地に生まれたイーデンは，大学教育を受けるためにイギリスに留学し，オックスフォード大学クライスト・チャーチ・カレッジを主席で卒業した。彼は卒業後もイギリスにとどまって保険会社の創設者の1人となり，やがて会長の座に就いた。探求心の強かった彼は，保険会社の業務の傍ら，さまざまなテーマについて執筆した。そうした成果の1つが，1797年に出版された『貧民の状態』（全3巻）である。同書は，1794年と95年に発生した凶作による，都市労働者と農村労働者の窮乏の状態とその原因を明らかにしようとしたものである。

　イーデンは『貧民の状態』を執筆するために，自らいくつかの教区を回って情報を集めた。しかし，彼は本業を抱えていたために，情報収集に十分な時間をとることができなかった。そこで多数の牧師に調査への協力を求めたが，それでも十分な情報は得られなかった。このため，彼は，信頼できる代理人に，調査票に沿って情報を集めるよう依頼した。その調査票はイーデンが貧困に直接・間接に関係があると思われる側面だけを取り上げたもので，一般的な調査項目には，人口，住宅，職業，生産，物価，賃金，地代，租税，ビアホールの数などが含まれていた。さらに，貧民がどのように扶養されているのか，彼らに関わりのある制度や彼らが所属する友愛組合の詳細はどのようなものか，彼らの日常の食物はどのようなものか，労働者の年間の収入や支出はどのようなものかなども，具体的な調査項目として盛り込まれていた。

　『貧民の状態』の第1巻は1066年のノルマン・コンクエストからイーデンの時代までの貧困の歴史を論じたものである。第2巻と第3巻には，彼および彼の代理人が収集した181教区・街区に関する情報が掲載されていた。この地域情報には，洗礼，結婚，死亡のデータの他に，主要な経済活動についての記述が含まれている。また，第2巻と第3巻は，さまざまな地域における貧民救済のための支出と救済策についての情報を，院内救済と院外救済に区分して提供している。とくに，救貧院収容者について，たとえば，「D.

F. 54歳。駁者でほぼ安定的に雇われていた。アルコール依存症で，怠惰で，価値のない男である」[36] といった具合に詳細に特徴が述べられているだけでなく，彼らが従事した院内労働（主に糸紡ぎ）や食事についても記述がなされている。さらに，特定の教区については，社会階層を15に区分してそれぞれの社会階層ごとの家族（男子数，女子数，子供数），召使い（男子数，女子数）の数を明らかにしただけではなく，各家族の家長の地位や職業，子供数，召使い数も明らかにされた（サリー地域のエプソム教区がその一例である）。

　前述のように，ヤングはイーデンに先立って家計情報を収集・公表し，また，イーデンの著書が刊行される2年前にはデイヴィーズが彼の著書において，多数の農業労働者の家計を公表していた。したがって，イーデンを家計情報収集・公表の先駆者とみなすことはできないが，イーデンの業績はマルクス（Karl Heinrich Marx, 1818-1883）によって引用されたり，後述のエンゲルによって用いられたことから「家計研究史上において，後世に影響すること多き不朽の業績」[37] と称えられることがある。しかし，奥村忠雄は，貧困問題の本質を労働者自身の心構えのうちに解消しようとするイーデンの結論は，産業革命のさなかにあって救貧税の負担に悩む地主階級の利益を代弁

表Ⅰ.6　イーデンが収集した1794年のイギリスにおける労働者世帯の家計

世帯所得階級 （単位：£）	世帯数	世帯収入 （£）	世帯支出 （£）	支出に占める費目別構成比（％）					
				食料	地代・家賃	燃料	衣料	その他	計
農業労働者									
15〜25	16	23	30	69.9	6.3	4.9	11.2	8.1	100
25〜30	16	28	36	75.1	4.4	4.8	7.1	8.7	100
30〜35	15	32	40	75.3	3.1	4.1	9.7	7.8	100
35〜40	5	38	42	76.9	5.6	4.8	5.6	7.1	100
40以上	8	45	63	76.6	4.3	3.6	9.5	6.0	100
農業労働者全体	60			74.5	4.6	4.4	9.0	7.6	100
非農業労働者									
15〜25	4	22	26	68.9	8.8	7.4	6.0	8.8	100
25〜35	6	28	30	73.3	5.4	7.9	4.9	8.5	100
35〜40	6	36	37	78.6	5.2	6.5	1.6	8.2	100
40以上	10	51	55	73.3	6.0	3.8	6.2	10.7	100
非農業労働者全体	26			73.9	6.0	5.4	5.0	9.6	100

（出所）Stone, *Some British Empiricists in the Social Sciences*, p. 293.

するものであった，と指摘している[38]。表I.6には，イーデンが調査した1794年のイングランドにおける農業労働者60世帯と非農業労働者26世帯の計86世帯の世帯所得階級別世帯数，世帯単位の収入と支出，および消費支出の費目別構成比を掲げた。この表に示されている情報は大まかなものであるが，家計調査の嚆矢として評価に値するものであったことが承認されるであろう。

3.1.2　フランスにおける動向

　18世紀末から19世紀初頭にかけて，フランスでも生活に関する数量的研究が着手されるようになった。質量保存の法則を発見したことで有名な化学者ラヴォワジェ（Antoine-Laurent de Lavoisier, 1743-1794）は，1784年にこの領域の研究を行い，フランス人口を2,500万人とし，そのうち800万人が都会に住み，250万人が葡萄園で生活を営んでいると仮定して，これを諸種の階級に区分した[39]。彼は，特定の生活必需品の1人当たり消費量が，各階級の内部にあってはほとんど一定であることを見出した。また，パリの消費統計に論拠を求めて，小麦，大麦，ライ麦の消費量は，種子をも含めて年額140億リーブルであるとした。そして彼は輸出入を無視してこの量を平均年産額と考え，この量を生産するにはどれだけの鋤と耕地が必要であるかを問題とした。

　これに続いて，18世紀最高の数学者と言われたラグランジュ（Joseph-Louis Lagrange, 1736-1813）が，1796年に「共和国内部の基本的欲求に関する政治算術試論」と題する研究を公にした。この研究において，彼は，相対的ウエイトと価格を基礎として，すべての植物性食料をパンの名称の中に，動物性食料を肉類の中に包括することによって，かりに兵士の割当が標準として考慮されるならば，普通のフランス人の食事にはわずか半分の動物性食料で充分であった，という結論に達した[40]。これはシャトーヌフ（Louis-François Benoiston de Châteauneuf, 1776-1856）の『1817年におけるパリ市の全種類の消費に関する研究：1789年の消費との比較』（1821年）において踏襲された。シャトーヌフは同書で，ナポレオン戦争後の生活状態をラヴォワジェやラグランジュによって報告された1789年の状態と比較することを

試みた[41]。

このように18世紀末にはフランスにおいても生活に関する数量的把握が試みられるようになったのであるが，独自性の備わったすぐれた研究は，19世紀半ばのフレデリック・ル・プレーの研究まで待たなければならなかった。

3.2 ル・プレーの家族モノグラフ
3.2.1 ル・プレーの研究の動機と背景

ル・プレーは，福祉をテーマとした研究を行ったわけではなく，また，福祉について独自の解釈を試みたわけでもない。それにもかかわらず，本節でル・プレーの研究を取り上げる理由は，家族に関する彼の調査・研究が，福祉に関連するその後の研究の先鞭をつけたからである。

ル・プレーは，フランスの理工系エリート養成のためのグランゼコール（Grandes Écoles）の1つであるエコール・ポリテクニーク（École Polytechnique）を1827年に第4位の成績で卒業した後，鉱業学校（École des Mines，現パリ国立高等鉱業学校）に進学し，1830年に開学以来の成績で卒業した[42]。当時，鉱業学校に入学するためにはグランゼコールないしはそれに準ずる教育機関を卒業していることが義務づけられており，同校はまさにエリート校の中でも抜きん出た存在であった。卒業後，ル・プレーは同校の教授として，また，優秀なテクノクラートとして活躍した。彼が歴任した要職を挙げると，鉱山技師長，国務院評定官，パリ万博実行委員長，元老院議員などである。このような国家的エリートとしてのル・プレーの功績を称えるために，母校鉱業学校があるリュクサンブール公園には，弟子たちによってル・プレーの座像が設置されている。

技術系のエリート校の出身者であるル・プレーが，なぜ政治エリートの地位に上り詰め，また，なぜ福祉測定の先駆となるような家族調査を行ったのであろうか。その理由を解く鍵は，彼の代表作『ヨーロッパの労働者』第2版第1巻（1879年）の序文の中に見出すことができる。この序文においてル・プレーは次のように述べている。

1789年以降フランスでは政治体制が10回変わった。それぞれの政府は

暴力によって成立し，暴力によって転覆した。この不安定と苦しみの状態は先例のないものである。多数の政治家や物書きが救済策を摸索したが無益であった。私自身は，政治や文学とは無縁であるものの，〔中略〕流血の惨事で始まることも終わることもない政府の秘訣を探りたいと考えた。／1830年の大怪我のために私は1年間生死の境をさまよった。この18カ月にわたる肉体的，精神的苦痛は私の魂を一変させた——この変容は生涯幸福であったならば生まれなかったであろう。七月革命によって流された血を見た時，私は母国での社会的平和の回復に人生を捧げ［ることを決心し］た。私はその誓いを一度も忘れたことがない。そこで，私はちょうど四半世紀前にザクセン平野とハルツ山地で私が開始した研究結果を公表する（括弧内筆者)[43]。

　この引用文における，1789年以降のフランスの政治体制の10回の変化とは，1789年のフランス革命，第一共和政（1792～1804年），第一帝政（1804～14年），ブルボン第一復古王政（1814～15年），ナポレオンの百日天下（1815年），ブルボン第二復古王政（1815～30年），七月王政（1830～48年），第二共和政（1848～52年），第二帝政（1852～70年），第三共和政（1870～1940年）のことである。これらの政治体制の交代時には流血が伴った。また，上記の引用文中の1830年の大怪我および七月革命，ザクセン平野とハルツ山地で彼が開始した研究とは，それぞれ以下のことを指す。
　まず1830年の大怪我とは，鉱業大学卒業から間もない1830年の春に，ル・プレーは同校の冶金学助手に採用されたものの，採用から1カ月もしないうちに実験中の爆発によって重傷を負い，1年半の療養生活を余儀なくされたことを指す。この療養生活中の1830年に起こったのが七月革命に他ならない。七月革命によって，1815年の王政復古で復活したブルボン朝は再び倒された。ル・プレーが学生生活を送った1820年代後半は，エコール・ポリテクニークと鉱業学校の両校においてサン・シモン（Claude Henri de Rouvroy, Comte de Saint-Simon, 1760-1825）の思想が大きな影響力をもっており，七月革命のさなかにあって，ル・プレーの病床を見舞った何人かの同僚たちも，この思想のとりこになっていた。その理由は，サン・シモンが，

激動していたフランス社会に安定と平和をもたらすための進歩的な処方箋を提示したからである。しかし，敬虔なクリスチャンである母によって片田舎で育てられ，また，5歳の時から数年間，彼を養育した亡命貴族の叔父——熱心なクリスチャンで保守的な思想をもつ——が主催したサロンで見聞したことが背景となって，ル・プレーはサン・シモンとコント（Isidore Auguste Marie François Xavier Comte, 1798-1857）の抽象論と先験的な概念は社会問題に対しては役に立たないと考えていた[44]。

　それにもかかわらず，ル・プレーは，見舞いに訪れた同僚たちに反論することができなかった。彼は「私はこの斬新さの危険性と誤りを，論拠をもって証明しようとしたが無力であった。そして，私は他の観察の科学におけるのと同様に，社会についての科学においても実証的な証拠のみが真理を立証できると悟った」[45] と述べている。彼が実証的証拠と述べているものこそ，七月革命の前年にル・プレーが開始したフィールドワークのことであり，これが先の引用文で言及している「ザクセン平野とハルツ山地で私が開始した研究」に他ならない。

　ル・プレー在学当時の鉱業学校は，卒業条件として，半年間フランス内外の鉱業施設や金属加工施設を訪問する長期の調査旅行を義務づけていた。ル・プレーは，学友のレノ（Jean Reynaud）と一緒に，1829年5月から11月までの半年間にわたって，ドイツのハノーファー，ブラウンシュヴァイク，プロシア，ザクセンといった地域を，主に徒歩によって，6,800 km に及ぶ調査旅行をした。彼らに課せられた課題は，いくつかの鉱山を訪れ，その組織，冶金技術について研究し，それを論文にまとめることであった。この調査旅行でル・プレーは冶金技術を学ぶために観察しただけでなく，労働者の家庭を訪問し，その家族と話した。

　1831年9月，病が癒えたル・プレーはイギリス旅行を行うことによって新たなスタートを切った。この旅行のさなかに，「この徒歩旅行の間に観察したものと私の子供時代の記憶とを比較することによって，私は，かつてのフランスの福祉が道徳的習慣——ハノーファーのそれにいくつもの点で類似している——に基づいていたことを悟った」[46]（傍点筆者），と彼は述べている。彼は1833年には健康を完全に回復し，その翌年にスペインを訪れたの

を皮切りに，外国の鉱物資源と鉱山の組織を研究するために，フランス政府によって西ヨーロッパの主要国やロシアに毎年のように派遣された。1840年にル・プレーは鉱業大学の教授に任命され，1856年までその地位にとどまったが，彼は，鉱業大学の在任中，半年間を大学での冶金学の講義に充て，残りの半年間を研究旅行に充てていた[47]。彼の研究旅行において特筆すべきことは，鉱業に関する調査だけでなく，労働者の生活状態についても情報を収集したことである。

　1848 年に起こった二月革命をル・プレーは歓迎し，臨時政府の政策，とくに労働者のためのリュクサンブール委員会（労働者，雇用主，専門家からなり，社会問題，とりわけ失業対策を討議することをねらいとしていた）と高等教育委員会に積極的に関与した。しかし，この短命の政府に対して，彼は次第に幻滅を感じるようになった。それは，二月革命によって七月王政を倒し，国王ルイ・フィリップを追放して共和政が成立しても，何も改善しないという幻滅感である。こうした失望感にもかかわらず，二月革命は彼の人生にとって大きな転機となった。

　第 1 に，この革命以降，第二共和政（1848-52）期に大統領を務め，第二帝政期（1852-1870 年）には皇帝ナポレオンⅢ世となったルイ・ナポレオン（Charles Louis-Napoléon Bonaparte, 1808-1873）を通じて，ル・プレーは次第に行政に深入りしていく。すでに 1845 年にはル・プレーはルイ・ナポレオンと面識をもっていたが[48]，1855 年に，彼はパリでの開催は初めての国際博覧会（以下，万博）の運営をナポレオンⅢ世から託され，最高責任者の地位に就いた。そしてこの就任に伴って彼は鉱業大学の教授職を辞した。パリ万博の成功によって，翌 1856 年にル・プレーは，フランス政府の諮問機関および行政裁判における最高裁判所としての役割をもつ国務院（Conseil d'État）の評定官に任命され，1867 年までその地位にとどまった。万博に関しては，1862 年のロンドン万博でフランス代表，1867 年のパリ万博で最高責任者をつとめた。ロンドン万博のあった 1862 年には，ナポレオンⅢ世によってル・プレーは元老院の議員に任命され，1870 年までその地位にとどまった[49]。

　第 2 に，ル・プレーが，かつて行ったフィールドワークの 1 つである，ド

イツのハルツ鉱山の鉱夫に関する研究成果についてリュクサンブール委員会において語ったところ，委員会のメンバーたちを感動させ，この研究成果を出版することを勧められたことである[50]。彼は，このことが契機となって，技術的な執筆活動から社会学的な執筆活動に重点を移行することを決心した[51]。その成果が1855年に公刊された『ヨーロッパの労働者』初版である。この初版は縦50 cm，横37 cm，頁数301頁の1巻本であり，実際に手に取ってみると大型の地図帳のような大きさと重量に驚かされる（同書の第2版は1877年から1879年にかけて6巻本として刊行された）。『ヨーロッパの労働者』初版には，ル・プレーがモノグラフ法（la méthode des monographies）と呼ばれる直接観察によって収集した，ヨーロッパの36家族のモノグラフが掲載されている。

　いったい，なぜ，鉱山技術の専門家であるル・プレーが家族に関心をもち，調査を行ったのであろうか。その契機となったのは，彼が鉱業大学の学生時代に行った前述の調査旅行において，ドイツのハルツ鉱山のアルベルツ会長の警咳に接したことであった。ル・プレーはそのことについて次のように述べている。

> 会長だったアルベルツ氏は，パリから来た学生の学業を終えさせることを楽しんでくれた。彼は，鉱山，搗鉱機，鋳造所，そして森林の技術的な運営は，彼が管理する山地の産業組織のほんの一部に過ぎないことを学生に教えてくれた。学生の興味に刺激されて，彼は，こうした運営の監督が，政府が彼に託した役割のうちの二義的な側面にすぎない理由を説明し，彼の主要な義務が人びとに福祉を提供することにあったことを説明した。彼は学生に，この教育を要約し，それを筆者の精神に定着させるために，山地と平野の，とくにハノーファー王国のリューネベルクの家族を訪問するようアドバイスした（傍点筆者）[52]。

　この出来事以来，ル・プレーは，労働者とその家族が社会の基本的な単位であると考えるに至り，社会の幸福は家族の幸福にかかっていると信ずるようになった。彼はまた，幸福な家族，幸福な社会とは，日々の食物と「道徳

律」という2つの基本的ニーズを充足しているもののことであると考えていた。そこで，彼は，モノグラフ法が，さまざまな家族の物理的，道徳的状態を研究することによって，社会の幸福のあらゆる意味合いを把握できると信じていた。

それでは，モノグラフ法とはどのようなものであろうか。また，この方法で作成された家族モノグラフは具体的にどのようなものであろうか。このことについて項を改めて見ていくことにする。

3.2.2　ル・プレーの家族モノグラフ[53]

家族モノグラフは特定の地域の特定の家族についてのものである。この特定の家族は，ル・プレーがその地域の労働者の生活状態を最も良く代表すると考えた，いわば「典型家族」である。したがって，家族モノグラフは地域全体の家族についての情報ではなく，あくまでも事例研究の域を出るものではない。

ル・プレーは，個々の家族モノグラフを第1部から第3部まで3つのパートに区分している。それぞれのパートは以下のような内容である。まず，彼が「予備的観察」と呼んでいる第1部では，家族を取り巻く環境の物理的・社会的特徴，家長の労働のタイプ，家族構成員の家計への貢献についての記述的な分析がなされる。情報収集は，主に家族に対するインタビューを通じてなされるが，回答者はしばしば不正確な回答を寄せることがあるので，直接観察によって情報の偏りを補うことも必要であるとされた。

第2部は家計分析であり，この家計分析こそル・プレーの業績の中でも最も高く評価されているものである。ル・プレーの同時代人であったデュクペショー（次節参照）が家族生活の経済的側面を分析することを目的として家計調査を行ったのに対し，ル・プレーの目的は，家族の構造と機能の分析を行うことにあった。彼は，家計の収入と支出とを対比することによって，さまざまな社会的環境にある労働者を比較することが可能になると考えた。彼はまた，月単位の家計ではなく年単位の家計に注目した。

第3部は，補足とも呼ぶべきパートであり，家族の生活するコミュニティにおける諸制度，慣習，法律，歴史，地理などについての情報からなってい

る。

　ここでは，ル・プレーが『労働者の家族』初版で取り上げた36家族中，その福祉が最も高いと彼が評価した，ドイツのハルツ鉱山の労働者の家計を取り上げ，この家計の分析を具体的に見ていくことにする。

　ハルツ鉱山の家族の世帯主は40歳で，同鉱山で働く鉱夫である。彼は15年前に結婚し，35歳になる妻と，14歳を頭に，11歳，8歳の3人の子供がいる。『ヨーロッパの労働者』初版ではこの家族は匿名であるが，同書の第2版では，家長の名前がカール，妻の名前がアンナ，3人の子供が上からフランツ，グレッチェン，ウィルフェルムであることが明らかにされている。この5人家族の資産と家計収入を示したのが表I.7である。同表から明らかなように，家計の資産と収入は，いずれも，①財産，②付加給付，③勤労所得，④生業の4項目からなる。収入のうち最も高い割合を占めるのが世帯主の賃金収入である。また，現物給付が収入全体の10%強を占めていること，一種の帰属家賃が推定されていることが興味深い。

　次に，同一家計の支出内容を示した表I.8を見ていくと，支出項目は，①食費，②住居費，③被服費，④教養娯楽費・医療費，⑤負債・公租・保険費等の5項目に分かれていることがわかる。各項目に含まれる費目は，現代の家計調査と大差ない内容となっており，ル・プレーの家計調査がすぐれた構想の下に実践されたことを証明している。とくに，食費については，品目ごとに消費量，1 kg 当たり単価まで記されているので，当時の食生活の実態を推測することが可能である。

　表I.7と表I.8から総合的に言えることは，ル・プレーの家族モノグラフに含まれる家計調査が，その設計および内容において，現代の家計調査と比べても遜色がないということである。家計，すなわち，家族の経済状態は，家族の福祉そのものを表すわけではないが，福祉を左右する重要な要因であることは疑いないであろう。したがって，ル・プレーは，家族の福祉の経済的側面を数量的に把握することにおいて，前節で取り上げたペティと比べ長足な進歩を成し遂げたと言えるであろう。

　『ヨーロッパの労働者』初版は，出版年の翌年の1856年に，統計学分野のすぐれた業績に与えられるモンティヨン賞を受賞した。同年に，ル・プレ

表 I.7　ハルツ鉱山の労働者家計（収入）

収入源	評価額 （フラン）	収入	現物 （フラン）	現金 （フラン）
家族の財産		第1部　財産所得		
1. 不動産	2,340.00	1. 不動産から	62.93	30.67
2. 動産	12.00	2. 動産から	0.6	—
3. 互助会から給付を受ける権利	50.40	3. 互助会からの給付	—	—
計	2,402.40	計	63.53	30.67
補助		第2部　補助的所得		
1. 使用権として受領した財産	—	1. 使用権として受領した財産の価値	—	—
2. 共有財産の利用権	74.52	2. 利用権の価値	6.21	—
3. 財・サービスの給付	1,034.76	3. 給付された財・サービスの価値	95.22	14.41
計	1,109.28	計	101.43	14.41
家族による労働	労働日数	第3部　賃金		
1. 世帯主による		1. 世帯主の賃金	16.74	471.88
本業	318　7,509.60			
副業	29　269.70	2. 妻の賃金	73.89	64.53
2. 妻による労働				
本業	110			
副業	217　2,076.30			
3. 長男による労働	312　1,043.55	3. 長男の賃金		69.57
計	10,449.15	計	90.63	605.98
家業		第4部　営業所得		
1. 労働からの収益	222.60	1. 副業から得た追加的賃金	—	22.26
2. 家業の手伝い	143.40	2. 家業からの所得	4.91	9.43
計	366.00	計	4.91	31.69
総計	11,986.83	総計	260.50	682.75
		年間総収入	943.25	

（出所）Le Play, *Les ouvriers européens*, Imprimerie Imperial, Paris, 1855, p.142. Silver, C. B., *Frédéric Le Play: On Family, Work, and Social Change*, University of Chicago Press, Chicago, 1982, p. 70 を参照して項目を整理した。

ーは,「社会経済学実践研究国際協会」を創設した。この協会の目的の1つは, 家族モノグラフの収集と出版を促進することであった[54]。もう1つの目的は,「『社会改良』を指導する実務家を確保して, 彼らを核にした国民の合意形成を促進すること」[55]であった。

　前述のように『ヨーロッパの労働者』初版は大型本であり, フランスのエリートであった社会経済学実践研究国際協会の参加メンバーにとってさえ,

表 I.8　ハルツ鉱山の労働者家計（支出）

支　出	重量 (kg)	1 kg 当たり価格（フラン）	自家製の財の価値（フラン）	現金支出（フラン）
[1] 食費				
1. 家計の中で消費される食物				
穀類	889.0	0.277	70.32	176.86
脂肪	24.4	1.402	—	34.22
乳製品	118.5	0.161	—	19.11
肉と魚	85.5	0.817	—	69.85
果物と野菜	873.0	0.083	25.14	47.15
調味料および興奮性飲料	43.5	0.338	—	14.71
発酵飲料	173.0	0.164	—	28.30
2. 賄い			25.53	
計			120.99	390.20
[2] 住居費				
1. 家賃			79.15	1.24
2. 家具			—	7.29
3. 燃料			24.66	1.71
4. 照明			—	20.24
計			103.81	30.48
[3] 被服費				
1. 労働者の被服費			4.65	67.24
2. 妻の被服費			2.32	33.62
3. 子供の被服費			2.33	33.62
4. 洗濯代			—	13.32
計			9.30	147.8
[4] 信仰，余暇，医療関連支出				
1. 宗教			—	1.96
2. 教育			9.00	5.12
3. 慈善			—	
4. 娯楽			—	9.72
5. 医療			4.20	1.80
計			13.20	18.60
[5] 専門的な仕事，負債，公租，保険関連支出				
1. 専門的な仕事			—	—
2. 利子・負債			—	93.60
3. 公租			—	—
4. 保険			13.60	2.16
5. 互助会			—	—
計			13.60	95.76
年間貯蓄			—	—
年間総支出			943.25	

（出所）Le Play, *Les ouvriers européens*, 1855, p.143. Silver, *Fréderic Le Play*, p. 71 を参照。

テキストに不向きであった。もっと近づきやすい本を書くようにとのルイ・ナポレオンの助言を受けて，ル・プレーは，『フランスの社会改良』（1864年），『労働の組織化』（1870年），『家族の組織化』（1871年）を出版した[56]。さらに，1877年から79年にかけて，全6巻からなる『ヨーロッパの労働者』第2版を出版した。この第2版には，初版に掲載されていた家族モノグラフに加えて新たに21のモノグラフが追加された。また，1881年にはル・プレーの弟子たちによって定期刊行物『社会改良』（月2回発行）が創刊された。そして同誌刊行の翌年の1882年にル・プレーはその生涯を閉じた。

以上において家族モノグラフの概略を示したが，ル・プレーの家族モノグラフは同一地域に住み，同じ職業に従事している，平均的な規模，年齢構成，富，道徳をもつ一定数の家族の生活状態を研究すれば，同型の結果に達するという仮定に立っていたと言える[57]。しかし，家族モノグラフによって描き出された家族の生活状態が，特定地域の平均的な姿を映し出しているかどうかについて，早くから疑問が投げかけられていた。また，たとえ，家族モノグラフで取り上げられた家族が特定地域の平均的な家族の生活状態を代表していたとしても，その地域には生活苦に陥っている家族もいるであろうし，他方，豊かな生活を送っている家族もいるはずである。ただ1つの家族の生活状態をもって特定の地域全体の家族の生活状態を代表させることは適切であるとは思われない。この点が典型家族のアプローチ（＝典型調査）の限界であると言える。この典型調査の方法に変わりうるのが次節で取り上げる家計調査の方法である。

4 初期家計調査の時代

4.1 デュクペショーの家計調査

　ブリュッセルの目抜き通りに大邸宅を構える裕福な貴族の家に生まれたデュクペショー（Édouard Antoine Ducpétiaux, 1804-1868）は，大学で法学を修めた後，1827年に法学博士号を取得した[58]。しかし，彼は法律家にはならずにジャーナリズムの道に進み，『ネーデルランド新聞』の編集者となった。1828年10月末，当時の政府に対する批判記事を書いたために国外追放された2人のフランス人ジャーナリストを擁護する記事を書いたデュクペショーは投獄され，1830年1月末まで獄中につながれた。釈放後，再び『ネーデルランド新聞』の編集者に戻ったものの，フランスで1830年7月に起こった革命（七月革命）の余波によって，同年8月にベルギーでネーデルランド連合王国（オランダ）に対する独立戦争（独立革命）が起こると，デュクペショーは独立戦争に従軍した。この戦争において，彼はネーデルランド軍に捕らえられ，1830年10月にベルギー臨時政府が独立宣言するまでの短期間投獄された。同年11月にデュクペショーは臨時政府によって刑務所・慈善施設総監に任命されると，1861年まで30年以上にわたってその地位にとどまった。

　反骨の人デュクペショーは，刑法の専門家として活躍するとともに，1841年にベルギーに統計中央委員会が創設されると，同委員会の一員としても活躍した。彼は統計関係の論文を同委員会の紀要に発表したが，彼の統計関係の最も重要な業績は1855年公刊の『ベルギー労働者階級の家計』である。同書の発端となったのは1851年にロンドンで開催された第1回万博であった。この第1回万博の際に，ロンドンを来訪した統計家たちは，第1回国際

統計会議を 1853 年にベルギーのブリュッセルで開催することに合意した。この時，ロンドン統計協会の名誉幹事であったフレッチャー（Joseph Fletcher, 1813-1852）の提案によって，労働者の家計データを国際的に収集するという議題が，第 1 回国際統計会議の日程に加えられることになった。この間の事情について，エンゲルは，イーデンの思想の忠実な支持者であるフレッチャーがベルギー人のフィッシャース（Visshers）に働きかけたところ，フィッシャースがデュクペショーの援助を仰ぎ，その結果，デュクペショーが家計収集の中心となった，と述べている[59]。

フィッシャースとデュクペショーができるだけ多数の，しかも比較可能な家計データを収集するためのプランをベルギー統計中央委員会に提出すると，それは直ちに実行に移され，ベルギー全体で約 1,000 世帯を対象として家計調査が行われた。そして同委員会は，収集した家計データの中から典型的な家計を選び，1853 年 9 月に開催された国際統計会議で調査結果を報告した。デュクペショーの『ベルギー労働者階級の家計』はこの調査の最終的な集計結果をまとめたものである。

『ベルギー労働者階級の家計』は本文が 334 ページと大部であるにもかかわらず，同書の書き出しはいささか唐突である。というのは，1853 年 9 月にベルギーの国際統計会議において，ベルギー統計中央委員会が提示した家計収支の分類方法が採択され，それに従って家計データが収集された，と書き出しているからである[60]。この提案の具体的内容を家計収支の大分類に限定して示すと，家計収入については，①俸給・賃金，②その他の副収入の 2 つに分類し，他方，家計支出は，①肉体維持のための支出，②宗教的・道徳的ならびに知的目的のための支出，③奢侈的支出の 3 つに分類するというものである。

この提案に加えて，ベルギー統計中央委員会は，夫と妻，および 16 歳，12 歳，6 歳，2 歳の 4 人の子供からなる 6 人家族を典型的な家族とみなし，この典型家族を，次の 3 つの階層に分類して家計の比較を行うべきことを提案し，これも国際統計会議で承認された，とデュクペショーは述べている[61]。カテゴリー 1：部分的に公的慈善によって支えられている貧しい労働者家族。カテゴリー 2：ほとんど援助を受けることはないが，公的な救済には参加し

ない労働者家族。カテゴリー3：全く独立な立場にある裕福な労働者家族。

　以上のような調査の枠組みに沿って収集・整理された家計データを，デュクペショーはベルギー国内の9つの州ごとに提示している。家計の具体例として，ブラバン州ニヴェル市とベルニヴァル・コミューンの家計を表Ⅰ.9に示した。この表に示されているように，各都市ないしコミューンごとにカテゴリー1からカテゴリー3までの範疇に属する家計が1世帯分ずつ提示されている。ただし，彼の著書には合計199世帯の家計が収められているが，そのうち155世帯の家計は上記の3つのカテゴリーのいずれかに分類されているものの，残りの44世帯の家計はどのカテゴリーに属するかが明示されていない。また，彼の表に掲げられた数字には誤りであることが明らかなものが含まれている（とくに合計数字に誤りが多い）。

　表Ⅰ.9からは次のことを指摘できる。第1に，支出の調査項目が詳細にわたっており，その大筋は現代の家計調査と比較しても大差ないものとなっている。第2に，支出の大項目のうち，2番目の「宗教的，道徳的，知的目的のための支出」はベルギーがキリスト教国（カトリック教国）であるという事情を反映したものであると考えられる。第3に，都市とコミューン（町村）との生活格差が大きく，カテゴリー1からカテゴリー3までのどのカテゴリーにおいても，コミューンの方が都市よりも20%以上も支出と収入が少ない。第4に，カテゴリー1に属する労働者は負の貯蓄，つまり借金生活を強いられており，カテゴリー2であっても公営質屋に通わざるをえないほど逼迫した生活状態であった。また，カテゴリー3でさえその余剰（＝貯蓄）は微々たるものであった[62]。

　デュクペショーの業績に対しては以下のような問題点を指摘することができる。第1に，彼（およびベルギー統計中央委員会）の家計調査は労働者の家計に限定されており，国民生活の縮図とはなっていない。第2に，標本抽出法が明示されておらず，恣意性の入り込む余地があった。具体的に言えば，調査した1,000世帯をどのような基準によって選んだのか，また，なぜ1,000世帯の中の199世帯の結果だけを採用したのかについて，何ら言及がなされていない。

　本章の課題である福祉の測定の歴史という観点からすると，デュクペショ

4　初期家計調査の時代　　35

表Ⅰ.9 ベルギー労働者家族の家計収支 (ニヴェル市とベルニヴァル・コミューン)

	ニヴェル市			ベルニヴァル・コミューン		
	カテゴリー			カテゴリー		
	1	2	3	1	2	3
	日雇い労働者	織物職人	スレート採取工	季節労働者	製紙工	木靴工
A 支出						
Ⅰ 肉体および物質的維持のための支出						
a 食料 小麦パン	—	—	393.12	—	20	30
ライ麦パン	—	—	—	150	150	150
小麦ライ麦混合パン	393.12	436.80	—	—	—	—
野菜, 馬鈴薯	109.20	88.40	72.80	80.00	80.00	60.00
肉	—	—	26.00	20.00	40.00	50.00
乳製品, 卵, 魚	18.20	21.84	26.00	10.00	15.00	20.00
バター, 油, 脂肪	15.60	43.68	37.44	10.00	25.00	25.00
調味料, 塩, 香辛料	8.32	8.32	7.28	10.00	20.00	20.00
紅茶, コーヒー, チコリー	16.64	18.20	28.60	10.00	12.00	12.00
ビール, リンゴ酒, 葡萄酒	—	—	—	—	—	12.00
b 住居	60.32	59.80	78.00	60.00	60.00	80.00
c 被服	107.50	70.00	108.00	30.00	50.00	60.00
d 寝具	8.00	10.00	15.00	10.00	10.00	41.00
e 暖房	31.20	52.00	57.20	40.00	40.00	40.00
f 照明	15.60	21.84	20.80	6.00	10.00	15.00
g 洗濯	21.84	13.00	26.00	10.00	15.00	15.00
h 保健・衛生	5.20	—	7.80	—	4.00	5.00
i 医療費	—	—	10.00	—	—	10.00
j 住宅維持修繕費	—	—	—	4.00	6.00	6.00
k 家具調度の購入・維持	10.00	10.00	15.00	2.00	8.00	10.00
l 租税・公課	—	—	—	2.00	6.00	12.00
m 郵便・諸経費	—	—	—	—	—	8.00
n 仕事上の臨時支出	—	5.00	5.00	—	—	—
o 菜園耕作費	—	—	—	8.00	10.00	12.00
計	820.74*	858.88	934.04	462.00	581.00	657.00*
Ⅱ 宗教的, 道徳的, 知的目的のための支出	—	—	—	—	—	—
Ⅲ 奢侈支出・不用意の結果としての支出						
a カフェ, 飲屋, キャバレー代および酒精代	10.00	9.36	10.40	3.00	6.00	8.00
b タバコ	5.20	5.20	7.00	8.00	10.00	10.00
c 賭事, 宝くじ	—	—	—	—	—	—
d 装身具	—	—	—	—	4.00	8.00
e 観劇代	—	—	—	—	—	—
f 祭礼	—	—	—	—	—	—
g 公営質屋での質屋手数料	—	2.60	—	—	—	—
計	15.20	17.16	17.40	11.00	20.00	26.00
総　　計	835.94	876.04	951.44*	473.00	601.00	683.00
B 家族の年収						
家長の賃金	469.50	520.00	558.00	270.00	380.00	400.00
妻の賃金	225.36	150.00	270.00	50.00	50.00	60.00
子供の賃金	112.68	52.00	112.68	110.00	110.00	120.00
他の収入源	—	140.00	20.00	50.00	100.00	115.00
総　　計	807.54	862.00	960.68	480.00	640.00	725.00*

注) *は計算が合わない数字
(出所) Ducpétiaux, É., *Budgets économiques des classes ouvriéres en belgique: subsistances, salaires, population,* Commission Centrale de Statistique, Bruxelles, 1855, pp. 12-13.

一の研究には福祉という視点が欠けていたように思われる．この点において，次項で取り上げるエンゲルは，デュクペショーの研究を出発点としながらも，福祉という観点から家計調査をとらえようとした点において，デュクペショーよりも前進していた．

4.2 エンゲルの家計調査

エンゲル係数あるいはエンゲルの法則でその名を広く知られているエンゲル（Christian Lorenz Ernst Engel,1821-96）は，ザクセン王国のドレスデンで生まれ，1842年から45年の期間フライベルク鉱山学校で鉱山学と冶金学を学んだ[63]．その後，1846年から47年にかけてドイツ，ベルギー，フランス，イギリスの工業地域を歴訪した．この歴訪の際に，ブリュッセルでは「近代統計学の父」と称されるケトレー（Lambert Adolphe Jacques Quetelet, 1796-1874）と，パリでは前出のル・プレーと知己となったことが，その後のエンゲルの進路に大きな影響を及ぼすことになる．

エンゲルは，ヨーロッパ主要国歴訪後の1848年に，ザクセン王国政府によって工業および労働事情調査委員に任命された．そして，1850年にはライプチッヒで開催された一般ドイツ勧業博覧会の準備と運営を任されて成功を収めた．この博覧会の成功が認められ，同年にザクセン王国に統計局が創設されると，エンゲルはその局長となり，1858年までその地位にとどまった．その後，統計改革をめぐる意見の不一致からザクセン統計局長を辞したエンゲルは，1858年にザクセン抵当保険会社が設立されると，その会長の座に納まった．それから間もない1860年に，エンゲルはプロシア王国統計局の局長に迎えられ，1882年まで局長の要職を務めた．彼が主著『ベルギー労働者家族の生活費』を出版したのは隠棲生活を送っていた1895年のことであり，その翌年に彼は他界した．ちなみに，彼は1867年から1870年の期間，プロシア議会の議員に選出されている．

エンゲルは晩年に福祉測定学を構想し，完成を見ぬままにこの世を去ったが，この福祉測定学の出発点となったのが，「ザクセン王国における生産と消費事情」（1857年）と題した論文である[64]．この論文は，人口と生存資料の間のバランスに関するマルサス（Thomas Robert Malthus, 1766-1834）の

学説を検証することをねらいとして執筆されたもので，具体的には，生産と消費を測定し，両者の関係を調べることを課題としていた．

生産と消費の関係を調べるという課題のために，エンゲルは「ザクセン王国における生産と消費事情」（以下，「ザクセン王国の生産と消費」）において，最初に生産と消費の概念規定を行い，この両者を測定する方法について考察している．ただし，生産と消費に関するエンゲルの議論は，経済学において限界革命が生じる以前になされたために，現代の経済学から見ると時代遅れの感が否めない．たとえば，物質的生産と非物質的生産との関係，および生産的消費と非生産的消費との関係について長々と議論をしているが，今日の経済学では前者に関しては非物質的生産も生産の中に含め，また，後者に関しては両者の区別を行わないことは周知のとおりである．このように彼の論文には時代的制約があったものの，彼は生産に非物質的生産を含め，消費には非生産的消費を含めて考えていたので，当時としては先進的な立場であったと言えよう．

「ザクセン王国の生産と消費」において，エンゲルは，消費量の大きさが生産の最小限の大きさを決定するという「公理」を基礎に据え，最初に同国の消費量を推測し，これに基づいて同国の生産量を推測するという，独特な方法論を採用した．

ザクセン王国の総消費量を推測するためにエンゲルがとった方法は，家計調査のデータを用いるというものであった．その際に彼が注目したのは，ル・プレーの『ヨーロッパの労働者』に所収されている労働者家族についてのモノグラフと，デュクペショーの『ベルギー労働者階級の家計』に収められている家計調査の結果である．エンゲルは，ヨーロッパの中のわずか36の家計を含むにすぎないル・プレーの研究成果よりも，ベルギー1国だけでも199の家計を網羅するデュクペショーの研究成果の方が高い価値をもつとみなしながらも，これらの研究は両方とも，「個々の真珠は提供するが，しかし，それらをつなぐことのできる糸を提供しない」[65]と批判する．

エンゲルは，これらの研究成果に掲げられた事実から消費に関して若干の普遍的結論を導き出し，帰納法によってそこから普遍的法則を探求しようとした．この目的のために，彼は，ル・プレーの行った消費の分類を，デュク

ペショーの消費の分類に合致するように組み直した。次に，エンゲルは，ル・プレーのモノグラフには1世帯当たりの世帯規模とその世帯員の年齢構成が示されているのに対し，デュクペショーの家計調査には世帯規模の情報は含まれていないので，標準的な世帯が夫婦と3人の子供からなると仮定して，デュクペショーとル・プレーそれぞれの調査結果から1人当たりの家計支出額を計算した。その結果を示したのが，表Ⅰ.10である（データはすべてフラン換算）。

エンゲルは，この表から，デュクペショーとル・プレーの総平均が相互に非常に類似していることを見出し，ここから，ヨーロッパにおける1人当たり年間食費が120フラン，総支出が185～200フランになると推測した。彼はまた，総支出額に占める支出費目ごとの百分率を計算し，その割合が最も高いのが食費であり，これに被服費，住宅費，燃料・灯火費の順に続くことを見出した。さらに彼は，ある家族が貧しいほど，総支出のうちのより多く

表Ⅰ.10 ル・プレーのモノグラフに掲げられた家計とベルギーの家計との比較

労働者の範疇	飲食物	被服	住居	燃料・灯火	用具等	教育等	公的保安等	保健衛生	人的サービス	計
[1] ベルギーの家計（デュクペショーによる家計調査）										
カテゴリー1の労働者	91.97	15.24	11.31	7.30	0.83	0.47	0.19	2.18	0.24	129.73
カテゴリー2の労働者	113.91	22.25	14.08	9.32	1.96	1.80	0.79	4.70	0.27	169.08
カテゴリー3の労働者	151.60	34.08	21.96	13.13	5.61	2.95	2.13	10.45	0.98	242.89
総平均	120.33	24.23	15.99	10.03	2.89	1.79	1.07	5.95	0.51	182.79
総平均に対する百分率（％）	65.8	13.3	8.7	5.5	1.6	1.0	0.6	3.3	0.3	100.0
[2] ル・プレーによる家計調査										
1. 遊牧民	57.48	11.59	4.08	2.69	—	2.06	1.69	0.83	—	80.42
2. ロシアの労働者	70.87	34.51	7.78	8.13	—	1.67	42.87	2.69	—	168.52
3. スカンジナビアの労働者	109.27	21.11	8.22	4.76	—	1.19	0.19	2.74	—	147.48
4. 中欧の労働者	105.64	24.81	12.10	7.93	0.42	1.94	.3.49	6.36	—	159.20
5. フランス隣接国の労働者	158.27	51.09	25.94	16.94	—	3.98	6.35	2.25	—	264.82
6. イギリスの労働者	219.19	58.34	47.30	21.40	—	6.71	3.62	9.44	—	366.00
7. フランスの労働者	111.96	29.82	11.82	6.98	—	2.73	5.11	2.67	—	176.78
総平均	119.34	34.66	16.37	10.02	1.67	2.86	11.15	3.84	—	199.91
総平均に対する百分率（％）	59.7	17.3	8.2	5.0	0.8	1.4	5.6	1.9	—	100.0

(出所) Engel, E., "Die Productions und Consumtionsverhältnisse des Königreichs Sachsen," In: derselbe, *Die Lebenskosten Belgischer Arbeiter-Familien: Früher und Jetzt*, C. Heinrich, Dresden, 1895, Anlage, S. 26.(森戸辰男訳『ベルギー労働者家族の生活費』栗田出版会，1968年，pp. 220-221)

の割合を食費に充当するという経験法則，いわゆるエンゲルの法則の存在を指摘した[66]。

「ザクセン王国の生産と消費」におけるここから先のエンゲルの議論は大雑把である。彼は，ベルギーの家計における家計支出の費目ごとの割合がそのままザクセンにも当てはまると考え，ベルギーのカテゴリー3の労働者家族（資力のある労働者家族）の支出割合がザクセンの同階級の家族のそれとほぼ同一であると仮定し，他方，中産家族，富裕家族については，食費の割合を資力のある労働者家族よりも低く見積もる一方，被服費，教養娯楽費等への支出割合を高く見積もった。そして，1849年のセンサスによって得られた189万4,400人のザクセン王国の人口に，1人当たり年間消費額50ターレル（≒200フラン）を乗じて得られた9,472万ターレルを同王国の年間支出額（消費額）とみなしたのである[67]。

「ザクセン王国の生産と消費」において，エンゲルは，国民の総収入は生産を，総支出は消費を表すものと考え，総収入の85％が労働によるものであると推測した。また，彼は，1849年のセンサスによって得られた就業データと，先の家計調査の支出費目ごとの支出額から，費目ごとの生産額の推計を行った。これらの作業を通じて得られたザクセン王国の生産と消費の関係について，エンゲルは，食料，燃料・灯火，保健衛生の3部門において消費が生産を上回り，他方，被服，住居，教育・科学・芸術，公的保安，人的サービスの5部門で生産が消費を上回っていることを明らかにした。

以上のような考察をふまえて，エンゲルは，「ザクセン王国の生産と消費」の最終節で次のような2つの命題を導いている[68]。第1に，国民の福祉は消費水準によって規定され，食費あるいは肉体維持のための支出が総支出に占める割合が低くなるほどこの国民は富裕である。第2に，一国において，各部門の生産者の数が消費水準と並行して増加するならば，生産者の増加は福祉の増大を妨げない。

このように，エンゲルは「ザクセン王国の生産と消費」の最終節で福祉について言及しているものの，同論文は福祉の測定を最終的な目標として執筆されたわけではなかった。これに対して，同論文から38年後に執筆された『ベルギー労働者家族の生活費』において，エンゲルは，同書の序論から福

祉の概念を前面に押し出し，次のように論じている。生活費に関する統計が注目を集めるようになっているが，一国の住民の生活費を確定することは，当該国の国民福祉（Volkswohlstand）を計量することと同じである。国民福祉は生活の欲望が充足される程度によって決定され，生活の欲望の充足は所得と消費の大きさに依存する，と[69]。

このように国民福祉を規定したエンゲルは，一国におけるすべての世帯の生計費を調べることが国民福祉を把握するうえで望ましいが，それは事実上不可能であるから，調査対象を典型家族に限定することが現実的である，と論ずる。しかし，典型家族を特定することは容易ではない。「ザクセン王国の生産と消費」では典型家族として，夫婦と3人の子供からなる家族が想定されたが，同じ家族構成であっても，その年齢構成によって，生計費は異なるはずである。たとえば，夫婦の年齢が若ければ，子供の年齢も低く，当然のことながら世帯所得も少なく，また，消費額も少ないであろう。他方，夫婦の年齢が高ければ，子供の中には就業者もいるであろうし，したがって世帯所得も高くなるはずである。このように，生計費は家族数によって，また年齢構成によって異なるのが当然である。

それでは標準的な家計費をどのように把握したらよいのであろうか。エンゲルは，地域的に，職業的に，また時間的に，非常に異なった家族の消費の比較を容易にするために，家族を共通の消費単位に変換することを試みた。共通の消費単位とは，ケトレーにちなんで名付けられた，ケット（Quet）という単位のことである。これは，新生児の生活費用を1単位（1.0）とし，男子については25歳になるまで，女子については20歳になるまで，年齢が1歳増えるごとに0.1単位ずつ生活費用が増えていくとの仮定のもとに計算される。たとえば，25歳男子では3.5単位（ケット）の生活費用となる[70]。また，夫婦と10歳，6歳，4歳の3児からなる世帯の生活費用は，合計すると $3.5+3.0+2.0+1.6+1.4=11.5$ 単位となる。

表I.11は，エンゲルが1853年のベルギーの家計調査の結果を，支出階級別に編成し直したものであり，そこにはケット単位当たりの費目別支出額の計算結果が掲げられている。この表から明らかなように，確かに，支出金額の多い階級ほど，食費への支出割合が少なくなる傾向にあり，エンゲルの

法則が確かめられる。筆者にとって興味深いのは，エンゲルの法則そのものよりも，すべての支出階級において，全支出に占める食費の割合が60%を上回っていたことである。労働者家計においてはその支出の多くが肉体維持のために充てられており，これに被服費と住居費，燃料・灯火費，保健衛生費を加えた合計が全支出の90%以上を占めていた。他方，教養娯楽費や貯蓄に向ける金額はごくわずかであって，当時のベルギー労働者家計が生活に余裕がなかったことを如実に物語っている。

エンゲルは，1891年にベルギーで行われた家計調査の結果についても，

表I.11　1853年のベルギーの家計における支出階級別収支

	支出階級（単位：フラン）				
	600未満	600〜900	900〜1200	1200〜2000	2000以上
世帯数	42	70	46	35	6
世帯人員数	252	420	276	210	36
ケット数	592.2	987.0	648.6	493.5	86.4
所得総額	19,148.02	49,584.93	44,438.78	48,039.92	12,787.10
世帯当たり所得	455.7	708.4	966.0	1,372.5	2,131.2
支出総額	21,050.81	53,393.62	46,783.12	50,903.09	15,828.06
世帯当たり支出	501.9	762.8	1,017.0	1,454.5	2,304.7

費目	同支出階級別ケット当たり年支出額（単位：マルク）				
1. 飲食物	20.19	29.65	38.36	52.15	81.14
2. 被服	3.08	6.32	8.67	13.44	21.64
3. 住居	2.41	3.42	4.25	5.57	9.39
4. 燃料・灯火	1.87	2.53	3.27	4.26	5.09
5. 保健衛生	0.17	0.26	0.55	0.91	1.67
6. 精神啓発	0.09	0.23	0.62	1.87	1.60
7. 霊性修養	0.02	0.04	0.10	0.14	0.02
8. 法的保護・公的保安	0.04	0.11	0.35	0.76	1.00
9. 備災および救護	0.01	0.07	0.12	0.43	1.12
10. 快楽・休養・慰安	0.36	0.71	0.65	1.38	1.93
11. その他の雑支出	0.02	0.29	0.16	0.34	0.43
12. 借金利子・買入手数料	0.01	0.06	0.04	0.07	0.19
13. 借金返済	—	—	—	—	—
14. 貯蓄	—	—	—	0.05	0.25
15. 職業関係支出	0.15	0.26	0.56	0.73	3.84
総支出	28.42	43.95	57.70	82.10	129.31
総収入	25.80	40.18	54.80	77.85	120.90

注）原著においては支出費目の通し番号が一貫していない。また，総支出額に誤りがある。
(出所) Engel, E., *Die Lebenskosten Belgischer Arbeiter-Familien: Früher und Jetzt*, C. Heinrich, Dresden, 1895, S. 38-39.（森戸辰男訳『ベルギー労働者家族の生活費』栗田出版会，1968年，pp. 70-71）

ケット単位への変換を行い，物価変動についての予備的考察を行ったうえで，1853 年から 1891 年の間にベルギー労働者世帯に生活水準の向上が見られたと結論している[71]。

エンゲルによる家計データの分析は対象が労働者世帯に限定されていた。また，彼自身は家計調査を手がけなかった。さらに彼は十分な標本理論をもたなかった。しかし，消費という側面に限定されていたとはいえ，19 世紀後半の労働者の生活状態を数量的に明らかにし，さらに，エンゲルの法則と呼ばれる経験法則を導いた点において，彼の研究の価値は高い。また，家計調査そのものに関して，家計簿法による調査を推奨したことも彼の重要な貢献である。

最後に，今日では忘却されてしまったが，エンゲルが最晩年に，「デモス」(demos) と称する福祉測定学の構築を試みたことに触れておきたい。デモスは個人福祉の測定，家族福祉の測定，国家福祉の測定の 3 本の柱からなり，それぞれが単行本として刊行されるはずであった。残念ながら，この構想を抱いてから間もなく彼が永眠したために，その内容は明らかにされていない[72]。

5 大規模な貧困調査の時代

　前章で取り上げたデュクペショーやエンゲルの研究は，標本抽出で得られた百数十世帯の労働者家計から，当時の生活状態，ひいては福祉の状態を明らかにしようとするものであった。彼らの研究においては，抽出された標本が母集団をどの程度代表しているかという議論は等閑に付されていた。また，労働者家計のみが対象とされており，地域全体，あるいは一国全体の生活状態を把握しようとする観点は欠如していた。

　これに対して，本節で取り上げるブース（Charles Booth）とラウントリー（Benjamin Seebohm Rowntree）は，いずれも大実業家で，私費を投じて大規模な社会調査を行った。前者はロンドンを対象として，後者はイングランド北部の都市ヨークを対象として，19世紀末に調査を開始した。この両者の研究は貧困研究に位置づけられることが多いが，貧困層だけでなく，一般市民を調査対象に網羅しているので，市民全般の生活状態，さらには福祉の状態の測定という点からも評価に値する。

　本節では，最初に19世紀半ばにおけるイギリスの社会調査について言及し，次に，ブースのロンドン調査について考察し，最後に，ラウントリーのヨーク調査を取り上げる。

5.1　19世紀中葉のイギリスにおけるサーベイ法の発展

　イーストホープ（Gary Easthope）は『社会調査方法史』において，社会調査法を実験的方法，サーベイ法，参与観察法，生活史法，比較研究法の5種類に区分し，このうちサーベイ法（川合隆男他による訳書では「踏査法」と訳出されている）を，細かな素材をたくさん積み重ねることによって1つ

の大きな全体像を描きあげる方法,と定義している[73]。サーベイ法をこのように定義した場合,イギリスにおいてはブースの研究が登場する以前の19世紀半ば頃に,サーベイ法が2つの系統に分かれて発展した[74]。

　第1の系統は,貧民の状態についての記述である。この方向における代表的な研究の1つが,マンチェスターやイギリス各都市の19世紀半ばの労働者の住居や労働,暮らしを記述した,エンゲルス（Friedrich Engels, 1820-1895）の『イギリスにおける労働者階級の状態』（1845年）である。エンゲルスは当時のロンドンの簡易宿泊所の様子を次のように描いている。

　　ロンドンでは,その晩どこに寝たらよいかわからない人が5万人,毎朝目をさます。それらの人々のうち,晩に1ペニーか2, 3ペンスうまく残すことができたもっとも幸運な者がいわゆる簡易宿泊所に行く。大都市ならばどこにでも簡易宿泊所は多数あり,金を払えば宿にありつける。だが何という宿であろう！宿は上から下までベッドであふれ,1部屋にベッドが4つ,5つ,6つと入れられるだけ入れられている[75]。

　エンゲルスと同様に,メイヒュー（Henry Mayhew, 1812-1887）もまた,19世紀半ばのロンドンの下層市民の生活実態について多くの記述を残した。彼の『ロンドンの労働と貧民』（1861年）には,当時のロンドンの市井の人びとの生活の様子が,多数の挿絵とともに生き生きと描かれている。一例を挙げると,土曜の夜のロンドンの街路市場を彼は次のように記述している。

　　街頭商人の姿が一番多く見られるのは,土曜日の夜,ロンドンの街路に並ぶ市場においてである。この市場,そしてすぐそばに隣接する店舗で,労働者階級の人びとが,日曜日のための食料を買う。給料が出た土曜の夜か日曜の早朝,ニューカット,そして特にブリル・ストリートは,通り抜けられないほどの人ごみになる。じっさい,この地域の光景は,市場というよりは縁日に近い。／何百という売店が並び,その売店の一店一店に,1個か2個の明かりが灯っている[76]。

5　大規模な貧困調査の時代

エンゲルスも，メイヒューも，ともに生活に関する記述の中で数字にも言及している。しかし，それは彼らが観察したものか，調査対象から聞き取りをして得られたものが主であった。いずれにしても彼らの生活調査は定性的であった。

　サーベイ法の第2の系統は，大量観察に基づいて，社会生活を量的に把握しようとする研究の系譜であり，ファー（William Farr, 1807-1883）の研究に代表される。ただし，この系統の研究は，社会生活そのものを把握するために行われたわけではなく，社会生活の問題を付随的に考察したにすぎない。

　1836年創設のイングランド・ウェールズ戸籍本庁において，1839年からその一員となった医師・疫学者のファーは，死亡届けを提出する際に，死因も申告することを制度化した[77]。その結果，死亡数および死因のデータが入手できることになり，年齢，性，地域，職業，生活習慣が疾病にどのような影響を及ぼすかを分析することが可能になった。これによって疫病の発生状況を把握できるだけでなく，さらにはその予防も可能となった。医療統計，とりわけ死亡データは地域の保健・衛生状態，ひいては生活状態を数量的に映し出す鏡である。したがって，こうしたデータが大量に収集されるようになったことは，生活状態の数量的把握にもプラスであったことは言うまでもない。

　以上のように，すでに19世紀半ば頃までに，イギリスにおいては生活状態の記述と，大量観察に基づく社会生活の量的把握という2つの系統の研究が存在していたのであるが，イーストホープは，ブースがこの2つの系統の研究を一本化する役割を果たした，と指摘している。ブースはどのようにして2つの系統の研究を一本化したのであろうか。そもそもブースはどのような人物であり，どのような理由で多額の個人資産を費やしてまで社会調査を実施しようとしたのであろうか。また，福祉の測定という点から見た場合，ブースはどのような貢献をしたのであろうか。これらのことについて，次項で考察する。

5.2　ブースのロンドン調査
5.2.1　ロンドン調査の時代背景と調査の動機

ブースは 1840 年にリバプールの裕福な穀物商の三男として生まれた[78]。彼は 16 歳で中等教育を終えると，ビジネスの実務を学ぶために数年間ランポート・ホルト蒸気船会社に勤務し，その後，兄アルフレッド（Alfred Booth）がアメリカ人とニューヨークで始めた皮革貿易会社の仕事に加わった（アメリカ人がまもなく手を引いたためにブース兄弟が会社の所有者となった）。ブースは仕事に習熟するまでニューヨークにとどまった後，リバプールに戻り，アメリカから送られてきた皮革の輸入業務に携わった。仕事を単なる金儲けの手段と考えていた兄アルフレッドとは異なり，ブースは研究熱心で，皮の加工業者を訪問したり，船荷となる皮の抜き打ち検査をしたりした。その結果，兄弟の貿易会社はビジネスの軌道に乗ることになる。

　ブースは現状に甘んずることなく，南米との間に新しい航路を開拓することによって商機を開こうとした。彼は兄アルフレッドと妹エミリー（Emily Booth）を説得して，父から受け継いだ莫大な遺産の大半を 2 隻の蒸気船の建造に投資し，1866 年にブース船舶会社として海運事業を開始した。同社の設立から 7 年間，ブースは寝食の間を惜しんでビジネスに打ち込んだ。その結果，彼の健康はむしばまれ，1871 年に結婚したものの，その 2 年後の 1873 年の年末には仕事から離れざるをえなくなった。

　ブースが健康を害したのは，仕事のストレスだけでなく，彼の家族の信仰（ユニテリアン主義）に根ざした信念も原因となっていたと言われる。彼の家族の信じる宗教は，裕福な成功者は不幸や貧困を救済する義務があることを説くが，ブースは金銭を提供すればこの義務を果たしたことになるとは考えずに，労働者階級が慈善に依存しなくてもよくなるようにすることを自分の義務だと考えたのである[79]。彼は，富者が施し，貧者がそれを受け取る光景を見て，彼の信仰する宗教そのものに対してさえ疑念を抱くようになった。

　ブースは志を同じくする者たちと労働者階級を救済する方法について議論するようになり，総選挙において自由党に肩入れするとともに，リバプールのスラム街を 3 度にわたって詳細に調査した[80]。また，彼は，自分の会社の利潤を基金にして自社の従業員を対象とする一種の保険を創設し，他方，労働組合運動にも荷担した。さらに，1870 年にイギリスの義務教育制度が開始される以前において，ブースはリバプールには少なくとも 2 万 5,000 人の

未就学児童がいると推測し，各宗派の教会に，児童1人につき5シリング (0.25ポンド) 寄付するので，こうした未就学児童の教育を引き受けてほしいとの申し出を，彼の友人たちと行った。しかし，この申し出は宗派間の確執のために実現には至らなかった。また，ブースたちが肩入れしていた自由党も選挙民の支持を得ることができなかった。このように彼の試みた政治活動，社会改革がすべて目的を達せられずに終わってしまったことも，彼の健康を損なう要因の1つであったと言われている。

　ブースは1873年末に，健康の回復を目的として，妻子とともにスイスに出発した。1875年の春にスイスから帰国すると，ブースはロンドンに船舶会社の支社を開設し，彼自身もロンドン市内に居を構えた。後述する経済危機のために，彼が仕事から離れている間に彼の会社は業績が低迷し，このため，1876年夏頃から彼の健康が回復し始めたのを機に，彼はロンドンとリバプール，ニューヨークの間を行き来する多忙な日々を送ることになる。1880年までに彼は会社の経営を立て直し，同年に兄アルフレッドから会社の経営権を譲り受けた。その後，ブースの船舶会社は発展を持続する。

　一方，イギリス経済は1873年の世界恐慌以降慢性的不況に陥り，79年の恐慌，90年のベアリング恐慌を経て1896年に至るまで長期にわたる大不況から脱却できなかった[81]。こうした大不況は労働者階級の生活にも影響を及ぼし，新たな政治的思潮が生まれた。新たな政治的思潮とは，1880年代前半に中流階級の知的エリートを指導者とする社会主義的諸団体が結成されたことを指す[82]。まず，1881年にハインドマン (Henry Mayers Hyndman, 1842-1921) が民主連盟を結成し，1883年に彼はイギリスで初のマルクス主義団体である社会民主連盟を組織した。彼は土地，銀行，鉄道の国有化や初等教育の無償化などの社会主義的な綱領を掲げた。路線の違いからハインドマンと決別したモリス (William Morris, 1834-1896) やマルクスの末娘であるエリノア・マルクス (Eleanor Marx, 1855-1898) らは1885年に社会主義者連盟を結成した。他方，シドニー・ウェッブ (Sidney James Webb, 1859-1947)，ショー (George Bernard Shaw, 1856-1950) などの中流階級知識人が1884年にフェビアン協会を設立した。フェビアン協会は，漸進的な社会変革によって教条主義的マルクス主義に対抗しようとするものであり，経済

活動や社会生活への積極的な国家干渉によって福祉国家の実現を目指した[83]。

このような新しい政治思潮の勃興にもかかわらず，当時の政府はアイルランド独立問題をはじめとする外交問題に関心を奪われ，労働者の生活に対する配慮は後回しであった[84]。大不況のさなか，イギリスの農業は，一次産品輸出国からの安価な農畜産物の大量輸入にさらされて，破滅的な農業不況に陥った。このため農業労働者が大量に都市に移動し，失業率が上昇するとともにスラムの生活条件は悪化し，暴動が発生した。

こうした中で，最も積極的にスラムの住民たちの福祉の向上に取り組んだのがヒル（Octavia Hill, 1838-1912）やバーネット夫妻（Samuel Barnett, 1844-1913; Henrietta Barnett, 1851-1936）であった。前者は，ロンドンにおいて，福祉住宅の発展に力を注いだ。後者は，スラム街にある自分たちの教区で成人教育を実践し，とくに，福祉施設としての最初のセツルメントであるトインビー・ホール（歴史家アーノルド・J.トインビーの叔父アーノルド・トインビーを記念して命名された福祉施設）を創設した。一方，集会を開いたり，抗議の行進をしたり，あるいは書籍やパンフレットを書いたりして世論を動かそうとする者たちもいた。たとえば，聖職者マーンズ（Andrew Mearns, 1837-1925）がロンドンの貧困状態を描写した『見捨てられたロンドンの痛ましい叫び』（1883年）は，スラムの状態を調査・報告するための委員会がすべての大都市に設置される契機となった[85]。

仕事が多忙を極め，自らのビジネスが順調に推移するようになっても，ブースは貧困に対する関心をもち続けた。彼は，上記のような政治運動や社会改革運動の担い手たちと交流し，ハインドマンの社会民主連盟から，バーネット夫妻やソーシャル・ワーカーに至るまで，さまざまなグループの会合に参加し，彼らの意見に耳を傾けた。

より多くの人びとの意見に耳を傾けるほど，ブースは，人びとが不十分な知識で議論していることに気づいた。そして彼は，貧困政策を実施するためには，貧しい人びとがどのように生活しているのか，貧困の原因となる個人的，社会的要因がどのようなものであるのかを明らかにすることが必要であるとの確信を強めていった[86]。こうした状況の中で，1885年にハインドマンは，社会民主連盟によるロンドンの賃金稼得者についての調査結果を公表し

た。それは労働者の25％以上が人間として健康を維持するのに不適切な生活を送っていると言うのである。「適正な経営が行われる時にのみ『労働』と『材料』とは無駄に『使用』されることを免れ，経営者は社会における生産力の発展と生活水準の上昇とに寄与することができる」[87]という信念をもっていたブースは，ハインドマンの調査結果に対して懐疑的であった[88]。しかし，ハインドマンの調査結果を打ち消すことのできる証拠を彼はもっていなかった。そこで彼は3年計画でハインドマンの調査結果が誤りであることを明らかにすることを目的として，自らロンドン市民の生活状態を調査することを決心したのである。

5.2.2 「貧困調査」の方法

上記のように，ブースは3年計画でロンドン調査を開始したものの，実際には1886年から1902年までの17年間にわたって調査は継続され，その成果は『ロンドンにおける民衆の生活と労働』と題する17冊の報告書にまとめられた。この報告書は「貧困」，「産業」，「宗教的影響」の3つのシリーズからなっており，それぞれ「貧困調査」(1886～91年)，「産業調査」(1891～97年)，「宗教的影響調査」(1897～1902年)の結果をまとめたものである。

第1の「貧困調査」は，ロンドン市民がどのように生活しているかを明らかにすることを目的としたものであり，第2の「産業調査」は，ロンドン市民がどのように働いているかを明らかにすることを目的としていた。第3の「宗教的影響調査」は，ロンドン市民の状態が種々の社会的行為によってどのように影響されているのかを明らかにすることを目的とする調査であった。この3つの調査のうち，生活状態の数量的把握という観点からすると，最も興味深いのが「貧困調査」である。この調査がどのように実施され，ロンドン市民の生活状態をどのように明らかにしたのかを以下において考察する。

貧困調査が開始される前年の1885年，ブースは王立統計協会の正会員 (fellow) になり，翌86年には，1841年，51年，61年，71年，81年のセンサスを用いたイギリスの職業分類の分析結果を同協会で報告した。この分析において彼が見出したのは，センサスデータには重要な情報の脱落や一貫性

の欠如があり，そこから有益な結論を導き出すことが不可能であるということであった。このためブースは自らロンドン市民の生活状態を調査することを決心した。しかし，1人で取り組むには対象が大きすぎることがわかったので，彼は東ロンドンに精力を集中することに決めた。東ロンドンは，雇用労働者が多く，浮浪者も目立ち，また，犯罪者も存在していたからである[89]。

ブースが立てた調査の全体計画は，全人口を地域別と職業別に分類し，次に，各地域については地区調査を，各職業については職業調査を行うことであった。地区調査の目的は民衆の生活条件を明らかにすることであり，職業調査の主な目的は民衆の労働条件を明らかにすることにある。ブースの最終的な関心は「生活と労働との間の関係」[90]にあった。そして，この生活と労働の関係を把握するための標識としてブースが導入したのが「社会的分類」，すなわち，それによって家族の地位と生活様式を測定する，AからHまでの8つの階級である[91]。各階級を構成するのは表Ⅰ.12に示すような人びとであった。

ブースは，階級Aを最下層に位置づけ，階級Bは慢性的な窮乏の中で生活していることからこの階級を「極貧」とみなした。また彼は，階級Cと階級Dは，生活必需品を手に入れてなお家計の帳尻を合わせるには苦労をする生活を送っていることから，これらの階級を「貧困」と一括りにした。他方，階級Eと階級Fは社会的な体裁を保ち，他者に頼らないで生活を送

表Ⅰ.12 ブースの「社会的分類」

A	最下層の労働者，浮浪者，準犯罪者	最下層
B	臨時的稼得者	極　貧
C	不規則的稼得者	貧　困
D	規則的稼得者・低賃金	

---貧困線

E	規則的稼得者・標準賃金	快　適
F	高賃金労働者（職長）	
G	中産階級の下	富　裕
H	中産階級の上	

（資料）Booth, C., *Life and Labour of the People in London, Poverty I*, Macmillan, London, 1891; reprint, Augustus M. Kelly, New York, 1969, p. 30 に基づいて作成。

っていることからこの2つの階級を（労働階級的）「快適」、さらに、階級Gと階級Hを中産階級的「富裕」と呼んだ。

ところで、調査の客観性または判定の統一性を保持するためには指標の数量化が必要である。そこでブースは、中位の大きさの家族の場合、週当たり18シリングから21シリングの規則的な収入を有する人びとを「貧困」と呼び、この数字をもって貧困線とした[92]。ブースはこの18シリングから21シリングという数字をいかにして獲得したかについて、自ら積極的に語らなかった。石田忠は、この数字が、優先的に雇用される造船ドックの臨時労働者の稼得額と、ガス工場の不熟練労働者の稼得額を参考にして決められた、と推測している[93]。

ブースは1886年4月に貧困調査のための初会合を開き、東ロンドンの中でも、当時、貧民街として有名だったイーストエンドを含む、タワーハムレッツ地区（現在のタワーハムレッツ・ロンドン特別区）の5つの学区から調査を開始した。早くも1887年5月に、彼は「タワーハムレッツ（学区）の住民、彼らの生活状態と職業」と題する論文を王立統計協会で発表した。この論文において、ブースは、階層（section）と階級（class）という2つの基準による初めての調査結果を提示した。

表I.13はタワーハムレッツ地区全体の調査結果を示したものである。同表の各行は「階層」を表しており、これは家長の性別と職業による分類に基づいている。表から明らかなように、階層は全部で39に区分され、それぞれの階層ごとに、世帯主の数と配偶者および子供の数の情報が示されている。同表から、総世帯数は8万9,889、総人口は45万6,877人、1世帯当たりの平均世帯人員は5.1人、1世帯当たり15歳未満の子供数の平均は1.9人、15歳以上20歳未満の子供数の平均は0.5人であることが読み取れる。

次に、表I.14は、タワーハムレッツの住民を階層と階級をクロスさせて分類したものである。表の各行の番号は表I.13の階層に対応し、各列は階級を表している。この表から次のことがわかる。まず、最下層の階級Aに分類されたのは全住民の1.51%であり、極貧の階級Bは11.35%である。次に、階級Cと階級Dの構成比を見ると、それぞれ7.43%と14.71%であるから、両階級によって構成される「貧困」の範疇には全住民の22.14%が

表 I.13 タワーハムレッツの住民の階層による分類

階層		世帯主	扶養家族 妻	子 (15歳未満)	子 (15歳～20歳)	未婚・20歳以上	計	%
<男性世帯主>								
労働者	1 最下層,浮浪者	1,470	1,455	497	893	1,517	5,832	1.28
	2 臨時日雇労働	6,190	6,124	11,400	2,746	3,652	30,112	6.59
	3 不定期労働	2,729	2,706	5,183	1,264	1,205	13,087	2.86
	4 常雇用,低賃金	4,961	4,900	9,144	2,169	2,075	23,249	5.09
	5 常雇用,普通賃金	10,612	10,523	20,512	5,043	4,639	51,329	11.23
	6 職長	2,889	2,864	5,705	1,354	1,220	14,032	3.07
職人	7 建築業	4,871	4,818	9,775	2,319	2,008	23,791	5.21
	8 家具,木工	4,501	4,456	9,193	2,211	1,901	22,262	4.87
	9 機械・金属	4,855	4,796	9,634	2,266	1,984	23,535	5.15
	10 さまざまな職人	4,028	3,990	7,757	1,905	1,761	19,441	4.26
	11 洋服仕立	5,753	5,687	11,265	2,962	2,860	28,527	6.24
	12 調理	3,123	3,103	6,190	1,593	1,467	15,476	3.39
交通	13 鉄道従業員	1,176	1,159	2,360	555	483	5,733	1.25
	14 陸運	957	951	1,885	464	414	4,671	1.02
店員	15 商店・飲食店従業員	2,017	2,000	3,861	944	862	9,684	2.12
他の賃金労働者	16 警官,軍人,準職員	1,519	1,504	2,992	730	654	7,399	1.62
	17 海員	2,288	2,261	3,901	917	938	10,305	2.26
	18 他の賃金稼得者	1,111	1,100	1,720	419	461	4,811	1.05
製造業者	19 家内工業(自営)	1,290	1,280	2,611	656	577	6,414	1.40
	20 小規模雇用主	2,147	2,128	4,849	1,254	1,017	11,395	2.49
	21 大規模雇用主	353	351	698	176	163	1,741	0.38
商人	22 辻商人	1,354	1,339	2,695	700	817	6,905	1.51
	23 雑貨商	1,452	1,442	2,946	773	700	7,313	1.60
	24 小規模店舗	3,164	3,133	5,677	1,415	1,421	14,810	3.24
	25 大規模店舗(雇用者あり)	1,772	1,758	3,575	894	798	8,797	1.93
軽食	26 コーヒー店,下宿屋	437	429	809	201	203	2,079	0.46
	27 酒場	902	895	1,618	403	412	4,230	0.93
俸給生活者	28 事務員,外交員	3,519	3,485	6,773	1,639	1,474	16,890	3.70
	29 準専門職	1,213	1,200	2,386	575	503	5,877	1.29
	30 専門職	491	487	1,001	242	206	2,427	0.53
無職	31 病人および失業者	373	368	714	178	169	1,802	0.39
	32 財産収入で生活	278	276	388	92	115	1,149	0.25
	計	83,795						
<女性世帯主>								
	33 準家政婦	2,733	―	4,308	1,058	―	8,099	1.77
	34 洋服仕立	1,364	―	2,147	536	―	4,047	0.89
	35 小商い	875	―	1,461	363	―	2,699	0.59
	36 雇用主および専門職	178	―	301	74	―	553	0.12
	37 被援助者	607	―	914	228	―	1,749	0.38
	38 財産収入で生活	337	―	460	114	―	911	0.20
女性が家長	計	6,094						
	39 他の成人女性						33,714	7.38
	総計	89,889	82,968	169,305	42,325	38,676	456,877	100.00

(出所) Booth, C., "Inhabitants of Tower Hamlets (school board division), their condition and occupations," *Journal of Royal Statistical Society*, vol. 50, 1887, p. 330.

表 I.14 タワーハムレッツの住民の階層と階級による分類

階層	最下層 A 最下層	極貧 B 日雇い稼得者	貧困 C 不規則稼得者	貧困 D 規則的少額稼得者	快適 E 規則的標準稼得者	快適 F 高額稼得者	富裕 G 中産階級の下	富裕 H 中産階級の上	総計
1	5,832	—	—	—	—	—	—	—	5,832
2	—	30,112	—	—	—	—	—	—	30,112
3	—	2,686	9,030	—	1,371	—	—	—	13,087
4	—	—	—	23,249	—	—	—	—	23,249
5	—	296	—	9,432	41,601	—	—	—	51,329
6	—	—	—	—	—	14,032	—	—	14,032
7	—	1,730	1,921	3,506	15,014	1,620	—	—	23,791
8	—	1,486	1,423	3,404	14,419	1,530	—	—	22,262
9	—	811	1,088	2,425	17,077	2,134	—	—	23,535
10	—	644	1,636	1,635	9,095	6,431	—	—	19,441
11	—	1,856	3,911	6,394	14,490	1,876	—	—	28,527
12	—	401	554	2,296	12,225	—	—	—	15,476
13	—	84	—	238	2,674	2,737	—	—	5,733
14	—	215	—	1,261	3,195	—	—	—	4,671
15	—	249	—	840	8,595	—	—	—	9,684
16	—	197	—	630	6,572	—	—	—	7,399
17	—	277	791	—	9,237	—	—	—	10,305
18	—	124	195	197	3,799	496	—	—	4,811
19	—	424	1,578	—	4,412	—	—	—	6,414
20	—	—	—	317	2,121	5,704	2,724	529	11,395
21	—	—	—	—	—	—	871	870	1,741
22	522	524	2,356	741	2,762	—	—	—	6,905
23	—	186	1,238	—	4,980	—	909	—	7,313
24	—	112	76	1,098	7,850	4,068	1,606	—	14,810
25	—	—	—	—	—	895	4,398	3,504	8,797
26	—	—	—	17	221	699	1,142	—	2,079
27	—	—	—	5	103	643	2,298	1,181	4,230
28	—	162	407	1,283	6,478	5,320	2,522	718	16,890
29	—	—	—	—	—	—	5,877	—	5,877
30	—	—	—	—	—	—	—	2,427	2,427
31	—	716	931	155	—	—	—	—	1,802
32	—	—	—	—	—	—	1,149	—	1,149
33	—	2,825	3,814	—	1,460	—	—	—	8,099
34	—	1,095	—	2,109	843	—	—	—	4,047
35	—	680	523	526	970	—	—	—	2,699
36	—	—	—	—	—	—	553	—	553
37	—	240	—	346	1,163	—	—	—	1,749
38	—	—	—	—	—	—	911	—	911
39	528	3,728	2,464	5,116	15,298	3,831	2,005	744	33,714
総計	6,882	51,860	33,936	67,220	208,025	52,016	26,965	9,973	456,877
%	1.51	11.35	7.43	14.71	45.53	11.39	5.90	2.18	100.00

注) 階層の番号は表 I.13 の階層の番号に対応する。
(出所) Booth, "Inhabitants of Tower Hamlets", p. 331.

含まれる。したがって,「最下層」と「極貧」と「貧困」を合わせた,貧困線を下回る人口比は35％となり,ハインドマンの調査を上回る結果となった。他方,貧困線よりも上の階級に目を転じると,階級Eは45.54％と最大の構成比を示した。「快適」の範疇を構成する階級Eと階級Fの合計は全体の56.92％である。また,階級Gと階級Hからなる「富裕」の範疇には全体の8.08％が含まれていたことが明らかである。

約20人のスタッフで,しかもコンピュータどころか計算機も存在しない時代に,調査期間を含めてほぼ1年間でタワーハムレッツの8万9,889世帯,総人口45万6,877人を調べ上げたことは驚嘆に値する。いったいどのような方法で短時日に調査を行うことができたのであろうか。また,どのような基準で住民をAからHまでの階級に区分したのであろうか。

「貧困調査」開始当時のロンドンには100万近くの家族が居住していた。この膨大な数の家族を民間の調査者が1軒1軒調べ上げることは時間,労力,費用のどの点から見ても不可能である。この問題を解決するためにブースがとった方法は,学務委員会の家庭訪問員（school board visitors）にブースの調査員が面接して,家庭訪問員が職掌柄各家庭についてもっている情報を入手し,それに基づいて家族の分類を行うというものである。この方法は,自由党の政治家チェンバリン（Joseph Chamberlain, 1836-1914）がバーミンガムのスラムを一掃する際に用いた方法であり,ブースの調査に参加したベアトリス・ポッター（後にベアトリス・ウェッブ,Beatrice Potter Webb, 1858-1943）がこの方法の存在をブースに伝えたのであった[94]。具体的には,ブースの調査員が,学齢児童をもつ男性家長の数と家長の職業,学齢児童の数を,その学区の学務委員会家庭訪問員から入手した。この情報は警察官,徴税吏員,衛生検査官,学校の教師,慈善団体協会の調査員,労働組合,および共済組合の事務担当者等を通じての「間接的面接」によって照合され,訂正された。さらにブース自身もロンドンの貧民地区のさまざまな家庭で寝泊まりし,彼らの暮らしぶりを観察した。

しかし,この「間接的面接」によって得られる情報は,学齢児童のいる家族に関するものであって,学齢期の児童のいない家族をどう扱うかという問題が残っている。この問題を解決するために,ブースはセンサスから得られ

た家長の数および学齢児童の分布に基づいて，これらの数字の推計を行った。すなわち，実際に調査した，学齢期児童をもつ家族の世帯主と同様な比率でその他の成人男子（女子世帯主の場合も同様）を分類し，同様に，実際に調査した学齢期児童数に比例して，残りの子供，若者，高齢者等を加え，センサスデータと結びつけたのである。

　以上のような手続きによって，ブースは，イーストホープの言う大量観察に基づいて社会生活を量的に把握した。それでは，貧民の状態の記述というもう1つの作業をブースはどのように行ったのであろうか。

　ブースの調査員たちは「間接的面接」によって得た情報を表I.15のようにノートに書きとめ，個々の家族の階級を判定していった。ただし，このノートは王立統計協会で発表した論文の中には含まれておらず，その2年後に出版された『ロンドンにおける民衆の生活と労働』第1巻（1889年）に所収されている。また，ブース自身も時間が許す限り，調査地区に下宿し，住民と食住をともにして，その生活の様子を克明に観察した。こうした調査員のノートから，表I.14の階層と階級の表を作成するのは極めて容易である。こうしてブースは，サーベイ法の2つの系譜を統合したのである。

　1888年にブースは調査範囲を3地区増やし，東ロンドンとハックニー地区を調査した。家族を単位として，階層と階級に区分するという方法で調査がなされたのは，ここまでであった。ブースは1889年までに，ロンドンの残りのエリア，すなわち，ロンドン中心部（central London），北ロンドン，西ロンドン，南ロンドンも調査対象とした。東ロンドンでは家族を基本単位としたが，それ以外のエリアの調査では街区（street）を基本単位とした。これは「ほどほどの時間内に全ての場所を網羅するためには作業を軽減する必要があった」[95]からである。街区の住民が，地位と収入に応じて，前記のA～Hの8階級に分類された。しかし，世帯主の職業による39の階層への分類は行われなかった。このように「貧困調査」の方法は途中で軌道修正されたために一貫性がない。しかし，このような限界にもかかわらず，同調査は衝撃的な事実を明らかにした。

表Ⅰ.15 ブースの調査員のノート「マーブル街（南）」

階層	家族	階級	階層
1. 労働者（妻はマッチ箱作り）……（臨時的稼得，極貧，不潔，乱雑）	学童3人，幼児1人，1人の少年は行商	B	2
荷馬車の御者……（妻がすべての稼ぎを飲み代に使う）	学童3人，幼児1人	B	3
行商人……	学童おらず		
2. 労働者……（規則労働を好まないようであり，ぶらついてゴミ山をあさっている）	学童3人，幼児1人	B	2
鍛冶屋（寡夫）……	学童1人	E	9
3. 労働者（？）……（妻に対する暴力で収監中，妻は法的に夫と別居している．妻が子供を養育し，教区の救済を受けている）	学童2人，幼児2人	A	33
マッチ箱作り（寡婦）……	学童3人	B	35
4. 労働者……（ホップ摘みの季節労働，職を探そうとしない．気温が暖かくないと仕事に出かけない）	学童4人，幼児1人	B	2
ろくろ師……（飲酒）	学童3人	B	8
労働者……（全く働こうとせず，妻が家族を支え，彼女は夫に暴力をふるわれる．夫は召還に応ぜず，罰金も払わなかったために収監中である）	学童4人，幼児1人，1人の少年は荷馬車の助手で週3シリング6ペンスの稼ぎがある	A	1

注）左端の1から4までの数字は家屋番号を表す．
（出所）Booth, C., *Life and Labour of the People in London, Poverty I*, 1889; reprint, A. M. Kelly, New York, 1969, p. 13.

5.2.3 「貧困調査」の成果

　ロンドン全体の貧困調査が終了し，その結果が公表されたのは1891年である．この調査結果は，当時のイギリスの支配階級と政治に大きなインパクトをもたらした．その理由は，第1に，この調査が貧困層の割合が予想以上に高いことを明らかにしたからである．第2に，この調査が，貧困の原因が個人の不品行や不道徳にではなく，雇用の問題にあったことを明らかにしたからである．以下においては，貧困調査が単に貧困問題の解明に貢献しただけでなく，貧困層以外の一般市民，さらには上層階級の生活状態をも数量的に明らかにし，また，小標本に基づくとはいえ，ロンドン市民の家計をも明らかにしたことを見ていく．

　タワーハムレッツの調査結果（前掲表Ⅰ.14）が公表された時点から予想されたように，ロンドンにおける貧困層の割合は一般に考えられていたよりも高かった．表Ⅰ.16はロンドン全体についての「貧困調査」の結果を掲げ

たものである。この表から明らかなように，貧困層の人口（階級A，B，C，Dの合計）がロンドン全体の人口（施設収容者等を除く）に占める割合は30.7％に達していた。貧困人口の割合は，11の学区のうち最も低い学区でも24.5％と，ほぼ当該学区の人口の4分の1を占め，他方，その割合が最も高い学区は47.6％と当該学区の半数近くを占めている。この調査結果は驚愕すべきものであって，ハインドマンの指摘よりも貧困層が多いという実態がブースの調査によって明らかにされたのである。他方，「見苦しくない自立した生活」を送っている市民もロンドンの3分の2以上存在したことが貧困調査から明らかになった。階級Eと階級Fは家長が規則的に雇用され，公正な賃金を支払われている労働者階級の家族であるが，この2つの階級がロンドン市民の51.5％を占めていた。このように貧困調査は19世紀末におけるロンドンの各階級の生活状態を明らかにしたのであった。

ブースの貧困調査は単に貧困層の割合が高いことを明らかにしただけでは

表I.16　ロンドン全体の階級別人口

学区	貧困					快適				計
	A	B	C・D	小計	%	E・F	G・H	小計	%	
シティ	574	2,676	10,152	13,402	31.5	22,948	6,211	29,159	68.5	42,561
ウェストミンスター	1,314	15,998	33,395	50,707	24.5	115,151	41,323	156,474	75.5	207,181
チェルシー	3,874	17,605	83,899	105,378	24.6	188,253	134,101	322,354	75.4	427,732
メリルボーン	3,762	27,996	116,816	148,574	25.8	300,049	126,487	426,536	74.2	575,110
フィンズベリー	6,886	51,818	122,539	181,243	35.5	244,420	84,895	329,315	64.5	510,558
ハックニー	4,299	47,525	97,007	148,831	34.5	229,255	53,580	282,835	65.5	431,666
タワーハムレッツ	6,683	52,534	106,127	165,344	36.0	268,938	25,591	294,529	64.0	459,873
サウスワーク	4,489	30,603	73,199	108,291	47.6	108,708	10,534	119,242	52.4	227,533
ウェストランベス	1,340	26,716	128,262	156,318	26.6	311,058	119,298	430,356	73.4	586,674
イーストランベス	3,277	18,656	83,772	105,705	30.0	184,879	62,249	247,128	70.0	352,833
グリニッチ	1,047	24,711	82,882	108,640	28.0	193,467	85,342	278,809	72.0	387,449
計	37,545	316,838	938,050	1,292,433	30.7	2,167,126	749,611	2,916,737	69.3	4,209,170

施設収容者等　99,830
全ロンドン　4,309,000

（出所）Booth, C., *Life and Labour of the People in London , Poverty II*, Macmillan, London, 1891; reprint A. M. Kelly, New York, 1969, Appendix, p. 60.

58　I　福祉測定の歴史

ない。彼が同調査を開始した当時のイギリスにおいて支配的な貧困観は，「貧困を専ら個人的な特性又は能力に結びつけて考える」[96] ものであった。しかし，ブースの調査結果はこの支配的な貧困観を揺るがすものであった。彼は東ロンドンのA～Dの階級に分類された4,000家族の事例を用いて，貧困の原因についての分析を行った。その結果は『ロンドンにおける民衆の生活と労働』第1巻第1部の第5章「貧困」において示されている。同章から転載した表Ⅰ.17は，貧困の原因のうち，個人の徳性や人格の問題にかかわる「習慣の問題」の割合は，極貧層においても貧困層においても少なく，貧困の主因をなすのは雇用の問題であることを明らかにしている。つまり失業と不規則就労と低賃金が貧困をもたらしていたのである。この雇用の問題のウ

表Ⅰ.17　階級別貧困の原因の分析

「最下層・極貧」（階級Aと階級B）

原　因	実数	％	％	
1. 浮浪者	60	4	4	
2. 臨時労働	697	43		
3. 不規則的労働で低賃金	141	9	55	雇用の問題
4. 少額の儲け	40	3		
5. 飲酒	152	9	14	習慣の問題
6. 大酒飲みまたは妻が浪費家	79	5		
7. 病気ないし虚弱	179	10		
8. 大家族	124	8	27	境遇の問題
9. 不規則的労働＋病気ないし大家族	147	9		
	1,610		100	

「貧困」（階級Cと階級D）

原　因	実数	％	％	
1. 浮浪者	—	—	—	
2. 臨時労働	503	20		
3. 不規則的労働で低賃金	1,052	43	68	雇用の問題
4. 少額の儲け	113	5		
5. 飲酒	167	7	13	習慣の問題
6. 大酒飲みまたは妻が浪費家	155	6		
7. 病気ないし虚弱	123	5		
8. 大家族	223	9	19	境遇の問題
9. 不規則的労働＋病気ないし大家族	130	5		
	2,466		100	

（出所）Booth, *Poverty I*, p. 147.

5　大規模な貧困調査の時代

表 I.18 東ロンドンエリア 30 世帯の階級別家計支出

階　級	B		C & D		E		F	
成人の数(人)	3.44		3.12		2.5		2.0	
	シリング	ペンス	シリング	ペンス	シリング	ペンス	シリング	ペンス
収入（5週分）	87	0	117	6	125	9	154	4
成人1人当たり	5	1	7	6.5	10	0.75	15	5.5
支出（5週分）								
食費								
外食	7	5.5	2	3.25	2	3	8	2.25
肉	11	10	16	4	19	3.75	24	1.25
レバー等	0	5.75	0	5.5	0	4.25	0	4.5
ジャガイモ	3	2	2	11.75	2	7	2	5.75
野菜	1	0	1	7.25	2	0	2	4
魚	2	10.75	2	10.25	1	11.75	4	5.25
ベーコン等	1	7	2	3.25	1	6.75	1	6.75
卵	0	8	0	9	1	7.5	2	0.75
チーズ	0	1.5	1	0.5	1	10	1	1.25
脂肪	0	1.5	0	2.5	0	4.75	0	5.75
バター，たれ	5	8	6	8	6	6	5	11.5
パン	12	6	13	7.5	9	8.25	11	0.5
小麦粉	1	0	0	11.25	2	4.75	1	8.5
米，オートミール等	0	1.75	0	5.25	0	3.5	1	10
果物，ジャム等	0	6.5	0	6.5	1	8.5	2	6.5
砂糖	3	5	3	1.5	3	4	3	1
ミルク	3	10.75	2	10.25	4	2.5	7	11.5
紅茶	3	10.25	4	1.75	3	9.5	3	8.5
コーヒー，ココア等	0	6	1	1.5	0	11.5	0	10.75
コショウ，塩等	0	2.5	0	3.25	0	5.25	0	8.75
食費計	60	9.5	64	6	67	2.5	86	7
ビールとタバコ	1	11.75	2	4.75	3	6.75	3	7
光熱費	10	0.5	8	10	10	0	10	10
家賃	21	6	26	1.5	23	7.25	28	1.5
洗濯・クリーニング	3	3.75	2	9	2	11	4	8.25
衣料等	0	11	3	0.5	10	5.75	17	8.5
教育，医療費等	0	5.75	2	2.75	2	10.5	3	9.5
保険等	2	8.25	3	7.5	4	4.25	7	1
総支出（5週分）	101	8.25	113	6	125	0	162	4.75
同　（週当たり）	20	4	22	8.5	25	0	32	5.75
成人週1人当たり食費	3	6.5	4	1.5	5	4.5	8	8
同　家賃	1	3	1	8	1	10.5	2	9.75
同その他の支出（衣料，医療費除く）	1	0.75	1		1	10	2	9.25
小　計	5	10.25	7	0	9	1	14	3

（出所）Booth, *Poverty I*, p. 147.

エイトは階級 C と階級 D の方がより高かったが，これは，極貧者，とくに階級 B が雇用を巡る競争において階級 C と階級 D の足を引っ張っていたことに起因するとみなされている[97]。

福祉の測定という観点からすると注目に値するのは，この貧困分析の章の中で，家計調査の結果が掲載されていることである。この家計調査は主に東ロンドンに居住する家族を対象としたもので，階級 B の 6 家族，階級 C と階級 D の計 10 家族，階級 E の 10 家族，階級 F の 4 家族についてのものである。ブースは 30 家族 1 つ 1 つの家計と階級ごとの平均値の両方を掲げている。表 I.18 に示したのは階級ごとの家計平均値である。同表の最上段の数字は，比較を容易にするために，それぞれの家族を成人男子に換算したものである（たとえば，女子は成人男子 0.75 人と換算）。この表から，階級が上になるほど家族の規模が小さくなっていること，階級 B は支出が収入を上回り，しかも，被服費と医療費がゼロに近いこと，階級 C と階級 D も，手から口へという生活に近い状態であったこと，家賃がどの階級にも重くのしかかっていたことなどが明らかである。残念ながら，ブースはこの 30 世帯をどのように抽出したのか一言も述べていない。したがって，代表性という点において信頼性を欠くことは否めないが，19 世紀末のロンドン市民の家計の一端を知ることができるという点で興味深い。

前述のように，ブースは貧困調査に続いてロンドンの「産業調査」と「宗教的影響力調査」を行ったが，1890 年代における彼の関心は，高齢者の貧困問題に向けられた。その理由は，救貧法による救済理由の第 1 位が「老齢」であることを，ロンドンの特定地区の調査を通じて知ったからである。彼は全国規模で高齢貧困者の調査を行っただけでなく，高齢貧困者の救済を救貧法で行うのではなく，国家による年金制度で行うべきであるとの論陣を張った。彼の努力は 1908 年の「無拠出老齢年金法」の制定によって結実した。

5.3　ラウントリーのヨーク調査
5.3.1　ヨーク調査の動機と背景
　シーボーム・ラウントリーは，大実業家であると同時にクエーカー教徒の

慈善家としても高名であったジョーゼフ・ラウトリー（Joseph Rowntree, 1836-1925）の三男として 1871 年にイングランド北部の都市ヨーク市で生を享けた[98]。ラウントリーは，住み込みの家庭教師によって教育を受けた後，11 歳でヨーク・クエーカー寄宿学校に入学し 1887 年まで同校で学んだ。同校は寄宿制であるにもかかわらず，校舎がラウントリー家の向かいにあったために，ラウントリーは自宅通学を通した。同校を卒業後，彼はマンチェスターのオーエン・カレッジに進学して化学を学んだ。オーエン・カレッジに進学したのは，19 世紀後半においても，クエーカー教徒がケンブリッジ大学やオックスフォード大学に入学することができなかったためであると言われる[99]。1889 年にカレッジを中退すると，ラウントリーは家業の食品製造会社（同社は 1969 年にマッキントッシュ社と合併し，さらにこの合併会社は 1988 年にネスレ社に買収された）で働き始めた。この時点で同社の従業員数は約 600 名であったが，1910 年には従業員数は 4,000 名を数えるまでになった。ラウントリーは同社が株式会社となった 1897 年に取締役となった。

　ビジネスの傍ら，ラウントリーは父に倣って成人学校の講師をつとめ，自らの講義では社会問題も取り上げていた。そうしたなかで，1895 年 2 月のある日曜日に彼はニューキャッスルのスラム街を訪れ，そこで目撃したことに衝撃を受けた。スラム街の暗く，薄汚れた，ゴミの散乱した狭い通りには，仕事のない男女がおり，また，ある一角には泥棒たちが固まっている。このため警官でさえ 1 人ではスラム街を巡回しないほどであった。ラウントリーはこの光景のことを繰り返し口にしただけでなく，こうした状況を改善するために何ができるかを思案し，政治活動や宗教活動ではなく，社会事業（social work）に取り組もうと決心したのであった[100]。

　しかし，彼は社会事業を実践することよりも，むしろ社会問題の研究に関心を向けた。このことの契機となったのは，ラウントリーが，救世軍の創設者ウィリアム・ブース（William Booth, 1829-1912）の『最暗黒のイングランドとその出路』（1890 年）を読み，チャールズ・ブースの研究の存在を知ったことであった[101]。貧困の現状，貧民救済の必要性，および社会問題についてのさらなる調査の必要性を論じた同書の第 I 部において，ウィリアム・ブースは次のように述べている。「ここに 1 冊の本がある。それは現在私

が知る限りにおいて，極貧者の数を数え上げようとさえする唯一の本である。チャールズ・ブース氏は彼の『東ロンドンにおける生活と労働』において，これまで本書で扱ってきた人々の数に関して何らかの見解を持とうと試みている。」[102] もちろん，これはウィリアム・ブースの思い違いであって，チャールズ・ブースの研究が貧困に関する科学的研究の唯一のものではない。重要なことは，ラウントリーはウィリアム・ブースの著作を読んだことによってチャールズ・ブースの貧困研究を知ったかどうかを明言していないものの，彼は，確実に，1896年までにチャールズ・ブースの『ロンドンにおける民衆の生活と労働』を繙いていたことである。そしてチャールズ・ブースの貧困研究こそ，ラウントリーのヨーク調査の原動力になったのであった。ラウントリーは主著『貧困：地方都市の生活の研究』（以下，『貧困』）の序論で次のように述べている。

　　本書で詳述する調査に着手した私の目的は，地方都市の賃金稼得者階級の生活を支配している諸条件に，とくに貧困の問題に，いくらかなりとも光を投ずることであった。〔中略〕チャールズ・ブース氏の『ロンドンにおける民衆の生活と労働』というかけがえのない研究のもつ偉大な価値は，同様の調査を地方都市に対して行うことが有益であろう，という希望を私に抱かせた。というのは，ロンドンに関してブース氏が到達した一般的な結論が，より小さな都市の人口にどの程度あてはまるかを判断することが不可能だったからである[103]。

それでは，ラウントリーは，チャールズ・ブースの方法をどのようにヨーク調査に適用したのであろうか。次項において，このことを見ていく。

5.3.2　ヨーク調査の方法と結果

　ラウントリーは，ブースのとった方法，すなわち単一の都市を選んで，その諸条件を詳細に研究する方法のことを「集中的」（intensive）方法と呼び，他方，一国の各都市についての各種の資料を広く収集し，それに基づいて研究する方法を「外延的」（extensive）方法と呼んでいる[104]。彼の呼称に従え

ば，彼は集中的方法を用いてヨーク市の調査を行おうとした。

この集中的方法を用いてラウントリーが明らかにしようとしたのは，次の4点である。①ヨークにおいて何が貧困の真の尺度となるのか，②貧困はどの程度まで所得の不足に起因するのか，また，それはどの程度まで思慮のなさ（improvidence）に起因するのか，③その構成員が衣食の恒常的な不足に苦しむほどの貧困にあえいでいる家族はどれくらいいるのか，④もし高死亡率に結びつく肉体の劣化が貧困のために生じるとすれば，そのような結果を正確に推計することが可能であるのかどうか[105]。

この4点を調べるためにラウントリーがとった方法について考察するに先立って，一地方都市にすぎないヨークを調査対象として選ぶことにどのようなメリットがあったのかについて言及しておくことが必要であろう。ブリッグス（Asa Briggs）は，ヨークを調査対象とすることに3つのメリットがあったと指摘している[106]。第1に，同市が全戸訪問のできる程度の人口規模であったことである。ラウントリーのヨーク調査は3回（1899年，1935年，1951年）行われたが，第1回目の調査が行われた1899年4月1日のヨークは，戸数1万5,000，推定人口7万5,812人であった。第2に，ヨークは経済的に見てイギリスの地方都市の典型であると見なすことができたことである。第1回調査当時，ヨークには固有の産業はなく，また，特別に賃金の高い産業もなかったものの，若年者の雇用機会には恵まれていた。第3に，中世に建てられたヨーク大聖堂や旧市街を囲む城壁に象徴されるヨークは，その歴史がイギリス国民に膾炙しており，典型都市としての資格を有していることである。このような長い歴史をもつヨークにおいて，貧困層が多数存在すれば，マンチェスターやバーミンガムのような工業都市を調査対象とするよりも，イギリスの社会問題の深刻さをより印象深く論証できるし，チャールズ・ブースの貧困調査に対する疑問を退けることが可能となるはずであった。

第1回ヨーク調査は，召使いのいない家族を労働者階級と規定し，これに該当する1万1,560家族，人口にして4万6,754人を調査対象とした。この調査を行うに当たって，ラウントリーは多数のボランティアが集まると期待していたが，現実には集まらなかった。このため労働者家族の戸別訪問は有給の調査員によって行わざるをえなかった[107]。有給の調査員たちは社会調

表 I.19 ラウントリーのヨーク調査・第1街区のノート（抜粋）

階級	家賃	居住者数	部屋数	空地共有戸数	水道栓共用戸数	トイレ共用戸数	家長の年齢	家長の職業	コメント
B	2/3	5	2	15	15	3	高齢		アイルランド人，カトリック教，極貧。夫婦ともに健康に無頓着。息子は稼ぎをあまり家に入れない。家の中はかなり清潔。
B	3/3	7	3	4	3	2	33	半熟練工，鉄道	四男一女。家の中は不潔で雑然としている。
B	3/3	7	3	4	3	2		船頭	四男一女。家の中は比較的清潔。
A	3/3	9	3	4	1	2		靴屋，出来高払い	四男三女（幼い）。極貧，仕事がほとんどない。家の中は不潔で，家具ほとんどなし。
A	3/3	7	3	4	3	2		半熟練工	三男二女（幼い）。極貧，妻は体が弱い。家の中は不潔不整頓。
B	3/3	2	3	2	1	1		寡夫，店員	まともな家庭（respectable）。
D	6/0	12	6	2	1	1	47	ペンキ職人	
D	3/3	5	3	4	1	2	50	寡婦，洗濯婦	出獄直後の若い息子は職を探している。
D	3/3	6	3	4	1	2		寡夫，建具工	四男一女。まともな家庭と思われる。母親が亡くなったために娘が家事をしている。
D	3/3	7	3	4	1	1		行商人	娘たちは既婚でまとも。家の中は不潔で雑然。
D	7/0	10	8	1	1	1	55	寡婦，下宿屋	1人1晩4ペンスで通常6人の下宿人。家の中はかなり清潔に保たれている。
D	2/3	2	2	15	15	3	24	半熟練工	新婚。家の中は清潔。
D	2/3	2	2	15	15	3	48	寡婦，フランスワニス塗り	訪問時はいつも不在。
C	2/3	3	2	2	1	1	23	半熟練工	子供1人。夫は以前よりもずっと堅実。まともな家庭，家の中は清潔。
D	2/3	2	2	15	15	3	40	半熟練工	整理整頓。

注）家賃の単位はシリング／ペンス。
（出所）Rowntree, S., *Poverty: A Study of Town Life*, Macmillan, London, 1901, pp. 16-17.（長沼弘毅訳『貧乏研究』千城，1975年，pp. 28-29）

査がまだ一般的でなかった時代に調査をわずか7カ月で終了した。調査員が各戸において尋ねたのは，表 I.19 に示すように，家長の年齢と職業，家賃，補助的賃金稼得者の数等である（回答者は主に主婦であった）。さらに調査員は，家の中の様子や家族の特記事項，たとえば，「家の中は不潔で雑然としている」，「極貧」，「四男一女」などといったコメントを付け加えた。しかし，スラム街での調査は困難を極め，情報を確かめるために同じ家庭を何回も訪問することを余儀なくされることも少なくなかった[108]。また，調査員

5 大規模な貧困調査の時代　65

たちは，労働者の職業については確かめたが，その所得についてはすべて調べたわけではない。このため，賃金に関する情報には，ラウントリーが自ら自社や地元の大企業から入手したデータに基づく推定値が含まれている。

このようにして入手した職業および所得に関する情報に基づいて，ラウントリーはヨークの家族を，表Ⅰ.20に示すように，A～Gの7つの階級に区分した。この階級区分のうち，A～Dの4つの階級の家族総収入は，標準家族（夫と妻および2～4人の子供からなる家族）を基準にして決められたものであり，各階級の人数および総人口に占める割合は同表のとおりである。

ラウントリーのヨーク調査がこうした階級分類にとどまったとすれば，ラウントリーの名は歴史に残ることはなかったに違いない。彼の真骨頂は，貧困の内容を詳細に検討するために，貧困線の考察を行ったことである。『貧困』の第4章の冒頭で，彼は貧困世帯を1次的貧困と2次的貧困に区分する。前者は，その収入が肉体的能率（physical efficiency）を維持するために必要な最低限度にも達しない世帯を指す。後者は，その総収入が，単に肉体的能率を維持するに足りる程度の世帯を指す。この2種類の貧困の区分が合理性をもつためには，肉体的能率についての科学的な論拠が必要である。

ラウントリーは，ヨーク調査当時における最先端の栄養学の知識を用いて，各種労働に携わる男子労働者や女子，子供の必要カロリーを計算した。彼が依拠したのは，人間の食事におけるエネルギー代謝の法則を明らかにした，アメリカ人栄養学者アトウォーター（Wilbur Olin Atwater, 1844-1907）の研

表Ⅰ.20 ヨークの人口の分類

階級	標準家族を基準とする総収入ないし家族（個人）属性	人数	ヨークの総人口に対する割合（％）
A	家族総収入が週18シリング未満	1,957	2.6
B	家族総収入が週18～21シリング	4,492	2.9
C	家族総収入が週21～30シリング	15,710	20.7
D	家族総収入が週30シリング以上	24,595	32.4
E	召使い	4,296	5.7
F	召使いをおくもの	21,830	28.8
G	公共施設内にいるもの	2,932	3.9
	計	75,812	100.0

（出所）Rowntree, *Poverty*, p. 31.（前掲訳書, p. 25）

究成果である。ラウントリーはさらに，救貧院で提供される食事の献立表を参考にして，成人男女および3～8歳の子供，8～16歳の子供について，必要カロリー数に基づいて，1週間分の標準的な献立表を作成した。そして，ヨークの食料品の価格を調べ，その価格と献立表に基づいて，標準的な食事の費用を計算した。

　しかし，社会的存在としての人間は，たとえ1次的貧困に分類されようとも，食事だけでは生活をすることができない。そこでラウントリーは，食費以外に，家計が最低限必要とする支出として家賃と雑費（衣服，灯火，燃料代等）を考慮した。彼は，家賃については賃金所得者階級が現実に支払っている金額の平均値をもって家賃の推定値とした。また，雑費については，聞き取り調査によって衣服，燃料，灯火，石鹸，各種の補充品の経費のデータを入手し，こうして得られた数字の平均をもって雑費とした。ちなみに，この雑費には旅行，慰安，病気，葬式などに関連する支出は一切含まれていない。つまり，最低生活費は，収入が1ペンスも無駄に使われない場合の金額であり，極めて厳格な数字である。

　以上のようにして入手した食費，家賃，雑費の推計値に基づいて，ラウントリーは世帯規模別に最低生活費を推定した。たとえば，成人男子1人の最低生活費は週7シリング，夫と妻からなる家族では同11シリング8ペンス，夫婦と子供3人では同21シリング8ペンスという具合である。ラウントリーは，収入が最低生活費を下回る人口がヨークにどれくらいいるかを，直接・間接の調査によって入手した各世帯の収入と照らし合わせ，ヨークの人口の9.9％が1次的貧困に陥っていると判断した。

　2次的貧困に関するラウントリーの判断基準は科学的とは言い難い。その理由は，調査員が戸別訪問において観察した家族の外観に基づいているからである。ラウントリーは，家族の外観と近所からの情報によって貧困と判定された人口から，1次的貧困の人口を差し引いたものを2次的貧困とした。この方法によって2次的貧困と判定された人口はヨーク市の17.9％と推測された。

　1次的貧困と2次的貧困の総人口に占める割合は27.8％であり，ヨークの総人口の4分の1を上回っていた。このように大きな割合を占める貧困者

はどのような理由で貧困に陥ったのであろうか。ラウントリーは『貧困』の第5章でこの問題を考察している。彼は，貧困の原因として，①主たる賃金稼得者の死亡，②災害，疾病，老齢による主たる賃金稼得者の労働不能，③主たる賃金稼得者の失業，④慢性的不規則労働，⑤大家族，⑥低賃金，の6つを挙げている。表Ｉ.21は1次的貧困の原因別の構成比を示したものである。この表から，低賃金に起因する貧困が過半数を占めていることがわかる。このことから，彼は，「したがって，ヨークにおいて不熟練労働に対して支払われている賃金は，標準的な大きさの家族が単なる肉体的能率の状態にとどまるために必要な衣食住を賄うにも足りない」[109]との判断を下した。

1次的貧困の原因をめぐるラウントリーの議論の中で特筆に値するのは，家計のライフサイクルという次のような考え方である。まず，少年期の子供を抱える家計は，夫が熟練労働者でないかぎり貧困である。子供が12歳で学校を卒業して補助的稼得者となると，家計は貧困線の上に浮上し，この状態は子供が結婚して独立するまで続く。子供が独立すると家計は次第に余裕がなくなり，夫が高齢期を迎え労働能力を失うと，家計は貧困線以下に落ちる。当該家庭の子供も，両親がたどったのと同じサイクルを繰り返す。こうした貧困のサイクルの原因としてラウントリーが指摘しているのが，貯蓄する余地のない労働者の低賃金である[110]。

2次的貧困の原因に関するラウントリーの説明は，説得力を欠いている。というのは，彼は，2次的貧困の原因として，①飲酒，賭博，②家計上の無知または不注意，③その他計画性のない支出，の3点を挙げているものの，それぞれがどの程度の重要性をもっているかということについての数量的な

表Ｉ.21 1次的貧困の原因とその構成比

1次的貧困の直接的原因	1次的貧困に占める割合(%)
主たる賃金稼得者の死亡	15.63
主たる賃金稼得者の疾病または老齢	5.11
主たる賃金稼得者の失業	2.31
慢性的不規則労働	2.83
大家族	22.16
低賃金	51.96

(出所) Rowntree, *Poverty*, p. 120.(前掲訳書, p. 134)

表 I.22　ヨーク18家族の家計

家計の類型	調査番号	家族数 成人	家族数 子供	大人1人当たり換算	週平均収入	支出に占める各費目の比率 食費	家賃	被服	灯火・燃料	保険・疾病	雑費	負債償還	支出に対する収入超過	計	1日1人当たり食費支出額（ペンス）	1日1人当たりタンパク質量（g）	1日1人当たりカロリー摂取量	1日1人あたりカロリー不足量
第Ⅰ類型	1	3	5	4.86	19 s.11 d.	60.7	16.3	5.0	8.7	2.1	5.6	0.6	1.0	100.0	4.15	82	2,612	888
	2	2	3	3.00	1£ 1 s. 9 d.	47.3	20.8	11.6	9.5	2.5	5.1	3.1	0.1	100.0	5.77	92	2,944	556
	3	1	5	2.86	15 s. 0 d.	51.9	26.6	3.3	7.8	3.3	2.5	—	4.6	100.0	4.44	97	2,892	608
	4	2	3	2.86	15 s. 0 d.	46.1	22.0	6.5	6.0	3.3	4.6	11.5	—	100.0	5.24	63	2,533	967
	5	3	2	3.71	1£ 0 s .0 d.	54.0	19.0	1.0	9.0	3.1	11.9	—	2.0	100.0	5.37	74	2,523	977
	6	2	—	1.57	11 s .9 d.	43.7	13.0	10.0	22.2	4.0	3.1	4.0	—	100.0	6.21	94	3,939	561
	7	2	2	2.57	1£ 1 s.10 d.	45.2	13.7	8.5	13.7	8.3	2.1	8.5	—	100.0	6.57	102	3,483	17
	8	2	3	3.14	1£ 5 s. 0 d.	46.6	12.2	7.2	7.8	6.0	15.4	2.0	2.8	100.0	6.28	88	2,619	881
	9	2	1	2.14	17 s. 5 d.	43.3	17.8	4.0	13.8	0.9	3.6	16.6	—	100.0	6.22	79	2,489	1011
	10	2	3	3.19	1£ 3 s. 4 d.	57.0	17.7	9.2	6.0	6.6	3.5	—	—	100.0	7.00	94	3,498	2
	11	2	1	2.29	1£ 3 s .4 d.	48.7	22.5	5.2	5.0	2.5	16.1	—	—	100.0	8.26	115	2,993	507
	12	2	4	3.43	1£ 1 s. 1 d.	54.0	13.7	10.0	5.0	3.0	12.3	2.0	—	100.0	6.75	93	3,195	365
	13	2	2	2.14	1£ 3 s. 4 d.	45.5	15.0	4.9	6.3	6.1	18.8	—	3.4	100.0	8.25	79	2,539	961
	14	2	3	2.90	1£ 0 s .8 d.	54.3	21.8	3.4	5.3	5.1	4.6	—	5.5	100.0	5.74	97	3,183	317
	平均				19 s 8 d.	51.0	18.0	6.3	9.0	3.9	7.5	3.0	1.3	100.0	5.93	89	2,901	599
第Ⅱ類型	15	2	6	4.86	1£18 s .0 d.	66.0									9.32	149	4,969	—
	16	2	2	2.86	1£ 7 s. 0 d.	59.0									9.48	111	3,356	144
	17	2	3	3.00	1£15 s. 0 d.	67.0									10.75	118	3,968	—
	18	3	2	3.57	2£12 s. 3 d.	45.0									11.26	100	3,359	141
	平均	2	3	3.39	1£18 s. 1 d.	56.0									10.20	119	3,913	—
第Ⅲ類型	19	5	2	5.14											18.85	143	4,559	—
	20	6	0	5.71											12.67	105	3,474	26
	21	3	0	2.57											15.77	144	4,818	—
	22	5	3	5.43											15.83	117	4,081	—
	23	6	3	6.86											19.53	148	4,790	—
	24	3	3	3.86											13.23	98	3,366	134
	平均	4	2	4.93											15.99	126	4,181	—

注）第Ⅰ類型は週の総収入が26シリング未満の貧困線以下の労働者家族．第Ⅱ類型は週の総収入が26シリング以上の労働者家族．第Ⅲ類型は召使いのいる富裕な家族。
（資料）Rowntree, *Poverty*, pp. 224, 235, 249, 253（前掲訳書，pp. 254, 261, 266, 271）から作成．

5　大規模な貧困調査の時代　69

記述を行っていないからである。

　ラウントリーは『貧困』の第6章において，労働者の住居と貧困の関係について，また，第7章において貧困と保健衛生の関係について数量的考察を行っている。これらの章は，対象を労働者階級のみに限定し，また貧困との関係を考察することに主眼を置いているものの，労働者の福祉を多元的・数量的に把握しようとする試みであったとみなすことができる。

　『貧困』の第8章では，家計調査の調査結果が論じられている。家計調査は当初35世帯について行われたが，正確性を欠く家計を除いた18家計の結果のみが取り上げられた。また，労働者以外の世帯，すなわち召使いを抱える6つの世帯の家計も詳細に調べられた。家計調査の結果は，家計を3つのグループに分けたうえで提示された。3つのグループとは，週の総収入が26シリング未満の相対的に貧困な労働者世帯の家計（第Ⅰ類型），週の総収入が26シリング以上の労働者世帯の家計（第Ⅱ類型），および召使いのいる裕福な世帯の家計（第Ⅲ類型）である。この家計調査では，すべての世帯について，食事に関しては1週間の毎食ごとの献立が記録され，それに基づいて家族1人当たりの摂取カロリー量等が計算された。また家計支出に関しては，第Ⅰ類型の家計のみ1つ1つの品目の購入量と支出額が記録され，それに基づいて費目別の支出額が計算された。表Ⅰ.22は，3つの類型の家計の調査結果を1つの表にまとめたものである。

　『貧困』の最終章，第9章において，ラウントリーはヨーク調査の結果とブースのロンドン調査の比較を行っている。ロンドンの人口に占める貧困者の割合が30.7%であるのに対して，ヨークにおいてはその割合は27.84%といくぶん低いが，ブースの貧困調査が行われた1887年から1892年が平常の景気の状態にあったのに対して，1899年は異常な好景気の年であったから，両調査の結果はだいたい同率と考えるべきである，と彼は主張する[111]。さらに進んで彼は，全国の地方都市の総人口の25%から30%は貧困生活をしていると推測した[112]。

　以上のようなラウントリーのヨーク調査の功績として，以下の3点を指摘できる。第1に，ヨーク調査は全数調査を行っているので，ブースの貧困調査よりも信頼性が高いと言える。第2に，標本数が極めて少ないとはいえ，

詳細な家計調査を行ったことは評価に値する。第3に，栄養学的な観点から1次的貧困を定義し，「最低生活水準」の測定方法を確立した。

　それでは福祉の測定という観点から見た場合，ヨーク調査をどのように評価できるのであろうか。筆者は，ラウントリーが貧困問題の解明に主眼を置いていたために，ヨーク調査の対象を労働者階級に限定し，その結果，同調査は地域全体の生活状態ひいては福祉をとらえることができなかったと考える。したがって，生活状態の数量的把握という点では，調査対象を労働者に限定しなかったブースの貧困調査の方が，価値が高いと言えよう。

　公平を期して言えば，ラウントリーは，貧困問題よりも大きな，福祉の問題があることを十分承知していた。『貧困』第5章の最後のパラグラフで，彼は次のように述べている。

> 筆者は，これまで行ってきた考察の背後に人間の福祉に関係するより大きな問題があることを忘れているわけではない。しかしながら，こうした問題を適切に論じようとすると，本書の範囲を超えた思想の領域に入り込むことになるであろう。おそらく，その問題の中に，土地所有に関する取り決め，国と個人の相対的な義務と権限，富の集積と分配に影響を及ぼす立法，これらに関わる問題が含まれることは疑いない[113]（傍点筆者）。

6 標本調査に基づく家計調査の時代

6.1 ボーレーの調査の経緯と背景

ボーレー（Arthur Lyon Bowley, 1869-1957）は，1869年にイングランド南西部の都市ブリストルで7人きょうだいの末子として生を享けた[114]。しかし，2年後の1871年に牧師であった彼の父が亡くなったため，母親は女手ひとつで7人の子供を育て上げた。ボーレーは地元で初等教育を受けた後，パブリックスクールで学び，1888年にケンブリッジのトリニティ・カレッジに進学した。同カレッジの数学奨学金試験に第1位で合格したことから，数学者として大成することが期待されたものの，2年次に健康を損なったこともあって，1891年に受けた数学学位試験一級合格者（wrangler）としての序列は10位にとどまった。また単位不足のため，学位を取得するためにもう1学期大学にとどまらざるをえなかった。しかし，このことは彼にとっては幸いであった。その理由は，この期間に彼が履修した経済学の指導教員（tutor）を通じて，マーシャル（Alfred Marshall, 1842-1924）の知遇を得ることができたからである。

ボーレーはマーシャルの勧めによって，1892年のコブデン・クラブ主催の懸賞論文に応募した[115]。同年に課されたテーマは「19世紀のイングランドにおける外国貿易の数量，性質および地理的分布の変化とその原因」である。ボーレーの論文はコブデン賞を受賞しただけでなく，単行本として出版され，長期間にわたって貿易論の教科書として使用された[116]。学部学生が書いた論文がこれほど脚光を浴びることは異例のことであるにちがいない。この懸賞論文において，彼は，高賃金が必ずしも比較優位の妨げにならないし，他方，低賃金であるからといって必ずしも比較優位に結びつくわけでは

ない，という結論を導いている[117]。

　1892 年にボーレーはブライトンにあるパブリックスクールで数学教師として働き始めたものの，翌年にはレザーヘッドにある，イギリス国教会の牧師の子弟の教育を目的とするパブリックスクールに転職し，1899 年までそこで数学教師として勤務した。彼の次女アガサ・ボーレー（Agatha H. Bowley）は『アーサー・ライアン・ボーレー教授の思い出』（1971 年）と題した私家本の中で，このレザーヘッドのパブリックスクールがあまり優秀な生徒の集まる学校ではなかったので，父ボーレーにとっては授業の準備に時間を費やす必要がなく，自由時間がたくさんあったと述べている[118]。ボーレーはこの自由時間を活用して，1894 年の第 2 回アダム・スミス賞の懸賞論文に応募し，同賞を受賞した。論文のタイトルは「1860 年から 1891 年におけるイギリスの平均賃金の変動」である。この論文は，業種や地域，時期の異なる賃金データを原数値のまま比較するのではなく，指数（index number）を利用して比率の形に直して，賃金の時系列的な変化を明らかにしようとするものであった。指数そのものはすでに目新しいものではなかったが，指数を用いて散在するデータを比較可能にするというアイデアは独創的であった。しかし，それよりも重要なことは，彼がこの論文において労働者の生活問題，ひいては広義の福祉に対する関心を明確に示したことである。すなわち，この論文は，「あらゆる重要な経済的・社会的問題のなかで，この問題ほど多様な見解があり，解決が必要とされている問題はない。その問題とは，産業の発展によって誰が最も大きな利益を得ているのであろうか，利潤や利息を得ている人びとであろうか，それとも賃金を受け取っている人びとであろうか」[119]という問題意識のもとに執筆されたものであり，その結論部分で，ボーレーは次のように述べている。

　　全計算から筆者が導き出すべき結論は，現存する不十分な情報が示唆するところでは，平均所得と平均賃金はほぼ等しい平均成長率で増加してきたし，また，この期間［1860 年から 1891 年］に両方ともほぼ倍増したということである。／総収入で測定するかぎりにおいて，国家の繁栄が急成長したことは喜ばしいが，現実の欠乏が国民のなかの一部分の人

びとの境遇であるかぎりにおいて，また，安楽がますます多くの労働者大衆の手の届くものとなっているかぎりにおいて，この繁栄からの最大の便益は賃金稼得者のものとなっている．しかし，これは不正と困苦の是正にすぎない（括弧内筆者）[120]。

　この「1860年から1891年におけるイギリスの平均賃金の変動」は1895年に『王立統計学会誌』に掲載され，同年の王立統計学会の優秀論文賞（ガイ・メダル賞）を受賞した．先年のアダム・スミス賞とこのガイ・メダル賞の受賞が，1895年に開校したロンドン・スクール・オブ・エコノミクスの統計学の非常勤講師に彼が選任される大きな要因となったとみなされている[121]。

　1899年にボーレーはレザーヘッドのパブリックスクールを辞職し，その後，別のパブリックスクールで2学期だけ教え，パブリックスクールの教員生活に別れを告げた．彼は，求職中の1900年夏に，英文で書かれた最初の統計学の教科書と言われている『統計学要論』（*Element of Statistics*）の執筆を開始し，翌1901年に出版している．ちなみに，同書は1937年までの間に6回版を重ね，フランス語，ロシア語，日本語に翻訳された．

　1900年の秋から，ボーレーはレディングにあるユニバーシティ・カレッジ（後のレディング大学）の講師に着任し，1907年から1913年まで同カレッジの教授として数学と経済学の講座を担当した．この間，1908年にロンドン・スクール・オブ・エコノミクスの講師（Leader）となり，1915年に同校の教授に昇格すると，1936年に定年退職するまでその地位にとどまった．この間におけるボーレーの関心は，平均賃金の変動に関する1894年の論文のテーマと関連する方向に，すなわち，失業や物価，とくに「生計費」の問題に向かった．こうした関心領域において彼が行った研究活動は，指数の作成と理論の研究，政府関係の委員としての活動，さらには国民所得の推計などである．国民所得の推計にボーレーが関心をもったのは，国民所得の大きさが賃金の改善の限界点を指し示すと考えたからである．

　このようにボーレーは多様な領域において研究を行ったのであるが，モーンダー（Wynne Frederick Maunder）は，ボーレーのさまざまな業績のうち，

最大の貢献は標本調査法に基づいて社会調査を行ったことである，と指摘している[122]。この指摘の意味を理解するためには，1920年代までの統計調査の動向を把握することが必要である。ここでは，木村和範『標本調査法の生成と展開』（2001年）に依拠して，当時の統計調査の状況を振り返ることにする。

同書において木村は，19世紀末までは全数調査が一般的な統計調査の方法であり，また，一部調査と言えばル・プレーのモノグラフ法を指した，と述べている[123]。この2つの方法のうち，全数調査は迅速性や費用の点で問題があり，他方，モノグラフ法には代表性の点で問題がある。そこで，全体の縮図となるような代表標本を選び出し，それに基づいて母集団特性値を推測することを可能にする調査法が望まれるのは当然であった。しかし，20世紀初頭においても，このような調査法は理論面でも実践面でも十分な発展を遂げていなかった。そのことを象徴しているのが，国際統計協会の大会において統計調査を巡ってなされた議論である。同協会では1895年のベルン大会以来，代表法の有効性に関して継続的に議論がなされるようになり，1925年のローマ大会において議論に一応の決着がついた。このローマ大会において，統計調査に関するそれまでの議論を集約する形で発表されたのが，デンマークの統計学者イェンセン（Adolph Jensen, 1866-1948）が中心になってまとめたイェンセン・レポートである。「統計学における代表法に関する報告」と題したこのレポートでは，一部調査を統計調査の一形態として承認し，一部調査のうち，選択した標本から全体についての一般化を目的とするものを代表法と呼び，代表法を構成する任意抽出法と有意抽出法を並列的に扱った（図I.2）[124]。任意抽出とは確率的な標本抽出（＝無作為抽出）のことであり，有意抽出とは，「対照標識」（control）を用いて標本が全体に対して代表性をもつように作為的に標本抽出を行うことである。このように，イェンセン・レポートにおいてようやく一部調査の市民権が認められたにすぎず，しかも任意抽出法には有意抽出法と同程度の重要性しか与えられていなかった。

こうした時代状況の中で，ボーレーは早くも1906年には，英国科学振興協会（British Association for the Advancement of Science）部門Fの部会長

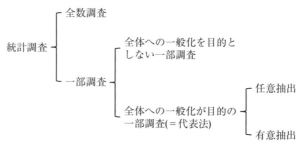

図 I.2 統計調査の諸形態（イェンセン・レポート）

（出所）木村和範『標本調査法の生成と展開』北海道大学図書刊行会，2001年，p. 165 の図に加筆。

就任講演において，確率標本の理論的重要性を説いた[125]。そして，彼は理論を唱えるだけでなく，確率論を基礎にした標本調査を他に先駆けて実践に移したのである。

　それでは，彼の調査はどのような目的で，どのような方法で行われ，それによってどのような結果が得られたのであろうか。また，福祉の測定という点ではどのような貢献をしたのであろうか。これらのことについて，項を改めて見ていく。

6.2 ボーレーの標本調査

　ボーレーが最初に標本調査を行ったのは1912年のことであり，彼が教鞭を執っていたレディング大学の所在するレディング市の労働者家計を調査対象とした。ロンドンの西方約60 kmに位置する地方都市レディングについての調査結果は，翌1913年に『王立統計学会誌』に「レディングの労働者階級の家計」と題した論文として発表された。この論文の冒頭で，ボーレーは調査の目的が労働者階級の経済状態を知ることにあると述べたうえで，標本調査の具体的な方法について次のように説明している。

　　現在のレディング市の全体から標本を次のように抽出した。すなわち，
　　アルファベット順に並べた街路ごとに建物の名簿（directory）に記載された建物10軒ごとに1軒に印をつけると，印のついた建物は1,950棟

76　I　福祉測定の歴史

となった。これらのうち約300棟は商店，工場，公共施設，非居住の建物であり，さらに約300棟は「事業主が住民」と記され，印がつけられた。残りの1,350棟が労働者階級の住宅であり，多数のボランティアがこれらの住宅のすべてを訪問しようとした。まもなく，採用した規模が彼らの能力を上回っていることがわかり，20棟に1棟だけ取り上げることが決定された。〔中略〕訪問員は，情報を得るのがどれほど困難でも，住宅がどのようなタイプのものであっても，決して，印をつけた住宅を別の住宅で代用しないように指示された。結局，677世帯のうち32世帯については何も知ることができなかったので，10の倍数番目の住宅から32世帯を取り出して代替したが，筆者が判断するかぎり，バイアスは一切入り込んでいない。情報は訪問員によってカードに書き込まれ，カードの裏側にはたくさんの補足的な説明が書き込まれた。／精査してみると，677世帯のうち55世帯は労働者階級よりも上の階級（事務員，旅行者，店主等）であることがわかった[126]。

　レディング調査で採用されたこの標本調査法は層別系統抽出法と呼ばれる抽出法であり，今日の標本抽出法の基本とも言うべき無作為抽出法ではない。レディング調査が行われた時点でボーレーが無作為抽出法を採用しなかったのは，無作為抽出法の実践に必要な道具立てが整っていなかったからである。具体的に言えば，無作為抽出法の実践に必要な3つの理論的・実践的柱が未確立だったからである[127]。すなわち，第1に，小標本の理論とも言うべきt分布はゴセット（William Sealy Gosset, 1876-1937）によって1908年に公表されたものの，当初，この理論の意義を理解できたのはエッジワース（Francis Ysidro Edgeworth,1845-1926）とロナルド・フィッシャー（Ronald Aylmer Fisher, 1890-1962）を含む数人にすぎなかったのであり，t分布はまだ標本理論に組み入れられていなかった。第2に，無作為抽出には乱数の使用が不可欠であるが，乱数表がティペット（Leonard Henry Caleb Tippett, 1902-1985）によって作成されたのは1927年のことである。第3に，標本抽出の数学的理論はようやく1930年代にネイマン（Jerzy Neyman, 1894-1981）によって完成されたのであった。

6　標本調査に基づく家計調査の時代

表 I.23 センサス (1911 年) の結果と標本の比較

	(A) レディング 市内の数	(A)÷21	標本数
家屋税 8 ポンド以下の住居数	4,380	209	206±12
1901 年に 5 部屋未満で 1 部屋当たり 2 人以上である住居数	114	5.4	8±3 (1911 年)
5 歳〜14 歳の公立初等学校就学者数	13,604	648	623±24
老齢年金受給者	1,687	80	43±7
院外救済者数	528	25	14〜19±4

注) 標本数の±の記号の前の数字は標本数,記号の後の数字はボーレーが計算した標本誤差を表す。
(出所) Bowley, A. L., "Working-class households in Reading", *Journal of Royal Statistical Society*, vol. 76, no. 7, 1913, p. 674.

このようにボーレーの抽出方法はその後の標本抽出法に比べると見劣りするものであったが,標本数が 600 以上と大きかったため,母集団を適切に代表することが可能であった。表 I.23 はレディングについての 1911 年のセンサスの結果とボーレーの標本から期待される標本数である。その右隣に掲げた実際に抽出された標本数と比較すると,両者が近似しており,標本が代表性の条件を満たしていたことがうかがえる。ちなみに,21 分の 1 という抽出比は,標本として抽出した 840 戸の住宅を,1911 年のセンサスによるレディングの住宅約 1 万 8,000 戸で割った数字である。

ボーレーは 622 の労働者世帯について,①家賃と部屋数,②世帯員数(家族以外の同居者含む),③賃金稼得者数,④週給,⑤被扶養者数,⑥消費支出(食費,被服費,燃料および保険費)などを調査した。そして,彼はこの標本調査から以下のような多くの情報を導き出した[128]。住宅の 63% は 5 部屋あり,これらの住宅の半数は週当たりの家賃が 6 シリングから 6 シリング 9 ペンスである。1 部屋当たりの居住者が 2 人より多い過密な住宅が 9 世帯,2 人ちょうどが 12 世帯,1 人より多く 2 人未満が 154 世帯,1 人以下が 454 世帯である。世帯の構成は多様であり,夫(就労)と妻(家事)および 3 人の子供(未就労)という世帯は 33 世帯しかなかった。週給に関しては,1899 年におけるヨークの 20 歳以上の正規雇用男性労働者の平均週給が 26

シリング 6 ペンスであったのに対し，1913 年におけるレディングのそれは 24 シリング 6 ペンスであった。1906 年のイギリスの平均賃金が 29 シリングであったので，レディングの平均賃金は相対的に低いと言える。これはレディングに熟練労働者を多数雇用するような産業が存在せず，また周辺の農業地帯と同市との間に密接な関係が存在しないことに起因する。所得が週 15 シリング以下の家族はおそらく慈善や貧民救済を受けている。所得が高くなるほど所得に占める家賃の割合は低くなる，等々。

この論文における最も興味深い調査結果は，調査対象となった 622 世帯のうち 128 世帯の所得がラウントリーの貧困線を下回り，この他に 17 世帯が貧困線を下回る所得であったと推測されたことである。貧困線を下回る世帯数が 145 世帯であったとすれば，調査対象である労働者世帯の 29% が貧困に苦しんでいることになる。1899 年のヨーク調査では貧困線以下の世帯は労働者世帯の 27.8% であったこと，また，ラウントリーの調査から 13 年後の調査であることを勘案すると，ボーレーのレディング調査の結果は衝撃的であったと言うほかはない。具体的には，成人男子の賃金稼得者が世帯主である 520 世帯のうち 111 世帯（21%）が貧困線以下であり，男子 1 人が賃金稼得者で 2 人以上の子供を扶養している 145 世帯のうち 81 世帯（56%）が貧困線以下であり，さらに，父親が病気，不在あるいは死亡した 67 世帯のうち 23 世帯が貧困線以下であった。ボーレーは，こうした貧困の原因を，レディングにおける非熟練労働者の賃金が低いことに求めた。

ボーレーのレディング調査はイギリス社会にショックを与え，その結果，彼はロンドン大学ラタン・タタ基金の援助を受けて，レディング調査と同じ方法で，ノーザンプトン，ウォリントン，スタンレーという，イングランドの 3 つの地方都市を 1913 年の夏から秋にかけて調査することになった（図 I.3）。この調査結果は，上記のボーレーのレディングの調査結果と併せて，『生計と貧困』として 1915 年に出版された。

1913 年の論文において，ボーレーは，レディングを調査対象とした理由を明言していないが，同市が選ばれたのは，調査時点での彼の勤務先の所在地だったという単純な理由だったと思われる。これに対して，『生計と貧困』においては，4 都市が選ばれた理由が明示されている[129]。まず，ノーザ

図 I.3 ボーレーが調査対象とした地方都市

（資料）「旅のとも ZenTec」のサイトの「イギリス白地図」から作成。
（URL） http://www 2 m.biglobe.ne.jp/ZenTech/world/map/british/United_Kingdom _Outline_Map.htm

ンプトンとスタンレーは単一の産業に依存した都市であり，前者は靴製造産業に，後者は石炭産業に特化していた。他方，ウォリントンとレディングは産業が多様であり，人口の多くが非熟練労働に従事していた。このように産業構造，就業構造が異なる地方都市を調査対象とすることによって，イギリスの地方都市における貧困の縮図が得られるはずであった。

レディング以外の他の3都市における労働者調査の結果，貧困者の割合はレディングほど多くないことが明らかとなった。しかし，上記4都市の調査結果を合計した場合，貧困線以下の世帯の割合は14.1％に達していた（表 I.24参照。同表の1912～14年の平均は，1914年に行われたボルトンの結果を含んだものである）。

ラウントリーの設定した貧困線は，生理学的に決定された成人男女および

表I.24 第1次・第2次5都市調査における貧困世帯の割合

	ノーザンプトン 1913	ノーザンプトン 1924	ウォリントン 1913	ウォリントン 1924	ボルトン 1914	ボルトン 1924
最低基準より明らかに上	90.0	97.0	86.5	94.0	88.0	95.7
最低基準よりおそらく上	0.0	0.5	0.0	1.7	4.0	1.3
最低基準線上	2.0	0.5	1.0	1.0	0.0	0.8
最低基準よりおそらく下	0.5	0.5	1.0	0.3	0.5	0.0
最低基準より明らかに下	7.5	1.5	11.5	3.0	7.5	2.2
計	100.0	100.0	100.0	100.0	100.0	100.0

	レディング 1912	レディング 1924	スタンレー 1913	スタンレー 1923	平均 1912~1914	平均 1923~1924
最低基準より明らかに上	74.0	86.0	93.0	93.6	88.0	95.3
最低基準よりおそらく上		3.0		0.0		
最低基準線上	3.0	2.9	1.0	0.0	1.0	1.1
最低基準よりおそらく下	3.0	2.0	6.0	6.4	11.0	3.6
最低基準より明らかに下	20.0	6.1				
計	100.0	100.0	100.0	100.0	100.0	100.0

注) 最低基準はラウントリーの設定した貧困線とほぼ同水準である。
(出所) Bowley, A. L. and Hogg, M. H., *Has Poverty Diminished? A Sequel to "Livelihood and Poverty"*, P. S. King & Son, London, 1925, p. 17. (友枝敏雄・速見聖子・土井文博訳『計量社会学の誕生』文化書房博文社, 2001年, pp. 61-62)

子供が健康に活動できる最小限度の食物に, 家族規模に応じた必要経費の最小限度を加えたものにすぎない. これを下回る人びとは「手から口」の生活を余儀なくされているのであり, その割合が14%に及ぶということは, 貧困問題が第1次世界大戦開戦前夜においても依然として深刻な社会問題であったことを示している.

　ボーレーの標本調査の長所は, 全数調査に比べて時間と費用と労力を大幅に節約できることにある. この長所は前記4都市にボルトンを加えた5都市の追跡調査という形で生かされた. この調査は1923年から1924年にかけて行われ, 調査結果は『貧困は減少したか』と題して1925年に出版された. 5都市での標本抽出率は前回同様, 母集団の5%前後である. この調査の結果, 5都市の貧困率は大幅に改善したことが判明した. すなわち5都市を平均した貧困線以下の労働者階級の割合は, 前の週の賃金を基準とした場合4.7%と, 前回調査時の12%よりも大幅に減少したのである.

ボーレーが関わった最後の，そして最大規模の調査は，ロンドンの労働者階級を対象として1928年から1932年にかけて実施された調査であり，その調査結果は『新ロンドンの生活と労働調査』（全9巻，1930〜1935年）として公刊された。

　以上のように，ボーレーは，標本抽出法を導入することによって，人びと，とくに労働者階級の生活状態の数量的把握を前進させた。しかし，ボーレーは，ブースやラウントリーの呪縛から逃れられなかったと言わざるをえない。その理由は，彼の携わった標本調査は労働者世帯のみを対象としており，また，貧困問題に力点を置いていたからである。

6.3　生活標準に関するボーレーの議論

　本節の最後に，先行研究においてあまり触れられることのなかったボーレーの功績を取り上げることにしたい。それは生活状態の測定についての理論的考察とでも言うべきものであり，その中でも注目に値するのが「生活標準」(standard of living) に関する議論である。彼がこの議論を展開したのは，1915年に出版した『社会現象の測定の性質と目的』においてであり，同書は次の点を目的として執筆された。

> 近年，社会のさまざまな階級の経済状態に対する関心が高まりを見せており，生活標準の低い，つまり，その生計が不安定な階級ないし集団の収入や暮らし向きを測定し記述することを目的とした多数の調査が政府の部局や団体，個人によってなされてきた。こうした活動はおそらく1889年のブース氏の『［ロンドンにおける］民衆の生活と労働』の出版〔中略〕にまで遡ることができるであろう。いまや，こうした活動を評価し，それらを科学という有機体の中に位置づけ，社会調査の一般的な目標と方法を考察し，こうした目標が達成されてきたのか，それともその途上にあるのかを探索すべき時が到来した（括弧内筆者）[130]。

　この引用文に示されている「生活標準」の問題を，ボーレーは同書の第8章で取り上げ，慣例的標準，最低基準，貧困線という3つの概念を柱として，

以下のように議論を進めている。

　まず，ボーレーは，生活標準を「その全般的な生活様式が類似している普通の家族が獲得する，ほぼ同量の財・サービスの組み合わせ」[131]と規定している。彼は，同書の別の箇所で，ある階級が特定の所得を一定期間受け取ることによって形成されるような習慣が生活標準であるとも述べている[132]。ボーレーによる生活標準についてのこれらの概念規定は明快であるとは言えない。しかし，彼が生活標準を社会の中の特定の階級の消費支出のパターンとして理解していたことは明らかである。つまり，彼自身も述べているように，生活標準は家計支出によって把握できるものと考えられていた[133]。また，ボーレーは，所得が上昇すればそれに応じて消費水準が上昇し，この新しい生活標準がすぐに慣習化，常態化するという趣旨のことを述べ，生活標準が相対的で可変であることを示唆している[134]。

　次に，最低基準（minimum standard）について，ボーレーは，これが生存最低水準と同義であると述べ，さらに次のように議論を展開する[135]。この基準は，健康が維持できる最低限の食料という視点からアプローチが可能であり，栄養学の観点からラウントリーが設定した基準はその典型である。したがって，食料の中身を具体的に決定することがこの基準を設定するうえで重要な問題となる。しかし，食事の内容を，成人男子，成人女子，子供，就労者，非就労者など多様な人びとのそれぞれについて決定することは容易ではない。また，たとえそれができたとしても，家族ないし家計単位で支出せざるをえない費目，つまり，住居費や光熱費の最低水準を決定することは困難であり，恣意が入り込まざるをえない，と論じている[136]。

　第8章の最後でボーレーが取り上げているのが貧困線（poverty line）の問題である。ボーレーは貧困線を設定する問題を以下のように論じている[137]。有名なラウントリーの貧困線は，1人の成人労働者が自らの扶養義務を果たすことのできる最小限の賃金を前提としている。この場合の扶養義務は，彼の妻と3人の子供を扶養することが仮定されている。しかし，人口の単純再生産を行うのに3人の子供で十分であろうか。というのは未婚者や子供のいない夫婦も存在するからである。また，扶養義務に見合う賃金は家族規模に応じて異なるはずである。家族数が少なければ賃金が貧困線を下回っ

ても扶養義務を果たせる可能性があるし，家族数が多ければ賃金が貧困線を上回っていても扶養義務を果たせないであろう。さらに，高齢者世帯や独身者の貧困線を科学的に決定するにはどのようにしたらよいのであろうか。貧困線を決定するためには，それに先だって人びとの一般的な習慣や職業ならびに生活の全般的状況について知識をもつことが必要である。しかし，異時点間の比較や国際比較を行おうとする際に，こうした知識をもつことは難しい，と。

　以上のようにボーレーは，生活標準，最低基準，貧困線のいずれも，その数量的把握に限界があることを十分に理解していた。換言すれば，彼は，生活状態の特定の側面だけしか数量的に捉えることができず，数量的に捉えることのできない側面も多くあることを自覚していたのである。

　『社会現象の測定の性質と目的』の最終章（第9章）において，ボーレーは，名目国民所得，実質国民所得，国民所得の分配というマクロ経済指標を進歩の指標とすることの重要性を説いている。前述のように，彼は国民所得統計の確立に貢献したが，この領域での彼の研究の発端が，国民の進歩を計測するということにあったことを，この第9章から読み取ることができる。

　しかし，進歩は経済的側面だけによって規定されるわけではない。進歩は科学技術や，社会制度，社会生活等々，さまざま要因とかかわっている。ボーレーは，進歩を多元的に把握しようとする試みにまで踏み込まなかった。こうした試みは他の研究者の手に委ねられた。

7 社会指標運動の時代

7.1 社会報告：社会状態の数量的把握
7.1.1 先駆的業績としての『アメリカ合衆国における最近の社会的趨勢』

「社会指標運動」(social indicators movement) は，1960年代後半から1970年代前半にかけて主要先進国において生じた，社会動向や福祉の状態を記述し評価するための指標ないし指標体系を作成しようとする試みの総称であり，アメリカの社会学者ダンカン (Otis Dudley Duncan, 1921-2004) によって命名された。

しかし，社会指標の系譜に属する研究は，アメリカにおいては比較的長い歴史を有する。その端緒は，社会学者オグバーン (William Fielding Ogburn, 1886-1959) が中心になってまとめた『アメリカ合衆国における最近の社会的趨勢』(以下，『最近の社会的趨勢』) である。これは第31代アメリカ大統領フーバー (Herbert Clark Hoover, 1874-1964) が就任から半年後の1929年9月に設置した，「社会的趨勢に関する大統領調査委員会」の研究成果である。同委員会の委員長は景気変動の研究で高名なミッチェル (Wesley Clair Mitchell, 1874-1948) であったが，実質的な指導者はオグバーンであった。

『最近の社会的趨勢』は総頁数1541頁の2巻本として1933年に刊行された。このように浩瀚な刊行物には統一性が欠けていることが一般的であるが，同書は例外であった。その理由は，オグバーンが，自らの唱えた社会変動の文化遅滞説を数量的に裏付けることを目的として，研究の指揮をしたからである。

文化遅滞説とは，彼が1922年に出版した『社会変動』において提示したものであり，その大要を示したのが図I.4である。この図が示唆するよ

図 I.4 オグバーンの文化遅滞説における社会変動のメカニズム

(資料) President's Research Committee on Social Trends, *Recent Social Trends in the United States*, McGraw-Hill, New York, 1933; reprint, Arno Press, New York, 1979, pp. xiii-xiv の記述に基づいて作成。

に，オグバーンは社会変動の発端を科学的な発見や発明に，つまりテクノロジーの発展（具体的には通信技術の発達や自動車の普及）に見出し，次のように議論を展開した[138]。テクノロジーの発展は生産性を向上させ，それに対応して雇用関係や生産システムが変化する。しかし，経済組織の中にはテクノロジーの変化に適応が困難なものもある。たとえば，農業部門は変化が緩慢になりがちである。また，富の分配の問題も手がつけづらい。いずれにせよ，生産性の向上によって経済が発展すると政府組織の機能も拡大する。政府は教育や余暇活動，保険などの役割を家庭や共同体の代わりに引き受けるだけでなく，政府と産業との関係も重要になる。他方，家族や教会という2つの伝統的な組織は社会的重要性を失ってきた。家族は，その経済的機能の多くを企業に，その教育機能を学校に，衛生と食物に対する監視を政府に移転してきた。こうした変化は家族に対して新しい状況への適応を必要とさせてきたが，適応は容易でないばかりか，しばしば不適応を生んできた。生活の精神的な価値は組織の発展の影響を最も大きく受ける。しかし，そうした価値は変容することが最も緩慢である。このような社会変動のメカニズムにおいて，各段階で生じる，変化の断絶あるいは変化の遅滞（ラグ）が社会問題を生み出す，というのがオグバーンの主張である。

しかし，もし『最近の社会的趨勢』が社会問題の発生のメカニズムの指摘にとどまったならば，単なる学術研究で終わってしまい，大統領の要望に応えることはできなかったであろう。オグバーンのもう1つの重要な貢献は，『最近の社会的趨勢』において，社会変動が生み出した社会問題に対処するプロセスを明らかにしたことである。

図I.5は，スメルサー（Neil J. Smelser）が「50年後から見たオグバー

ンの洞察力」(1986年) と題した論文において提示したものである。スメルサーは, オグバーンが, 同図に示すような, 社会変動に起因する社会問題の識別に始まり, 社会問題の改善, ひいては社会の改良で終わるというプロセスを想定して, 大統領委員会の報告書の作成を指導した, と指摘している[139]。この図のうち, 社会変動が社会問題を発生するメカニズムは前述のとおりであるが, スメルサーは,「客観的事実による考証」,「社会的発明」,「政策変更による応用」,「社会改良」のそれぞれについて, 次のように述べている[140]。まず,「客観的事実による考証」とは, 大量の社会的事実を蓄積し, それについて記述することである。つまり, 実証主義の立場に立つことである。次に,「社会的発明」(ないし「社会的工夫」) についてオグバーンは明確に語っていないが, なんらかの望ましい社会目標ないしは社会的価値に関連して, 立証された知識を引き合いに出すことであると解釈される。「政策変更による応用」とは, 公衆衛生, 社会福祉事業, 教育などに, 社会的発明によってもたらされた社会的技術を浸透させ, 政策当局に技術的なアドバイスのできるグループ (「社会科学研究協議会」) を創設することである。また,「社会改良」とは,「知識が社会の福祉に対して及ぼす最終的な影響」のことを指す, と。

　社会変動のメカニズムを検証し, さらに, 社会変動が生み出した社会問題を解決するためのプロセスまで提示した『最近の社会的趨勢』は人びとの耳

図5　社会問題の発生から社会改良までのプロセス

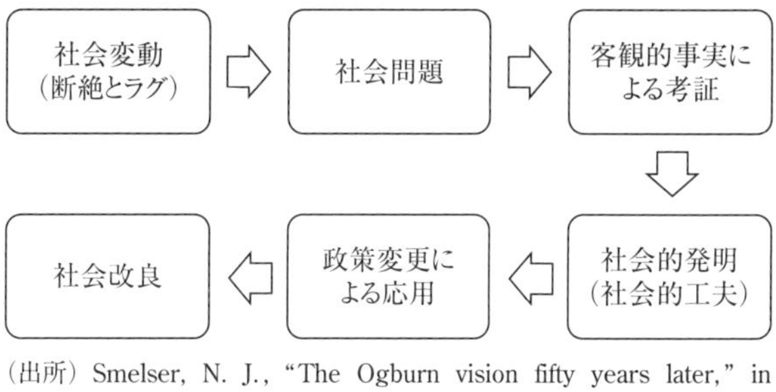

社会変動（断絶とラグ）⇒ 社会問題 ⇒ 客観的事実による考証 ⇒ 社会的発明（社会的工夫）⇒ 政策変更による応用 ⇒ 社会改良

(出所) Smelser, N. J., "The Ogburn vision fifty years later," in Smelser, N. J. & Gerstein, D. R. (eds.), *Behavioral and Social Science: 50 Years of Discovery*, National Academy Press, Washington D. C., 1986, p.24.

目を集めることができなかった。その理由は，フーバー大統領が2期目の大統領選挙で敗退し，また，1929年10月に始まった世界大恐慌によって経済問題が最重点課題になり，種々の社会問題に対する取組みは後回しにされたからである。

7.1.2 シェルドン＝ムーア編『社会変動の指標』

上述の『最近の社会的趨勢』の出版から35年後の1968年に，ラッセル・セイジ財団から，シェルドン（Eleanor B. Sheldon）＝ムーア（Wilbert E. Moore）編者『社会変動の指標：概念と測定』が出版された。同書は『最近の社会的趨勢』には及ばないものの，総頁数が800頁を超える大部の著作であると同時に，その書名から明らかなように，刊行の目的は『最近の社会的趨勢』とほぼ同一であった。つまり，『社会変動の指標』は，社会状態および社会問題を多元的かつ数量的に把握することが必要であるとの認識のもとに編纂された。

同書の序章において，編者のシェルドンとムーアは，同書の刊行の動機に触れる代わりに，1960年代当時において顕著になった社会変動として，「人口の増加と都市化，労働の専門化と官僚化の増大，生活標準の全般的な向上，広範かつより高度の教育水準の達成，マイノリティ集団の自己認識の高まりと数的な増大」[141]を挙げ，これらの変動が深刻な社会的緊張を作り出してきたと指摘する。そして，政策策定者にとって，「社会指標」（social indicators）は強力な分析手段であり政策評価の手段となるから，魅力的であると論ずる[142]。ただし，同書で展開する指標は政策評価用に向けたものではないとの断りを入れたうえで，彼らは，アメリカの社会構造の変動を以下の4つの角度からとらえることが同書の課題であると述べる。①人口変動（総人口の趨勢，人口構造の変化，人口の地域分布），②社会構造の変動（生産，知識と技術の組織化，社会の再生産と社会秩序の維持），③分配の変動（人口，財，サービス，知識，価値の部門間の分配），④機会や社会福祉の変動。

『社会変動の指標』においては，第2章から第14章までの計13の章でアメリカの社会変動についての実証分析が繰り広げられるが，同書は本質的に論文集であって，統一的な意思のもとに編纂されたものではない。このため，

個々の論文の中には，たとえば第3章のサメッツ（Arnold W. Sametz）の論文のように，後述の MEW に先鞭をつけた優れたものも含まれているとは言え，寄せ集めの域を出ていない。また，シェルドンとムーアが自ら認めているように，同書は学術書であって，一般読者や実務家向けの啓蒙書ではない。したがって，同書がアメリカ社会に影響を及ぼしたとは言い難い。『社会変動の指標』の意義は，同書の執筆陣の多くが，次に述べる『社会報告に向けて』の作成メンバーとなったことであり，前者の研究成果が後者に活かされたことである。

7.1.3　アメリカ保健教育福祉省の『社会報告に向けて』

　社会指標運動の契機を，バウアー（Raymond Bauer, 1916-1977）が中心になってまとめた『社会指標』[143]（1966年）に求める論者もいるが，宇宙開発計画がアメリカ社会に及ぼす影響の評価を目的とした同書では，社会指標の必要性が主張されただけで，社会指標の開発までには至らなかった。現在から振り返ってみると，アメリカ内外に与えた影響，およびその独自性という点において，社会指標運動の促進に最も大きく貢献したのは，アメリカ保健教育福祉省によって作成された報告書『社会報告に向けて』（*Toward a Social Repot*）であったと言える。

　「偉大な社会」政策を唱えた第36代アメリカ大統領ジョンソン（Lyndon Baines Johnson, 1908-1973）の，政権最後の日から9日前の1969年1月11日に，当時の保健教育福祉省長官であったコーエン（Wilbur Joseph Cohen, 1913-1987）によって『社会報告に向けて』と題した報告書が大統領に手渡された[144]。同報告書の「序論と要約」は以下の記述で始まっている。

> わが国には社会の進歩あるいは退歩を反映する包括的な統計はまったく存在しない。わが国の社会の健全性に関する定期的現状調査についての政府の取り決めもまったく存在しない。／われわれには，法律によって定められた大統領経済教書があり，この教書において，大統領と大統領経済諮問委員会はわが国の経済の健全性について国民に報告を行う。われわれはまた，包括的な経済指標をもっている。〔中略〕経済指標はわ

れわれの考え方の一部となっているために，われわれは国民所得の上昇を国民福祉の上昇と同等視する傾向がある。[しかしながら]多くの人びとは，国民所得が急速に上昇している時に，不安や不満が増加していることを発見して驚いている。経済指標が総じて継続的な進歩〔中略〕を記録している一方で，市中や新聞が増大する不満〔中略〕に満ちているのは逆説的である。なぜ，所得と不満は同時に増大してきたのであろうか。理由の1つは，最近の生活標準の改善が，新しい社会立法とともに，新たな期待〔中略〕を生み出してきたことにある。多数のアメリカ人の間にある失望と不満はその結果である（括弧内筆者）[145]。

このように『社会報告に向けて』は，豊かさが実現しているにもかかわらず，社会に不安や不満が存在するという，「豊かさのパラドックス」を解明することの必要性を説くことから議論を開始した。確かに，ジョンソン大統領が「偉大な社会」という政策を1963年に掲げた背景には，経済的繁栄にもかかわらず，当時のアメリカが人種問題をはじめとするさまざまな社会問題に直面していたという事情があった。

『環境保護主義の時代』の著者ド・スタイガー（Joseph Edward de Steiguer）は，カーソン（Rachel Louise Carson, 1907-1964）の『沈黙の春』が出版された1962年から1970年までのアメリカの社会状況について次のように述べている。1962年から1970年の間にGNPは年率4.2％の成長を遂げたのであり，それは第2次世界大戦後では最も高い成長率であった。『沈黙の春』は環境問題がもたらす脅威に警告を発した。また，この時代にジョン・F・ケネディ（John Fitzgerald Kennedy, 1917-1963），ロバート・F・ケネディ（Robert Francis Kennedy, 1925-1968），キング牧師（Martin Luther King, Jr. 1929-1968）という3人の公人が暗殺され，公民権運動が先鋭化した。さらに，ベトナム戦争は，アメリカの軍事介入の必要性と正当性を巡って，社会階層間に亀裂を生じさせていた，と[146]。

こうした時代背景のもとに社会報告ならびに社会指標の必要性が訴えられたのであったが，『社会報告に向けて』はどのような内容の社会報告や社会指標を想定していたのであろうか。前記の「序論と要約」の中の「なぜ社会

報告ないし一組の社会指標か」と題した節には，以下のような記述がある。

　多くの人びとは次のような疑問に対する回答を望んでいる。われわれはより健康になったのであろうか。汚染は増大しているのであろうか。〔中略〕われわれはこうした疑問に対する回答に関心をもっているが，その理由の一部は，そうした回答がわれわれの・個・人・的・な・福・祉や・社・会・の・福・祉に関して多くのことを語ってくれるからである。〔中略〕われわれが現実にどの程度順境であるかを理解するために，われわれは「社会指標」を，すなわち，福祉の他の次元に関する尺度を必要としている。／一組の社会指標を伴った社会報告は〔中略〕少なくとも2つの仕方で公共政策の策定を改善するであろう。第1に，社会報告は社会問題を可視化し，したがって，国民の優先順位についてより情報に通じた判断を行うことを可能にするであろう。第2に，社会報告は，国民の福祉に関するさまざまな尺度がどのように変化しつつあるかに関して洞察力を提供することによって，公共政策が成し遂げようとしていることについてよりよい評価を下すことを最終的に可能にするであろう（傍点筆者）[147]。

　この長文の引用に示したように，社会指標は経済以外のさまざまな福祉の次元に関する尺度であり，社会報告は，福祉の各次元がどのように変化しつつあるかに関する情報を提供し，政策形成の一助となることを目的とするものである。それでは，社会報告や社会指標は具体的にどのような形をとるべきであろうか。大統領に提出された報告書は，「この報告書は社会報告ではない。これは社会報告と包括的な一組の社会指標に向けての一歩である」[148]と述べるにとどまっていた。幸いなことに，『社会報告に向けて』は報告書の公表から1年後の1970年にミシガン大学出版局から同名の単行書として出版され，この単行書には，同大学教授に転職していたコーエンによる「予備的解説」がつけられている。この「予備的解説」においてコーエンは，『社会報告に向けて』の先行研究に触れた後，報告書が作成された経緯について詳細に述べている[149]。そして，社会報告の構成（format）という項で，彼は，社会報告が扱うべき問題の多くは数量化が困難であり，このために具

7　社会指標運動の時代　　91

体的な指標や分析方法は暫定的なものにすぎないと述べた後で，社会報告は，①指標の開発，②関連する要因の分析，③社会目標の設定，というステップを経て作成すべきである，と主張する。続いて彼は，指標の開発や指標が特定の水準にある理由についての分析はこれまで多数行われてきたものの，社会目標の設定に関心が払われることはほとんどなかったと述べる。そしてコーエンは，表Ⅰ.25に示すような社会指標とその具体例を提示した。

表Ⅰ.25のように具体的な社会目標を設定することは，単に社会の現状分析を行って知的好奇心を満足させることに安住せずに，あるべき社会に向けての政策形成と政策の評価を推進することに他ならない。『社会報告に向けて』がアメリカ内外に社会指標運動と呼ばれる一種のブームの火付け役となったのは，社会報告や社会指標がこうした実践的役割を持ちうることをアピ

表Ⅰ.25 ウィルバー・コーエンの提示した社会目標の具体例

	指 標	現 状	1976～79年の目標値
1	乳児死亡率	22.1‰（1967年）	12‰
2	母性死亡率	28.9‰（1967年）	15‰
3	家族計画サービス（15～44歳の低所得の女性）	100万人（1968年）	500万人
4	交通事故死（人口10万人当たり）	55.1人（1967年）	50人
5	州立精神病院入院患者数	42万6,000人（1967年）	5万人
6	健康余命	68.2歳（1966年）	70.2歳
7	就学前教育を受けている3～5歳児の割合	35.2％（1967年）	95％
8	25歳以上の成人の高校卒業率	51.1％（1967年）	65％
9	25歳以上の成人の大学卒業率	10.1％（1967年）	15％
10	学習活動参加者数	1億人（1967年）	1億5,000万人
11	公立コミュニティ・カレッジを有する大都市の割合	66％（1968年）	100％
12	医学部1年生の学生数	1万人（1967年）	1万8,000人
13	機能回復訓練を受けた障害者の数	20万8,000人（1968年）	60万人
14	週平均労働時間（製造業）	40.6時間（1967年）	37.5時間
15	35～64歳女性の労働力参加率	48％（1967年）	60％
16	年間平均有給休暇（製造業）	2週間（1967年）	4週間
17	浴槽ないしシャワーのある住戸の割合	85％（1960年）	100％
18	非識字率	2.4％（1960年）	0％
19	有権者中の投票率	63％（1964年）	80％
20	民間慈善事業の対GNP比	1.9％（1967年）	2.7％
21	保健，教育，福祉に対する官民支出の対GNP比	19.8％（1968年）	25％
22	貧困率	12.8％（1968年）	0％
23	下位20％の人口の所得割合	5.3％（1967年）	10％
24	就労人口	8,800万人（1967年）	1億1,000万人
25	出生時平均余命	70.2歳（1966年）	72歳

（出所）U. S. Department of Health, Education, and Welfare, *Toward a Social Report*, University of Michigan Press, Ann Arbor, Michigan, 1970, pp. ix-x.

ールしたからである。

『社会報告に向けて』が出版された後，アメリカにおいては，1973年に合衆国行政管理予算局によって『社会指標1973』が作成・公表された。同書はいわばデータブックであり，データごとに簡単な解説がなされたにすぎない。つまり，同書は『社会報告に向けて』と比較すると，一歩も二歩も後退した内容であった。しかも同書以降，アメリカ政府によるこの系統の努力は途絶えてしまったと言える。

アメリカ以外の国に目を転じると，『社会報告に向けて』による刺激を受けて各国において社会報告の作成が試みられた。その代表的なものとしてイギリス中央統計局の『社会的趨勢』（*Social Trends*）を挙げることができる。これは1970年に公表されて以来，今日まで毎年作成・公表され続けている。

『社会的趨勢』の当初の目的は政策が人びとの生活に及ぼす影響を，社会統計を用いて議会やマスコミ等に知らせることであった[150]。

7.2 社会的費用の測定

「脱工業化社会」の概念ならびに著書『イデオロギーの終焉』で高名なベル（Daniel Bell, 1919-2011）は，社会指標の源流の1つを社会的費用（social cost）論に求めている。社会学者であるにもかかわらず，ベルは，19世紀初頭に活躍したフランスの経済学者シスモンディ（Jean Charles Léonard de Simonde de Sismondi, 1773-1842）が『新経済学原理』において労働節約型の改善のもたらす社会的費用（失業，疾病，老齢期における貧窮）について考察していたこと，社会的費用の概念の大成者がピグー（Arthur Cecil Pigou, 1877-1959）であること（ピグーによる「社会的純限界生産物」と「私的純限界生産物」の区別），さらにカップ（Karl William Kapp, 1910-1976）の『私的企業と社会的費用』（1950年）にも言及している[151]。

この社会的費用を測定することの必要性は，前項で取り上げた『社会報告に向けて』の第3章でも説かれたが，最も成功を収めたのは，1970年にイェール大学の経済学者ノードハウス（William Nordhous）とトービン（James Torbin）が「成長は陳腐化したか」と題した論文の中で公表したMEW（Measure of Economic Welfare）である[152]。図Ⅰ.6にMEWの骨格

図 I.6 MEWの構成要素（概要）

（資料）Nordhous, W. D. and Tobin, J., "Is growth obsolete?", in Moss, M.(ed.), *The Measurement of Economic and Social Performance, Studies in Income and Wealth*, vol. 38, National Bureau of Economic Research, New York, 1973, pp. 513-525 から作成。

を示したが，彼らは，GNPをベースにして，余暇時間と主婦の家事労働を帰属計算してGNPに加え，他方，手段的消費・投資，および経済成長や都市化に伴う損失をGNPから控除したものをMEWとした。手段的消費・投資とは，消費に直結しない投資や防衛費，維持費，防犯のための支出等のことである。経済成長や都市化に伴う損失は，2つの種類の損失からなる。第1は，天然資源の減耗であり，第2は，都市化に伴う，過密，高い犯罪率，騒音，通勤の長時間化，景観の喪失などである[153]。

ノードハウスとトービンは，7つの時点（1929年，35年，45年，47年，54年，58年，65年）のデータを用いてMEWの算出を行い，MEWとGNPとの比較を行った。図 I.7はGNPとMEWの推移を示したものである。この図から次のことが明らかである。①MEWの推計値がGNPの2倍以上の規模であること，②MEWもGNPもともに増加傾向を示したこと，③余暇の価値と家事労働の価値も増加の一途をたどったこと，④余暇の価値はMEWの半分近くを占めていること，⑤不快さ（経済成長・都市化に伴う損失）は余暇の価値や家事労働の価値に比べるとその規模は極めて小さいこと。とりわけ重要なことは，規模こそ異なるものの，MEWがGNPとほぼ同方向に変化してきたことである。MEWとGNPの成長率に大差がないならば，経済的福祉の指標であるMEWをわざわざ計算する必要がなく，GNPの推移だけを見ればよいことになる。この点に関して，ノードハウスとトービンは，彼らの論文の末尾で次のように述べている。

　成長は陳腐化したのであろうか。われわれはそう思わない。GNPやその他の国民所得の集計量は福祉の不完全な尺度であるけれども，そうした集計量は，そのもっとも明白な欠点を修正した後でも，それが伝える

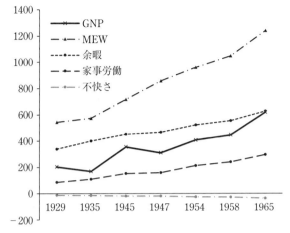

図 I.7 MEW と GNP の推移（1958 年価格，単位 10 億ドル）

（資料）Nordhous and Tobin, "Is growth obsolete?", pp. 518-520 から作成。

長期的な進歩についての全体像は依然としてわかりやすい。〔中略〕天然資源を保全するために経済成長全般を停止する理由は現在まったく存在しない[154]。

ノードハウスとトービンのこうした結論は，他の研究者から社会的費用を推計しようとする意欲をそいでしまったと思われる。その理由は，わが国において MEW とほぼ同内容の NNW（Net National Welfare）が作成された以外に，類似の試みがしばらくの間影を潜めてしまったからである[155]。ただし，MEW の公表から 20 年後の 1990 年代に，MEW の系譜に属する，グリーン GDP とも言うべき指標が複数の研究者によって作成され，その後も類似の努力が続けられていることを付言しておく[156]。

7.3 非貨幣的指標
7.3.1 1950 年代における国際連合の動向[157]

MEW の長所は単一の数値で，しかも貨幣表示で福祉の動向を示すことができる点にある。しかし，この長所は同時に短所でもある。というのは，貨

幣表示が可能な現象しか測定対象にできないからである。福祉あるいは幸福が経済的要因のみによって規定されるのでなければ，貨幣的指標では適切に福祉あるいは幸福をとらえることができない。こうした理由から，非貨幣的指標による福祉の測定を直接・間接の目標とする指標体系の作成が試みられてきた。

　社会指標運動以前からこうした方向での研究を継続的に行っていたのが国際連合（以下，国連）である。その理由は，1945年10月24日に発効した国連憲章において，加盟各国の「生活標準」（standard of living）を向上させることが明記されているからである。1952年に開催された国連総会は，国連経済社会理事会に対して，加盟各国の国民の生活標準に特別な注意を払うことを要請した。この要請に対応して，同理事会は国連事務局に対し，生活標準の概念ならびにその計測について研究を開始するよう申し入れた。国連事務局は，翌1953年に，生活標準の概念規定ならびに計測方法に関する研究を6名の専門家に委嘱した。その研究成果が『生活標準および生活水準の国際的定義と計測に関する報告』（1954年，以下『国際的定義と計測』略称）と題した報告書である。

　この報告書の目的は，すべての国連加盟国の生活水準を比較可能にする計測方法を見いだすことであった。このために，同報告書は，類似概念の検討から作業を始めた。類似概念として取り上げられたのは，それまで明確な定義付けがなされていないまま使用されていた「生活水準」（level of living），「生活標準」（standard of living），「生活規準」（norm of living）という3つの概念であり，同報告書はこれらの3つの概念のそれぞれを，次のように規定した。①生活水準とは，人びとの実際の生活状態を指し，②生活標準とは人びとが到達ないし復帰することを求めている生活状態を指し，③生活規準は，最低賃金ないしは労働時間のような，特定の目的からみて望ましいと考えられる生活状態に関する概念である，と[158]。

　前記の国連憲章の文言から推察されるように，『国際的定義と計測』が提出されるまでは，国連においては，生活標準という用語が実際の生活状態を示すものとして使用されていた。これに対して，この報告書は，生活標準という用語に代えて生活水準という用語を使用すべきことを提案し，計測作業

表 I.26　国連『生活水準の国際的定義と測定』の提示した生活水準の成分と個別指標

成　分	個別指標
I　健康	(1) 出生時平均余命 (2) 乳児死亡率 (3) 粗死亡率
II　食料消費と栄養	(1) 平均カロリー供給量÷カロリー必要量 (2) 平均タンパク質供給量 (3) 平均動物性タンパク質供給量 (4) 炭水化物供給カロリー量の割合（％）
III　教育	(1) 成人識字率 (2) 初等・中等教育就学率 (3) 高等教育就学率
IV　雇用と労働条件	(1) 失業率 (2) 実質賃金
V　住宅	(1) 住宅に住む人口割合 (2) 1室当たりの居住者が3人以上の住宅割合 (3) 100 m 以内に上水道のある住宅割合 (4) トイレのある住宅割合
VI　社会保障	—
VII　衣料	—
VIII　余暇	—
IX　人間的自由	—

（資料）United Nations, *International Definition and Measurement of Levels of Living*, E/CN.5/353, 1961, pp. 5-13 から作成。

の中心を生活水準に置くべきことを主張したのである。

『国際的定義と計測』は，生活水準の計測にあたって，生活水準という概念が人間の欲求の充足に関する概念であると考え，生活に必要な一切の物質的，非物質的なものから得られる満足の水準をもって生活水準をとらえようとした。しかし，人間の効用すなわち満足感を直接に計測することは困難である。そこで，生活の各側面での満足度を計測する代わりに，満足を与えるものの水準を示すと考えられる客観指標を用いて，生活水準という抽象的な概念を数量化する方法が提唱された。『国際的定義と計測』は，個々人の多様な欲求を以下の12の成分（component）に区分し，これらの成分に関するさまざまな非貨幣的指標を用いて，各成分の欲求の充足度を表示することを提案した。12の成分とは，①健康，②食料・栄養，③教育，④労働条件，⑤雇用条件，⑥総消費と総貯蓄，⑦輸送，⑧住宅，⑨被服，⑩余暇と娯楽，

⑪社会保障，⑫人間的自由である[159]。

1959年には国連事務局，国際労働機関（ILO），国連教育科学文化機関（UNESCO），国連食糧農業機関（FAO）が合同で生活水準の測定法に関する議論を行い，その成果を『生活水準の国際的定義と測定：暫定的指針』と題した報告書として公表した。この報告書は『国際的定義と計測』をたたき台として，生活水準の成分と個別指標についての検討を行い，表Ⅰ.26に示すような生活水準指標の体系を提示した。同表から明らかなように，この報告書で提示された生活水準指標はアイデアの段階にとどまっており，現実のデータを用いた分析を行うまでには至らなかった。

7.3.2　1960年代の国連社会開発研究所における動向

1950年代まで国連は経済成長のみを重視していたが，1960年代に入ると経済開発とともに社会開発も重視するようになった。そして「国連開発の10年（1961～1970年）」において，社会の発展と経済発展が相互依存関係にあり，社会政策と経済政策が発展のための一体化された戦略であることが承認された。このような動向の中で，1964年に，社会開発に伴う諸問題について調査研究を行うための自治活動機関として，国連社会開発研究所がジュネーブに設立された。

この社会開発研究所において生活水準の計測作業が積極的に推進され，次々に優れた業績が生み出された。その中核となったのが同研究所に1964年から1969年まで在籍したポーランド出身の経済学者ドレブノフスキ（Jan Drewnowski, 1908-2000）である。彼は，開発には経済的要因だけでなく，住民の福祉に関連する社会的要因も重視すべきであると主張し[160]，福祉に関連する社会的要因のうち数量化が可能なものを「可測福祉」と呼び，これを非貨幣的な指標で計測する作業を進めた。

ドレブノフスキは，福祉をニーズの充足という視点からとらえ，さらにこれをフローとストックに区分して考えることの必要性を次のように説いた。すなわち，ニーズは，住民が受け取った財・サービスのフローによって充足されるのであり，この財・サービスのフローから得られる便益を福祉のフローとみなすべきである。また，この福祉のフローが一定期間維持される結果

として福祉のストックが形成される，と。彼は福祉のフローを「生活水準」，福祉のストックを「福祉状態」(state of welfare) と呼び，前者を計測する指標を「生活水準指数」(level of living index)，後者を計測する指標を「福祉水準指数」(level of welfare index) と命名した。

　表Ⅰ.27に示したのは，1966年に発表された最初の生活水準指数である。この表から明らかなように，生活水準指数は，生活水準を構成する成分（コンポーネント）を，①「基礎的身体的ニーズ」と「基礎的文化的ニーズ」の2つのグループに大別し，②各成分の内容を表すと考えられる個別指標を1個〜3個選定し，③測定単位の異なる指標を共通の単位に換算するために，個別指標ごとに一定の基準をあらかじめ設定し，この基準に基づいてそれぞれの個別指標を指数に変換する，④個々の指標にウエイトを与えて総合指数を計算する，という方法で作成された。このように，福祉を構成すると考えられる成分を最初に想定してから，指標体系を構築しようとする方法はコンポーネント・アプローチと呼ばれている。

　上記の①〜④の4つのステップのうち，③について補足説明すると，個別指標を指数に変換するにあたって，指標ごとに臨界点（critical point）を前もって設定し，満足のいく飽和状態を100点，最低の状態を0点として，按分比例によって得点を与える。具体例として，1人1日当たりタンパク質摂取量を取り上げると，1人1日当たりのタンパク質摂取量は，最低の状態を40ｇ，飽和状態を90ｇとしているので，たとえば，Ｊ国の1人1日当たりのタンパク質摂取量が70ｇであるとすれば，タンパク質摂取量の指数値は，

$$\frac{100\,(70-40)}{90-40} = 60$$

となる。ただし，個別指標の指数化はこれで終了するわけではない。表Ⅰ.27の指数化算式の欄がＡかＢとなっている個別指標については，指数値に分配係数を乗じなければならない。ドレブノフスキは，1からジニ係数を引いたものを分配係数と呼んでいる。表Ⅰ.27の指数化算式のジニ係数は0以上1以下の値をとる分配の不平等度の尺度の1つであり，完全平等の場合その値は0，完全不平等の場合は1の値をとるので，ジニ係数が大きいほど不

表 I.27 生活水準指数

成分グループ	成分		個別指標	指標の臨界点 0点	指標の臨界点 100点	指数化算式	ウエイト
基礎的身体的ニーズ	I 栄養	(1)	1人1日当たりカロリー摂取量（必要量に対する割合）	60%	100%	A	0.50
		(2)	1人1日当たりタンパク質摂取量	40 g	90 g	A	0.25
		(3)	カロリー摂取量における炭水化物の割合	85%	50%	B	0.25
	II 住宅	(1)	1人当たり住宅サービス量	1/3	1	A	0.50
		(2)	居住密度（1室当たり人数）	4	1	B	0.25
		(3)	住宅数と世帯数の比	50%	100%	A	0.25
	III 保健	(1)	受診可能人口の割合	0%	100%	A	0.50
		(2)	総死亡数に占める伝染病・寄生虫病死亡の割合	50%	0%	C	0.25
		(3)	総死亡数に占める50歳以上死亡数の割合	0%	85%	D	0.25
基礎的文化的ニーズ	IV 教育	(1)	就学率	0%	100%	D	0.50
		(2)	卒業率	0%	100%	D	0.25
		(3)	生徒・教員比率	0%	100%	A	0.25
	V 余暇	(1)	1人当たり年間余暇時間	2,912	6,816	A	0.50
		(2)	人口1,000人当たり日刊新聞発行数	0	250	A	0.25
		(3)	人口1,000人当たりラジオ・テレビ普及台数	0	250	A	0.25
	VI 生活の安全	(1)	人口1,000人当たり年間事故死亡数	2,500	0	C	1/3
		(2)	失業・疾病による休業補償適用率	0%	100%	D	1/3
		(3)	老齢年金制度適用率	0%	100%	D	1/3
高度なニーズ	VII 余剰所得	(1)	1人当たり年間余剰所得	0	500ドル	A	1

注）指数化算式A～Dの定義式は以下のとおり。なお，e は分配係数。

$A : \dfrac{100(i-i_0)e}{i_{100}-i_0}$　$B : \dfrac{100(i_0-i)e}{i_0-i_{100}}$　$C : \dfrac{100(i_0-i)}{i_0-i_{100}}$　$D : \dfrac{100(i-i_0)}{i_{100}-i_0}$

（出所）Drewnowski, J. and Scott, W., *The Level of Living Index*, United Nations Research Institute for Social Development, Report no. 4, Geneva 1966, pp. 44-45.

平等は大きくなる。1からジニ係数を引いたものを分配係数とするのは，分配が平等であるほど指数値が大きくなるようにするためである。もし，先ほどのJ国のジニ係数が0.4であったならば，同国のタンパク質摂取量の最終的な指数値は，

表 I.28　20 カ国の生活水準指数の推計結果（1960 年）

国　名	生活水準指数	1人当たり GNP（US$）
ガーナ	38.1	290
モーリシャス	61.1	410
モロッコ	39.4	230
アラブ連合共和国	47.9	240
ウガンダ	37.3	120
アルゼンチン	83.9	860
チリ	69.5	750
エクアドル	44.7	250
ジャマイカ	50.2	510
アメリカ	171.3	2,790
ベネズエラ	52.7	570
インド	42.0	160
イスラエル	126.6	950
日本	85.3	700
タイ	39.0	200
ベルギー	129.7	1,690
デンマーク	130.4	1,760
ギリシャ	84.1	620
スペイン	75.9	540
ユーゴスラビア	80.6	480

（出所）Drewnowski and Scott, *The Level of Living Index*, p. 70.

$$\frac{100\,(70-40)\times(1-0.4)}{90-40}=36$$

となる。

　生活水準指数の最も大きな意義は，単に指数の作成方法を提示しただけでなく，実際のデータを用いて指数値を計算したことである。この作業を実際に担ったのは，ドレブノフスキの同僚のスコット（Wolf Scott）である。スコットは 1960 年前後のデータを用いて 20 カ国の生活水準指数を推計した。その推計結果を示したのが表 I.28 である。同表から生活水準指数と 1 人当たり GNP の相関係数を計算すると，$r=+0.94$ と極めて高い正の相関が得られた。また，1 人当たり GNP を横軸に，生活水準指数を縦軸にとって両者の関係を示した図 I.8 からも両者の間の高い正の相関関係を読み取ることができる。この高い正の相関の意味は，所得水準が高い国ほど，所得以外の福祉の要因も充足度が高い関係があるということである。このことは，わざわざ生活水準指数を算出しなくても，1 人当たり GNP（ないし GDP）を

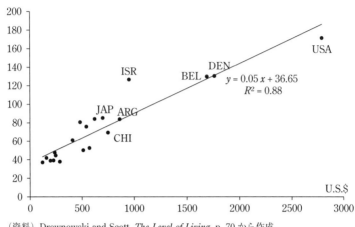

図 I.8　1人当たり GNP と生活水準指数の関係

(資料) Drewnowski and Scott, *The Level of Living*, p. 70 から作成。

福祉の代理指標とすればよいことを含意する。

　他方，ドレブノフスキが提案したもう1つの福祉指標である福祉水準指数は，指標体系の構想が示されたのみにとどまり，現実のデータを用いて算出されるまでには至らなかった。

　国連内部において，生活水準指数に対する関心は次第に薄れていった。国連内部において，開発途上国の福祉を測定するための指標が再度開発されたのは1990年のことであった。その指標とは，国連人間開発プログラムが公表した人間開発指数であり，これについては第Ⅲ章で取上げる。

7.3.3　1970年代前半における動向

　1970年代に入ると，先進諸国や国際機関において，非貨幣的指標による福祉の測定が試みられるようになった。その中でも注目に値するのが，OECDの非貨幣的指標作成作業と，わが国の国民生活審議会の非貨幣的指標作成作業である。

　OECDは1970年に社会指標作業部会を立ち上げた。この作業部会は1973年には第1段階として，8つの「社会目標」(social goal) と24個の「社会的関心」(social concern) を選定した。同委員会は社会的関心を，「人間の

図 I.9 OECD の社会指標の構造

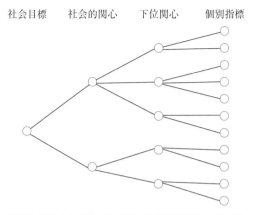

社会目標　社会的関心　下位関心　個別指標

（資料）国民生活審議会調査部会編『社会指標』大蔵省印刷局，1974 年，p.39 を参照して作成した。

福祉にとって基本的で直接的な重要性をもつ，識別可能で定義可能な願望ないし関心」[161]と規定した。2 年後の 1975 年には，社会的関心に若干の変更を加えたうえで，それぞれの社会的関心に下位領域（サブ・コンサーン）を配置し，この下位領域のそれぞれに 1 個〜4 個の個別指標を対応させた。

OECD の社会指標の構造は，図 I.9 に示すとおり，コンポーネント・アプローチに基づいている。この点では前掲の国連の指標を踏襲している。OECD の社会指標と国連の指標の違いは，国連の指標の階層が 2 段階ないし 3 段階であったのに対して，OECD の社会指標は階層が 4 段階になっていることである。これは，OECD の社会指標においては，各社会目標の内容を社会的関心とその下位関心（sub social concern）によってより詳細に表そうとしたためである。具体例として，OECD 社会指標の中の社会目標の 1 つである「雇用と勤労生活の質」における社会的関心と下位関心の関係を示したのが図 I.10 である。この図から，前述の国連の指標体系に比べると，OECD の社会指標においてはコンポーネントの中身がより具体的になっていることが明らかである。

このように OECD の社会指標は，福祉の測定を意識した指標体系となっていることが特徴であったが，個別指標の総合化は当初から想定されていな

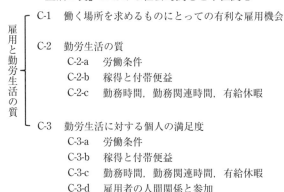

図 I.10 OECD の社会指標における社会目標「雇用と勤労生活の質」における社会的関心と下位関心

（出所）OECD Social Indicators Development Programme, *Measuring Social Well-being*, OECD, Paris, 1976, p. 73.（小金芳弘監訳『「暮らし良さ」測定法の研究』至誠堂，1979 年，p. 40）

かったし，そもそも指標体系そのものが未完成であった。

　OECD の社会指標が公表された翌年，すなわち，1974 年に，わが国の国民生活審議会調査部会は社会指標を発表した。同調査部会は社会指標を「国民の福祉の状態を非貨幣的な指標を中心として，体系的，総合的に測定しようとするもの」[162] と定義し，10 個の目標分野（social goal），27 個の福祉の主構成要素（fundamental social concern），77 個の副構成要素，188 個の細構成要素，368 個の個別指標を選定した。

　国民生活審議会の社会指標の独自性は，主構成要素（基本的社会的関心），副構成要素（社会的関心），細構成要素（下位社会的関心）の内容を文章で具体的に表そうとした点にある。たとえば，「余暇」の目標分野を例にとると，表 I.29 に示すように，主構成要素は，「生活の中の自由度が増大すること」と「自由時間における生活が向上すること」の 2 つからなり，前者は「生活時間に占める自由時間が増加すること」という 1 つの副構成要素からなっている。この副構成要素はさらに，「日常生活における自由時間が増加すること」をはじめとする 3 つの細構成要素からなる。このように，社会指

標で測定しようとするものを具体的に明示した点において，国民生活審議会の社会指標は画期的であったと言える。

同社会指標は，現実のデータを用いて指標が作成され，目標分野別に総合指数が試算された。最も単純な等ウエイトが用いられたとはいえ，個別指標の総合化も試みられた。

表Ⅰ.29　国民生活審議会の社会指標における「余暇」目標分野のヒエラルキー

基本的社会的関心	社会的関心	下位社会的関心	指　　標
D-1 生活の中の自由度が増大すること	D-1-a 生活時間に占める自由時間が増加すること	D-1-a-1 日常生活における自由時間が増加すること	国民の1人当たり1週間当たりの自由時間
		D-1-a-2 まとまった自由時間が増えること	国民の1人当たり年間3日以上の連続休暇合計日数
		D-1-a-3 生涯を通じて自由時間が増えること	1人当たり生涯自由時間
D-2 自由時間における生活が向上すること	D-2-a スポーツや娯楽活動がより豊かなものとなること	D-2-a-1 スポーツや娯楽活動のための環境が整備されていること	スポーツ・娯楽活動の施設水準
		D-2-a-2 スポーツや娯楽活動が活発になること	スポーツや娯楽活動に使っている時間
	D-2-b 文化的・創造的活動や自己啓発が豊かなものとなること	D-2-b-1 文化的・創造的活動や自己啓発のための環境が整備されていること	文化的・創造的活動や自己啓発のための環境水準
		D-2-b-2 文化的・創造的活動や自己啓発の活動が活発になること	文化的・創造的活動や自己啓発のために使っている時間
		D-2-b-3 文化的・創造的活動や自己啓発の活動に対する主観的満足が高まること	文化的・創造的活動や自己啓発に対する満足度
	D-2-c 社会的活動が豊かなものとなること	D-2-c-1 社会的活動の場が提供されていること	社会的活動水準
		D-2-c-2 社会的活動が活発になること	社会的活動に使われている時間
		D-2-c-3 社会的活動に対する主観的満足が高まること	社会的活動に対する満足度

(出所) 国民生活審議会調査部会編『社会指標：よりよい暮らしの物さし』大蔵省印刷局，1974年，pp. 84-85 を修正。

国民生活審議会の社会指標の意義は，名称や指標構成を変えながらも，その後も作成され続けたことである。国民生活審議会による最初の社会指標を旧社会指標と呼ぶことにすると，旧社会指標は1977年〜79年の期間，毎年計算結果が公表された。1979年には，国民生活審議会生活の質委員会が，旧社会指標の改訂版を「新版社会指標」と銘打って発表した。これは1974年の旧社会指標と目標分野は同一で，副構成要素について3つを新設し，1つを削除したものである。この新版社会指標では，各指標を等ウエイトとした場合と，意識調査（国民生活選好度調査）によって得られた生活上の優先度をウエイトにした場合の二通りの方法で，総合化が試みられた。

　新版社会指標の公表から7年後の1986年には，国民生活審議会総合政策部会調査委員会が「国民生活指標」(New Social Indicators) を作成・公表した。英文表記が示唆するように，国民生活指標は旧社会指標の改訂新版というべきものである。さらに，1992年には新国民生活指標 (People's Life Indicators) が公表され，1999年まで計算結果が公表された。新国民生活指標は8つの生活活動領域（住む，費やす，働く，育てる，癒す，遊ぶ，学ぶ，交わる）と，約140の個別指標で構成されていた。このようにわが国の政府機関が長期間にわたって非貨幣的福祉指標を作成し続けてきたことは評価に値する。

7.4　主観的指標

　福祉やクオリティ・オブ・ライフは最終的には幸福感や満足感，充足感といった，人びとの意識あるいは感情の問題に帰着する。人びとのこうした意識や感情を主観的福祉と呼ぶことにすると，社会指標運動の中の1つの潮流として，主観的福祉を計測する試みが登場したとしても不思議はない。

　アメリカにおいては，社会指標運動が始まるはるか以前から意識調査が行われ，調査対象者が幸福に関して全体としてどのように感じているかについて調べられていた。質問は「一般的に言って，あなたは自分をどれくらい幸福だと言えますか——非常に幸福，かなり幸福，それほど幸福でない」という形でなされることが多かった[163]。

　社会指標運動の時代でのアメリカにおける意識に関するこの種の研究のう

ち，最も注目に値するのは，アメリカのシンク・タンクとして名高いランド研究所のダルキー（Norman Crolee Dalkey, 1915-2004）他が行った研究である[164]。ダルキー他は，1972年に刊行された『クオリティ・オブ・ライフの研究』において，「都市政策や国内の地域政策に関する今日の議論において，クオリティ・オブ・ライフというフレーズが，幸福や福祉といった古い言葉にほとんど取って代わっている。このフレーズは響きがよく，幸福ほど感傷的でなければ，福祉ほど殺風景でもない。しかしながら，この新しいフレーズが漠然としていないかと言えば議論の余地がある」[165]と述べ，クオリティ・オブ・ライフの概念に内容を与えることが彼らの研究課題であると宣言する。ただし，彼らは，集団にとってのクオリティ・オブ・ライフではなく，個人にとってのクオリティ・オブ・ライフに議論の焦点を絞った。

　ダルキー他は，1967年に予備調査を行ったうえで，1970年に，14名の大学院生と10名の連邦政府職員の計24名を対象として，デルファイ法と呼ばれる，有意標本抽出法によるアンケート調査を行った。デルファイ法とは，アンケート調査（ないしインタビュー）の結果をフィードバックしながら調査主体と被調査者の間で何回かのアンケート調査（ないしインタビュー）を繰り返すことによって意見を集約する方法である。

　第1回目の調査に先立って，被調査者は，この調査の目的が，西欧社会の個人のクオリティ・オブ・ライフに影響を及ぼす諸要因を明らかにし，この諸要因の重要性（ウエイト）を決定し，それらの要因間の相互関係を探ることにあるとの説明を受けた。

　第1回目の調査では，最初の2つの設問は，18歳以上の成人人口は彼ら自身あるいは彼らの「生活」について何らかの形で評価を行っているかどうか，行っているとすれば，それははっきりと意識してなされているのかどうかというものであった。各設問に関する回答ごとの第1四分位数，中央値（＝第2四分位数），第3四分位数は表Ⅰ.30のとおりである。

　第1回目の調査結果を被調査者にフィードバックして，再度同じ設問への回答を求めた第2回の調査において，以上の設問に続くのが，クオリティ・オブ・ライフの内容に関する設問であり，それは，どのような基準に基づいてクオリティ・オブ・ライフの評価を下すのか，という設問と，クオリティ

表Ⅰ.30 成人一般がクオリティ・オブ・ライフの評価を行っているかどうか

	Q_1	M_e	Q_3
成人の何%が自分自身ないし自分の生活について評価を行っているか	80%	85%	91%
その評価を明示的に行っている人は何%いるか	5%	20%	40%

注) Q_1 は第1四分位数, M_e は中央値（＝Q_2), Q_3 は第3四分位数.
(資料) Dalkey, N. C. et al., *Studies in the Quality of Life*, Lexington Books, MA, 1972, p. 97 から作成.

表Ⅰ.31 クオリティ・オブ・ライフ評価の参照基準

クオリティ・オブ・ライフを評価する際の参照基準	第1回目の回答			第2回目の回答		
	Q_1	M_e	Q_3	Q_1	M_e	Q_3
a. 全体的に（どの程度幸福か）	10%	20%	32%	15%	20%	27%
b. 良好な局面と悪い局面の双方	10%	15%	20%	20%	15%	20%
c. うまくいっていないこと	5%	20%	30%	15%	25%	30%
d. 全般的な感情あるいは満足・不満足	17%	30%	50%	20%	32%	45%

注) Q_1 は第1四分位数, M_e は中央値（＝Q_2), Q_3 は第3四分位数.
(資料) Dalkey, *Studies in the Quality of Life*, p. 98 から作成.

・オブ・ライフに影響を及ぼす要因を記述しなさい，という設問からなっていた．

前者，つまり，どのような基準に基づいてクオリティ・オブ・ライフの評価を下すのかという問いに関する第1回目と第2回目の回答は表Ⅰ.31のような結果となった．中央値に大きな変化はみられないが，第1四分位数と第3四分位数が中央値に近づき，回答者の意見が収斂する傾向があることが読み取れる．

他方，クオリティ・オブ・ライフに影響を及ぼす要因はどのようなものか，という設問は，「a．あなた自身の経験とあなたと他者との経験とを参考にして，成人のアメリカ人のクオリティ・オブ・ライフに最も強い影響を与えるとあなたが信じている出来事の特性のリストを挙げなさい．〔中略〕各特性に短い定義ないし同義語を添えなさい．少なくとも5つの特性を挙げなさい．ただし，10個以下とする．b．それぞれの特性について，それがプラスとマイナスの影響を及ぼすのか，それともどちらか片方の影響を生み出すの

表 I.32 クオリティ・オブ・ライフ 12 要因の相対的ウエイト

特　性	相対的ウエイト					
	1回目の評価			2回目の評価		
	Q_1	M_e	Q_3	Q_1	M_e	Q_3
審　　美	3	4	10	3	4	7
自　　由	6	9	15	6	10	14
愉　　快	8	10	15	10	10	10
有 意 義	5	10	12	7	10	12
新 奇 さ	5	6	10	5	6	9
攻 撃 性	0	2	5	0	2	4
性的充足	5	10	13	6	10	13
安　　全	5	9	11	5	10	11
支　　配	1	4	6	1	4	5
愛　　情	7	10	18	9	11	15
慰　　み	2	5	8	3	5	6
地　　位	5	12	20	6	14	15

注）Q_1 は第1四分位数，M_e は中央値（＝Q_2），Q_3 は第3四分位数。
（資料）Dalkey, *Studies in the Quality of Life*, pp. 104-105 から作成。

かについて述べなさい」[166] というものであった。

　この質問に対して 125 個の特性（＝要因）が報告された。しかし，これでは特性の数が多すぎるので，調査スタッフによって，類似した特性が 38 個に集約された。第2回目の調査では，この 38 個の特性が被調査者に提示され，特性間の関連度を0から4までの5段階で評価することが求められた。24 人の被調査者のうち 15 人がすべての特性間の関連度を記入し，それに基づいて，38 個の特性は 12 のグループに集約された。第3回目の調査と第4回目の調査では，この 12 個のグループについて，それぞれのグループのクオリティ・オブ・ライフに対する重要性に従って，合計で 100 点を配分することが被調査者に求められた。その調査結果を示したのが表 I.32 である。

　表 I.31 と同様に，この表でも，1回目の評価をフィードバックしたうえで行われた2回目の評価の方が，ウエイトのレンジが収斂している。2回目の評価で最も高いウエイトが与えられたのは「地位」であり，第2位が「愛情」，第3位は「自由」，「愉快」（pleasurable），「有意義」，「性的充足」，「安全」が同ウエイトで並んだ。他方，「攻撃性」（aggression），「審美」（aesthetic),「支配」(dominance),「慰み」(fun) には低いウエイトしか与えられなかったことがわかる。

　ダルキー他の調査では, さらに, 過去の出来事と将来の出来事がクオリティ・オブ・ライフの評価に影響を及ぼす程度, 教育水準とクオリティ・オブ・ライフの評価との関係についても設問を設けて調査を行ったが, ここではそれらの調査結果についての言及を控える。

　ダルキー他の研究の意義は, 調査主体が机上の論理に基づいてクオリティ・オブ・ライフに影響を及ぼす要因を特定せずに, ある程度の専門的知識を有する被調査者にアンケート調査を行うことによって, 一般人のクオリティ・オブ・ライフに影響を及ぼすと考えられる要因を明らかにしようとしている点にある。それとは対照的に, 調査主体が, クオリティ・オブ・ライフに及ぼす影響を予め選定し, それに基づいて, 一般市民を対象とするアンケート調査（意識調査）がこれまでに数多く実施されてきた[167]。

8　本章のまとめ

　本章では，福祉ないし生活状態の数量化に関してなされた学問的営為を，17世紀後半のペティの時代まで遡り，その時代から1970年代までの期間を6つの時代に区分して考察した。これら6つの時代の代表的な研究者およびその研究方法と研究成果をまとめたのが図Ⅰ.11である。

　同図から，20世紀前半のボーレーの時代に至るまで，福祉や生活状態の数量的把握は主に家族を対象として，家計調査などの方法によって行われていたことがわかる。非貨幣的指標や意識調査によって人びとの福祉を直接・間接に測定する試みがなされるようになったのは20世紀後半の社会指標運動の時代になってからにすぎない。

　第7節で論じたように，社会指標運動には，社会報告，社会的費用の測定，非貨幣的福祉指標，主観指標という4つの潮流があったが，1973年にオイルショックを発端とする世界的な経済危機が発生すると，4つの潮流は急速に下火になり，社会指標運動が停滞してしまった。

　社会指標運動停滞の原因について，エスピン-アンデルセン（Gøsta Esping-Andersen）は「社会指標と福祉の測定」（1999年）と題した論文において，次のような指摘を行っている。第1に，世界は貧困な国ぐにと富裕な国ぐにという2つのグループに分かれており，両方のグループに通用する尺度は存在しない。第2に，国民経済計算に匹敵するような測定基準を開発することは困難である。第3に，1960年代にはデータの収集システムが十分発展していなかった。第4に，何を測定するか，何が適切な測定単位であるのかについて合意形成がなされていなかった。第5に，福祉の理論的原則について合意形成がなされていなかった，と[168]。

図 I.11 福祉測定法の推移

《推算の時代》

研究者・研究主体	測定の目的	方　法	成　果
ペティ	国力の増進	推算（推測）	国富・国民所得の推計
キング	さまざまな階級の国富への貢献度の解明	推算（演繹法）	国富, 国民所得, 消費水準, 所得水準の推計

《典型調査の時代》

イーデン	労働者の窮状の把握とその原因の解明	調査票に沿って教区・街区を調査	農業労働者と非農業労働者の家計を明らかにした
ル・プレー	家族の構造と機能の分析	家族モノグラフ	典型家族の国際比較

《初期家計調査の時代》

デュクペショー	家計データの収集	1,000 世帯を対象とする家計調査	近代的な家計調査法の確立
エンゲル	家計データの分析による消費の法則の発見	既存の家計調査の調査結果を利用	エンゲルの法則の発見

《大規模な貧困調査の時代》

ブース	ロンドン市民の生活状態の把握	大量観察の方法（間接的面接法とセンサスの結果を併用）	貧困層の割合が高いこと, 貧困の主因が雇用の問題にあることを明らかにした
ラウントリー	ヨーク市における貧困の状態とその原因の把握	大量観察の方法（労働者家族の戸別訪問）	第 1 次貧困と第 2 次貧困を数量的に把握した

《標本調査による家計調査》

ボーレー	地方都市における労働者の生活状態の把握	標本調査	イギリスの地方都市（5 都市）の貧困率と生活状態を明らかにした

《社会指標運動の時代》

米国保健教育福祉省	社会報告の提案	非貨幣的指標	指標体系のアイデアの提示
ノードハウス＝トービン	福祉 GNP の推計	帰属計算	社会的費用の推計, 家事労働・余暇の価値の帰属計算
ドレブノフスキ	生活水準と福祉水準の測定	非貨幣的福祉指標	生活水準指数の推計
OECD	福祉の推計	非貨幣的福祉指標	指標体系は未完成
国民生活審議会	福祉の測定	非貨幣的福祉指標	目標分野ごとに総合指数を作成
ダルキー	個人の QOL に影響を及ぼす要因を明らかにすること	デルファイ法	QOL に影響を及ぼす 12 要因を特定し, それぞれの重要性を評価した

このエスピン-アンデルセンが指摘した問題点は，1970年代後半以降に発展したクオリティ・オブ・ライフ測定の動向の中でどのように克服されてきたのであろうか。あるいは未解決のものも残されているのであろうか。筆者は，第Ⅲ章においてこのことについて若干の考察を行う。

第Ⅰ章　注

1 以下の文献を参考にして時代区分を行った。奥村忠雄・多田吉三『家計調査の方法』光生館，1981年，pp. 5-6。Easthope, G., *Social Research: History of Social Research Methods*, Longman, London, 1974, pp. 11-23.(川合隆男・霜野寿亮監訳『社会調査方法史』慶應義塾大学出版会，1982年，pp. 13-27)
2 森岡清美・塩原勉・本間康平編『新社会学辞典』有斐閣，1993年，p. 177。
3 眞崎幸治「初期に於ける家計研究史」『統計集誌』第722号，1941年8月，pp. 14-15。
4 ペティの生涯については，松川七郎『ウィリアム・ペティ』岩波書店，1967年，pp. 39-360に依拠した。また，ペティ存命中のイギリスの政治・経済・社会については，川北稔編『イギリス史』山川出版社，1998年，第5章を参照した。
5 松川七郎は，当時のオックスフォード大学の解剖学の水準が極めて低かったと述べている。松川，前掲書，p. 151。
6 松川，前掲書，p. 98。
7 松川，前掲書，pp. 148-150。
8 松川，前掲書，p. 363。
9 松川，前掲書，p. 374。
10 松川七郎「解題『アイァランドの政治的解剖』について」，ペティ著，松川七郎訳『アイァランドの政治的解剖』岩波文庫，1951年，p. 243。
11 松川七郎「解題『政治算術』について」，ペティ著，大内兵衛・松川七郎訳『政治算術』岩波文庫，1955年，p. 155。
12 Petty, W., *Political Arithmetic*, in Hull, C. H. (ed.), *The Economic Writings of Sir William Petty*, Cambridge University Press, Cambridge, 1899; reprint, Augustus M. Kelley, Fairfield, New Jersey, 1986, pp. 241-242.(大内兵衛・松川七郎訳『政治算術』岩波文庫，1955年，p. 24)
13 Ibid., p. 244.(大内・松川訳『政治算術』，p. 24。訳文の旧漢字を新漢字に改めた)
14 Stone, R., *Some British Empiricists in the Social Sciences, 1650-1900*, Cambridge University Press, Cambridge, 1997, p. 5.『アイルランドの政治的解剖』と『政治算術』の前に書かれた『賢者には一言をもって足りる』が，ペティによる最初の国富推計作業であるというのが定説となっている。
15 Petty, W., *The Political Anatomy of Ireland*, in Hull, C. H. (ed.), *The Economic Writings of Sir William Petty*, Cambridge University Press, 1899; reprint, Augustus M. Kelley, Fairfield, New Jersey, 1986, p. 141.(松川七郎訳『アイァランドの政治的解剖』岩波文庫，1951年，p. 49)
16 Ibid., p. 188.(前掲訳書，p. 153)
17 Ibid., p. 189.(前掲訳書，p. 155)
18 Ibid., p. 191.(前掲訳書，p. 158)
19 松川「解題『政治算術』について」大内・松川訳『政治算術』，pp. 200-201。
20 Petty, *Political Arithmetic*, p. 302.(大内・松川訳『政治算術』，p. 128)
21 Petty, *Political Arithmetic*, p. 305.(大内・松川訳『政治算術』，p. 133)
22 松川，「解題『アイァランドの政治的解剖』について」，p. 260。
23 Stone, op. cit., p. 49.
24 Stone, op. cit., p. 51.
25 Stone, op. cit., p. 69.

26 Stone, op. cit., p. 77.
27 Stone, op. cit., p. 90.
28 Stone, op. cit., p. 86.
29 Westergaard, H., *Contributions to the History of Statistics*, P. S. King & Son, London, 1932; reprint, Augustus M. Kelly, New York, 1969, p. 44.(森谷喜一郎訳『統計學史』栗田書店，1943 年，p. 53)
30 Stone, op. cit., pp. 148-9.
31 福士正博「アーサー・ヤングと貧困問題」『土地制度史学』第 105 号，1984 年，pp. 52-62。
32 Burnett, J., *A History of the Cost of Living*, Penguin Books, Harmondsworth, England, 1969, p. 137.
33 奥村・多田，前掲書，p. 10。
34 以下の記述は次の文献に依拠した。Stone, op. cit., pp. 277-301.
35 奥村・多田，前掲書，p. 10。
36 Stone, op. cit., p. 288.
37 奥村忠雄「外国における家計研究の系譜」『大阪市立大学家政学部紀要』第 9 集，1961 年，p.137。
38 奥村・多田，前掲書，p. 11。
39 以下の記述は次の文献に依拠した。Westergaard, op. cit., pp. 97-98.（森谷，前掲訳書，pp. 120-121）
40 Lagrange, J., "Essai d'arithmetique sur les premiers besoins de l'inteirur de la republique," *Oeuvre des Lagrange*, Georg Olms Verlag, Hildesheim, 1973, tome 7, pp. 571-579.
41 眞崎，前掲論文，pp. 30-31。
42 ル・プレーの経歴と業績に関して，主に以下の文献に依拠した。村上文司「フレデリック・ル・プレーの生涯」『釧路公立大学紀要：人文・自然科学研究』第 20 号，2008 年 3 月，pp. 3-23。Silver, C. B., *Frédéric Le Play: On Family, Work, and Social Change*, The University of Chicago Press, Chicago, 1982. Brooke, M. Z., *Le Play: Engineer & Social Scientist*, Longman, London, 1970. Goldfrank, W. L., "Reappraising Le Play," in Oberschall, A. (ed.), *The Establishment of Empirical Sociology: Studies in Continuity, Discontinuity, and Institutionalization*, Harper Raw, New York, 1972, pp.130-151. ル・プレーの孫による次の伝記があるが，ル・プレー自身の記憶が不正確なために，内容に疑問視すべき箇所が散見される。Le Play, A., "Souvenirs sur Frédéric Le Play," in Societe d'Économic et de Science Sociales, *Recueil d'études sociales a la memoire de Frédéric Le Play*, Éditons A. et J. Picard, Paris, 1956, pp. 3-13.
43 Le Play, *Les ouviers européens* (2e éd.), Tour, Paris, 1879, tome 1, p. vii.
44 Silver, op. cit., p. 17.
45 Le Play, *Les ouviers européens* (2e éd.), 1877, tome 3, p. 147. Silver, op. cit., p. 138.
46 Le Play, *Les ouviers européens* (2e éd.), tome 3, p. 148-9. Silver, op. cit., p. 139.
47 Silver, op. cit., p. 19.
48 Brooke, op. cit., p. 16.
49 村上，前掲論文，p. 11。Brooke, op. cit., p. 17.
50 村上，前掲論文，p. 9。村上はこの間の事情を詳細に述べている。
51 Brooke, op. cit., p. 16.
52 Le Play, *Les ouviers européens* (2e éd.), tome 3, p. 148.
53 以下の記述は次の文献に依拠した。Silver, op. cit., pp. 58-75.
54 村上，前掲論文，p. 11。
55 村上，前掲論文，p. 2。
56 村上，前掲論文，p. 12。
57 Silver, op. cit., pp. 60-61.
58 デュクペショーの来歴については以下から情報を得た。Academie Royal de Belgique, *Bibliographie nationale*, Academie Royal de Belgique, Bruxelles, tome 31, supplement 4, 1964, pp. 154-176. Wikipédia: Ducpétiaux.（URL） http://fr.wikipedia.org/wiki/%C3%89douard_Ducp%C3%A9tiaux.（2012 年 9 月 28 日取得）

59 Engel, E., *Die Lebenskosten Belgischer Arbeiter-Familien: Früher und Jetzt*, C. Heinrich, Dresden, 1895, S. 22.（森戸辰男訳『ベルギー労働者家族の生活費』栗田出版会, 1968年, pp. 47-48）
60 Ducpétiaux, É., *Budgets économiques des classes ouvriéres en Belgique: subsistances, salaires, population*, Commission Centrale de Statistique, Bruxelles, 1855, p. 1.
61 Ibid., p. 8.
62 デュクペショーの家計調査について次の文献が詳述している。奥村・多田, 前掲書, pp. 16-17。
63 エンゲルの経歴については以下の文献を参照した。森戸辰男「エンゲルの生涯と業績」エンゲル著, 森戸辰男訳『労働の価格・人間の価値』栗田書店, 1942年, pp. 3-90。村上文司「エルンスト・エンゲルの生涯」『釧路公立大学紀要：人文・自然科学研究』23号, 2011年3月, pp. 1-23。
64 この論文は前掲『ベルギー労働者家族の生活費』に所収されている。
65 Engel, E., "Die Productions- und Consumtionsverhältnisse des Königreichs Sachsen," In: derselbe, *Die Lebenskosten Belgischer Arbeiter-Familien: Früher und Jetzt*, C. Heinrich, Dresden, 1895, Anlage, S. 8.（森戸訳『ベルギー労働者家族の生活費』, p. 194）
66 Ebd., S. 28-29.（森戸訳『ベルギー労働者家族の生活費』, p. 224）
67 Ebd., S. 34.（森戸訳『ベルギー労働者家族の生活費』, p. 232）
68 Ebd., S. 50.（森戸訳『ベルギー労働者家族の生活費』, p. 257）
69 Engel, E., *Die Lebenskosten Belgischer Arbeiter-Familien*, S. 1-2.（森戸訳『ベルギー労働者家族の生活費』, pp. 15-16）
70 エンゲルは『人間の価値』において, ケットに関する詳細な議論を展開している。他方, 彼は『ベルギーの労働者』では, 初等教育修了者についての消費単位だけを取り上げている。
71 Engel, E., *Die Lebenskosten Belgischer Arbeiter-Familien*, S. 123.（森戸, 前掲訳書, p.177）
72 森戸辰男は前掲「エンゲルの生涯と業績」において, エンゲルのこの構想について言及している。
73 Easthope, op. cit., p. 49.（川合・霜野, 前掲訳書, p. 56）
74 Easthope, op. cit., p. 49.（川合・霜野, 前掲訳書, p. 56）
75 F. エンゲルス著, 一條和生・杉山忠平訳『イギリスにおける労働者階級の状態』岩波文庫, 1990年, 上巻, pp. 76-77。
76 Canning, J.（ed）., *The Illustrated Mayhew's London*, Guild Publishing, London, 1986, p. 15.（H. メイヒュー著, 植松靖夫訳『ヴィクトリア時代ロンドン路地裏の生活誌』原書房, 1992年, 上巻, pp. 6-7）
77 Newman, G., *The Building of a Nation's Health*, Garland, New York, 1985, pp.16-17.
78 ブースの経歴と業績については以下の文献を参照した。石田忠「チャールズ・ブースのロンドン調査について」『社會學研究』第2号, 1959年3月, pp. 313-385。阿部實『チャールズ・ブース研究：貧困の科学的解明と公的扶助制度』中央法規出版, 1990年。Booth, M., *Charles Booth: A Memoir*, Macmillan, London, 1918. Stone, R., op. cit., pp. 339-385.
79 Stone, R., op. cit., p. 342.
80 以下の記述は, Stone, R., op. cit., pp. 342-343に拠った。
81 秋田茂「パクス・ブリタニカの盛衰」川北稔編『イギリス史』山川出版社, 1998年, pp. 308-310。
82 秋田, 前掲論文, p. 316。
83 秋田, 前掲論文, p. 316。
84 Stone, op. cit., p. 347.
85 Stone, op. cit., p. 347.
86 Booth, M., op. cit., pp. 14-15.
87 石田, 前掲論文, p. 331。
88 阿部, 前掲書, p. 41。
89 Booth, M., op. cit., p.17.
90 石田, 前掲論文, p. 341。
91 Booth, C., "Inhabitants of Tower Hamlets（school board division）, their condition and occupations," *Journal of Royal Statistical Society*, vol. 50, 1887, pp. 329-333. この論文においては, Aか

らHまでの8つの階級は表 I.12 のような形式に整理されておらず，文章のみの説明であった。
92 Booth, C., op. cit., p. 328.
93 石田，前掲論文，p. 357。
94 Booth, M., op. cit., p. 17.
95 Booth, C., *Life and Labour of the People in London*, Poverty II, Macmillan, London, 1891; reprint A. M. Kelly, New York, 1969, p. 3.
96 石田，前掲論文，p. 317。
97 阿部，前掲書，p. 65。
98 ラウントリーの父ジョーゼフの生涯は『ジョーゼフ・ラウントリーの生涯：あるクエーカー実業家のなしたフィランソロピー』(原著 1954 年，邦訳 2006 年) を通じて知ることができる (同書では，シーボームに関する言及はわずかしかない)。家業の雑貨店を継いだジョーゼフは，弟の経営するココア・チョコレート工場の経営に 1869 年に参加し，その時点で従業員数が約 30 人ほどであった会社を，19 世紀末には従業員数約 2,000 人に達するまでに発展させた。しかし，彼はビジネスの成功に甘んじることがなかった。早くも 1896 年には週 48 時間労働を導入し，時間外労働の場合には飲食を提供したり，コンサートを開いたりして従業員の福祉の向上に心を配った。他方，1850 年代から日曜学校で毎週講師をつとめたり，60 年代，70 年代には初等学校の運営に携わったりした。さらに，ジョーゼフは貧困の問題にも心を砕き，1865 年には「イングランドとウェールズにおける極貧」と題した論文を公表している。
99 Briggs, A., *A Study of the Work of Seebohm Rowntree*, Longmans, London, 1961, p. 9.
100 Ibid., p. 15.
101 Ibid., pp. 18-19.
102 Booth, W., *In Darkest England, and the Way out*, Funk & Wagnalls, New York, 1890, pp. 20-21. (山室武甫訳『最暗黒のイングランドとその出路』救世軍本営，1987 年，p. 21)
103 Rowntree, S., *Poverty: A Study of Town Life*, Macmillan, London, 1901, pp. vii-viii. (長沼弘毅訳『貧児研究』千城，1975 年，pp. 16-17)
104 Ibid., p. vii.(長沼は intensive を「内延的」と訳している。長沼，前掲訳書，p. 16)
105 Ibid., p. viii.(長沼，前掲訳書，p. 17)
106 Briggs, op. cit., pp. 25-26.
107 Rowntree, op. cit., p. 14.(長沼，前掲訳書，p. 18)
108 Briggs, op. cit., p. 28.
109 Rowntree, op. cit., p. 133.(長沼，前掲訳書，p. 147)
110 Rowntree, op. cit., p. 136.(長沼，前掲訳書，p. 151)
111 Rowntree, op. cit., pp. 299-300.(長沼，前掲訳書，p. 335)
112 Rowntree, op. cit., p. 301.(長沼，前掲訳書，p. 337)
113 Rowntree, op. cit., p. 145.(長沼，前掲訳書，p. 159-160)
114 ボーレーの来歴と業績については以下の文献に依拠した。Maunder, W. F., "Sir Arthur Lyon Bowley (1869-1957)," in Kendall, M. and Plackett, R. L. (eds.), *Studies in the History of Statistics and Probability*, Charles Griffin, London, vol. 2, 1977, pp. 459-480. Darnell, A., "A. L. Bowley, 1869-1957," in O'Brien, D. and Presley, J. (eds.), *Pioneers of Modern Economics in Britain*, Macmillan, London, 1981, pp. 140-174. Bowley, A., *A Memoir of Professor Sir Arthur Bowley (1869-1957) and his Family*, U. K., 1972.
115 Maunder, op. cit., p.461.
116 Maunder, op. cit., p.461.
117 Maunder はボーレーのこの結論が後世の「レオンチェフの逆説」の先鞭をつけたと述べている。Maunder, op. cit., p.461.
118 Bowley, A., op. cit., p. 39.
119 Bowley, A. L., "Changes in average wages in the United Kingdom between 1860 and 1891", *Journal of Royal Statistical Society*, vol. 58, no. 2, 1895, p. 224.
120 Ibid., p. 251.
121 Bowley, A., op. cit., p. 39.
122 Maunder, op. cit., p.476.

123 木村和範『標本調査法の生成と展開』北海道大学図書刊行会,2001 年,p. 7。
124 イェンセン・レポートについては,木村,前掲書,pp. 111-132 を参照した。
125 木村,前掲書,pp. 134-139。
126 Bowley, A. L., "Working-class households in Reading," *Journal of Royal Statistical Society*, vol. 76, no. 7, 1913, pp. 672-73.
127 木村,前掲書,pp. 267-274 を参照されたい。
128 Bowley, A. L., "Working-class," pp. 675-695.
129 Bowley, A. L. and Burnett-Hurst, A. R., *Livelihood and Poverty*, G. Bell and Sons, London, 1915, p. 13.
130 Bowley, A. L., *The Nature and Purpose of the Measurement of Social Phenomena*, P. S. Kin and Son, Westminster, 1915, pp. 3-4.
131 Ibid., pp.164-5.
132 Ibid., p.155.
133 Ibid., p. 159.
134 Ibid., p. 156.
135 Ibid., p. 165.
136 Ibid., pp. 172-174.
137 Ibid., pp. 177-186.
138 President's Research Committee on Social Trends, *Recent Social Trends in the United States*, McGraw-Hill, New York, 1933; reprint, Arno Press, New York, 1979, pp. xiii-xiv. 文化遅滞説は次の文献において詳細に論じられている。Ogburn, W., *Social Change, with Respect to Culture and Original Nature*, Huebsch, New York, 1922, pp. 199-213.(雨宮庸藏・伊藤安二訳『社會變化論』育英書院,1944 年,pp. 187-200)
139 Smelser, N. J., "The Ogburn vision fifty years later," in Smelser, N. J. and Gerstein, D. R. (eds.), *Behavioral and Social Science: 50 Years of Discovery*, National Academy Press, Washington D. C., 1986, pp. 23-24.
140 Ibid, pp. 26-33.
141 Sheldon, E. B. and Moore, W. E., "Monitoring social change in American society," in Sheldon, E. B. and Moore, W. E. (eds.), *Indicators of Social Change*, Russell Sage Foundation, New York, 1963, p. 3.
142 Ibid., p. 4.
143 Bauer, R. A., *Social Indicators*, M.I.T. Press, Massachusetts, 1966.(小松崎清介訳『社会指標』産業能率大学出版部,1976 年)
144 Bell, D., "The idea of a social report", *The Public Interest*, no. 15, 1969, p. 72.
145 U. S. Department of Health, Education, and Welfare, *Toward a Social Report*, University of Michigan Press, Michigan, 1970, p. xxxi.
146 De Steiguer, J. E., *The Age of Envioronmentalism*, McGraw-Hill, New York, 1997, p. 26.(新田功他訳『環境保護主義の時代』多賀出版,2001 年,p. 38)
147 U. S. Department of Health, Education, and Welfare, op. cit., pp. xxxii-xxxiii.
148 U. S. Department of Health, Education, and Welfare, op. cit., p. xxxiv.
149 U. S. Department of Health, Education, and Welfare, op. cit., p. vi.
150 Nissel, M., "*Social Trends* and social change", *Journal of Royal Statistical Society*, Series A, vol. 158, part 3, 1995, p. 491.
151 Bell, D., op. cit., pp.73-75.
152 ノードハウスとトービンの MEW の先行研究として,ニューヨーク大学のサメッツによる福祉 GNP がある。Sametz, A. W., "Production of goods and services: the measurement of economic growth", in Sheldon, E. B. and Moore, W. E. (eds.), *Indicators of Social Change: Concepts and Measurement*, Russel Sage Foundation New York, 1968, pp. 76-96. GNP と福祉の測定の関係については桂昭政が詳細に論じている。桂昭政『国民経済計算と経済厚生』桃山学院大学総合研究所,1992 年。
153 Nordhous, W. D. and Tobin, J., "Is growth obsolete?", in Moss, M. (ed.), *The Measurement of*

Economic and Social Performance, Studies in Income and Wealth, vol. 38, National Bureau of Economic Research, New York, 1973, p. 518 には MEW の構成は次表のように示されている。

1	個人消費支出
2	(-)民間の手段的支出
3	(-)耐久財購入
4	(-)他の家計部門の投資
5	(+)消費者資本サービスの価値
6	(+)余暇の価値
7	(+)非市場的サービスの価値
8	(-)不快の修正値
9	(+)政府消費
10	(+)政府の資本サービスの価値
計	MEW

MEW + MEW ベースの純投資 = 持続可能な MEW

154　Ibid., p. 532.
155　経済審議会 NNW 開発委員会『新しい福祉指標：NNW』大蔵省印刷局，1973 年。NNW の推計は日本経済研究センターによっても試みられた。金森久雄・高瀬百合子・鵜野公郎『経済成長と福祉：日本の NNW の推計』日本経済研究センター，研究報告，No. 41, 1977 年。
156　グリーン GDP の研究動向については拙稿を参照されたい。拙稿「持続可能な発展と生活の質」拙編『日本人と持続可能な社会』人間の科学社，2008 年，pp. 35-46。
157　この項は，拙稿「国際連合における福祉指標の開発に関する一考察」『政経論叢』第 51 巻 1 号，1982 年，pp. 52-56 に加筆修正したものである。
158　United Nations, *International Definition and Measurement of Levels of Living*, E/CN.5/353, 1961, p. 1.
159　Ibid., p. 3.
160　Drewnovski, J., *Social and Economic Factors in Development*, United Nations Resaerch Institute for Social Development, Report no. 3, Geneva, 1966, pp. 8-10.
161　The OECD Social Indicator Development Programme, *Measuring Social Well-Being*, OECD, Paris, 1976, p. 7.（小金芳弘監訳『「暮らし良さ」測定法の研究』至誠堂，1979 年，p. 5）
162　国民生活審議会調査部会『社会指標：よりよい暮らしの物さし』大蔵省印刷局，1974 年，まえがき。
163　今村和男『システム分析』日科技連，1977 年，pp. 132-133。
164　ダルキーの調査については，今村，前掲書，第 3 章において詳細な紹介がなされている。
165　Dalkey, N. C. et al., *Studies in the Quality of Life*, Lexington Books, Lexington, MA,1972, p. 85.
166　Ibid., p. 99.
167　クオリティ・オブ・ライフに関する意識調査の動向については次の論文を参照されたい。拙稿「福祉水準の国際比較に関する一考察」『政経論叢』第 61 巻第 5・6 号，1993 年，pp. 95-104。拙稿「クオリティ・オブ・ライフ測定の枠組み」『社会学論叢』第 133 号，1998 年，pp. 77-80。
168　Esping-Andersen, G., "Social indicators and welfare monitoring," in UNRISD, *Social Policy and Development Programme Paper*, no. 2, May 2000, p. 1.（渡辺雅男・渡辺景子訳『福祉国家の可能性：改革の戦略と理論的基礎』桜井書店，2001 年，pp. 121-122）

II

経済学・倫理学と福祉測定の理論

1　本章の課題

　クオリティ・オブ・ライフが個人あるいは社会全体の幸福という概念と何らかの結びつきをもっていることに異議を唱える研究者は少ないであろう。経済学や倫理学に接する機会のない読者には意外に思われるかもしれないが，幸福を数量化することに関する議論は，イギリスの法学者・哲学者ベンサム（Jeremy Bentham, 1748-1832）によって18世紀後半に開始されて以来，20世紀前半にロンドン大学のライオネル・ロビンズ（Lionel Charles Robbins, 1898-1984）によって深刻な批判にさらされるまで，倫理学の一派である功利主義者と，功利主義の影響を受けた経済学者たちによって続けられた。幸福を数量化するこの試みは，「幸福計算」（快楽計算，道徳計算）と呼ばれる[1]。

　ただし，経済学においては，幸福という用語が用いられてきたわけではなく，「効用」（utility）あるいは「厚生」（welfare, well-being）という用語が用いられてきた。厄介なことに，utility という用語に対して，哲学や倫理学の領域では「功利」という訳語が充てられているのに対して，経済学では「効用」という訳語が充てられている。その結果，効用と功利とが別の概念であるかのような印象を与えかねない。同様に，welfare に関しても，経済学において厚生という訳語が与えられてきたことは不幸であったと言えるかもしれない。かつて清水幾太郎は「厚生経済学という間の抜けた訳語がすでに固定していて，今更，これを変更することが出来ないのを私は残念に思っている。言うまでもなく，厚生とは，welfare のことである。幸福のこと，福祉のことである。従って，厚生経済学というのは，幸福の経済学，福祉の経済学である」[2]と論じた。清水のこの指摘は正鵠を射ていると思う。その

理由は，本来は「福祉の経済学」のはずであった welfare economics が厚生経済学と訳され，定訳となっているだけではなく，1932 年にロビンズによって，効用の個人間比較の前提である効用の基数性の仮定の問題が厳しく批判されて以来，厚生経済学は福祉の経済学からはほど遠いものとなってしまったからである。

　このように，ロビンズによる効用の個人間比較可能性に関する批判によって，幸福計算ならびに福祉の経済学は表舞台から退いたものの，効用の概念が経済学から駆逐されたわけではない。効用を巡る議論は，ロビンズの批判以降，3 つの方向で展開されてきた。第 1 の方向は，効用の大きさを，数値として表すことはできないが，順序づけは可能であるという仮定（効用の序数性）を前提として，効用最大化が消費者行動に与える効果を分析しようとするものである。この方向の研究は，無差別曲線分析として展開されてきた。第 2 の方向は，効用の概念に依拠せずに，市場において消費者が行う選択を，市場で観察される事実のみに基づいて説明しようとするものであり，顕示選好の理論と呼ばれている。第 3 の方向は，集計量としての効用（ないし選択）に焦点を当てて議論を展開するものであり，この方向での議論はさらに 2 つに分岐して展開されてきた。1 つは，社会における効用の集計の仕方についての議論である。この議論を推進したのがバーグソン（Abram Bergson, 1859-1941）とサミュエルソン（Paul Anthony Samuelson, 1915-2009）であり，彼らは，個々人の効用を社会全体について集計する方法を社会的厚生関数（social welfare function, 社会厚生関数とも呼ばれる）と呼んだ。もう 1 つは，社会的厚生関数が民主主義的手続きによって決定しうるかどうかに関する議論である。この議論を促進したのがアロー（Kenneth Joseph Arrow, 1921-2017）である。彼は『社会的選択と個人的評価』（1951）において，集団的意思決定に到達するルールのことを社会的厚生関数と呼んだが，今日では，バーグソン＝サミュエルソンの社会的厚生関数と区別するために，このルールに関する議論は社会選択論と呼ばれている。

　本章の課題は，経済学と倫理学において効用と福祉（厚生）の測定を巡ってどのような議論が展開されてきたかを明らかにし，経済学・倫理学以外の研究領域の研究者たちにこうした議論に関する知識の共有を促し，ひいては

QOL に関する研究を促進することにある。

次節以降で議論を展開するに先立って，塩野谷裕一が『価値理念の構造』の中で提示した「道徳原理の樹」と，鈴村興太郎・後藤玲子が『アマルティア・セン：経済学と倫理学』において掲げた道徳理論の分類図を参考にして作成した図Ⅱ.1 を用いて，本章で取り上げる学説間の関係について概観し，基本的な論点を整理しておくことにしたい。塩野谷および鈴村・後藤は，最初に道徳理論を，「制度または行為をその帰結に従って道徳的に判断するか否か」という問いを基準にして二分する。この問いに対してイエスと答えれば「目的論」（＝帰結主義）という範疇に入れられ，ノーと答えれば「義務論」（＝非帰結主義）の範疇に入れられる。「目的論」に分類されたものについては第 2 の問いが投げかけられる。第 2 の問いは，「帰結の望ましさを判断するさいに，個々人の厚生・効用・満足のみを判断の材料とするか否か」というものである。この問いに対してイエスと答える立場が厚生主義（welfarism，塩野谷は効用主義と呼んでいる）であり，他方，この問いに対してノーと答える立場が「非厚生主義」である。筆者は，「個人間効用比較を認めるか否か」という第 3 の問いを投げかけることによって，厚生主義を基数的効用理論と序数的効用理論に区分した。図に示されているように，厚生主義のうち，基数的効用理論の立場に立つものとして功利主義とピグーの厚生

図Ⅱ.1 道徳原理の樹

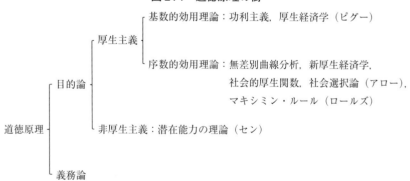

（参考文献）塩野谷祐一『価値理念の構造』東洋経済新報社，1984 年，p. 17。鈴村興太郎・後藤玲子『アマルティア・セン－経済学と倫理学』実教出版，2001 年，p. 108。

経済学がある。他方，序数論的効用の立場に立つものとして，無差別曲線分析，新厚生経済学，社会的厚生関数，社会選択論，ロールズ（John Bordley Rawls, 1921-2002）のマキシミン・ルールを挙げることができる。

　本章の構成は以下のとおりである。第2節において，ベンサムとミル（John Stuart Mill, 1806-1873）およびシジウィック（Henry Sidgwick, 1838-1900）の功利主義学説と，そこにおける幸福計算の議論を取り上げる。続いて第3節では，新古典派経済学者のジェヴォンズ（William Stanley Jevons, 1835-1882）とエッジワースの効用理論を取り上げる。第4節では，「福祉の経済学」たるピグーの厚生経済学を取り上げ，ロビンズによるピグーの「福祉の経済学」に対する批判を取り上げる。第5節では，無差別曲線分析を取り上げ，この無差別曲線分析が基数的効用理論を超克したかどうかを検討する。第6節では，顕示選好の理論について考察し，この理論が効用の概念をまったく不要にしたかどうかについて検討する。第7節では社会的厚生関数を取り上げ，個々人の効用を社会全体について集計する方法に関する議論について考察する。第8節では，社会選択論を取り上げ，社会的厚生関数が民主主義的手続きによって決定しうるかどうかに関して考察する。第2節から第8節までにおいて取り上げるのは効用主義に分類される理論・学説であるが，これらの理論・学説が福祉測定の基礎理論となりうるかどうかに関して筆者は疑問を感じざるをえない。そこで第9節において非効用主義の理論の代表的なものとして，セン（Amartia Sen）の潜在能力の理論を取り上げる。最後に第10節において本章のまとめを行う。

2 功利主義と幸福計算：功利の概念とその測定法

2.1 ベンサムと幸福計算

　20世紀後半にわが国で刊行された倫理学関係の文献の中で，最も影響力の大きかったものの1つは前述の清水幾太郎の『倫理学ノート』であろう。清水は同書で，ベンサムの幸福計算論について，「ベンサムの学説のうちで，幸福計算ほど不評判のものはない」[3]と述べている。また，『イギリスの功利主義者たち』の著者プラムナッツ（John P. Plamenatz）は，ベンサムの幸福計算に対して，「そのような計算は現実にも理論上も不可能である」[4]とにべもなく拒絶する。こうした批判的な見解が示される一方で，彼の幸福論を再評価する研究もある[5]。それでは，ベンサムの幸福計算とは，いったいどのような意図の下に考案され，どのような方法でなされるのか，また，その後の研究にどのように受け継がれたのであろうか。以下においては，これらの点について考察する。

　ベンサムの生まれた18世紀は，前世紀末のニュートン（Isaac Newton, 1642-1727）の『プリンピキア』（1687年）以来，自然科学が発展した時代であった。ベンサムは，精神に関する学問を，自然科学と同じような精密科学にすることにより，立法を科学的原理の上に構築することを目的とした。すなわち，彼の目標は「精神界のニュートン」[6]になることであった。

　精神科学を自然科学と同様の精密科学とするうえで必要であると彼が考えたのは，次の2点である。第1に，用語の意味を正確にすることであり，ベンサムは，精神現象に関する用語として，中立的で簡潔な専門用語を使おうとした。今日でも使われている「最大化する」（maximize），「最小化する」（minimize），「国際的」（international）などの用語が彼の発明であることは

周知のとおりである[7]。第2は，全体を具体的な個々の事物に分解して観察し，それに共通する現象を推論によって法則化することであった[8]。このために，ベンサムは，感覚をもって経験することのできる個々の現象の観察から出発すべきであると考えた。すなわち，研究の出発点を，社会ではなく，それを構成する個々の人間の精神観察におき，共通する現象から一般法則を帰納しようとしたのである。こうした彼の科学方法論は，すべての人間に共通する心理現象から出発するので，そこから帰納される法則は自然法則的な性質を有するはずである。

　それでは彼は，個々人の精神観察からどのような法則性を帰納したのであろうか。その精髄は，彼の代表作ともいうべき『道徳および立法の諸原理序説』（以下，『序説』）の第1章から第6章までにおいて示されている。ベルンの経済学会が募集した懸賞論文に応募するために書き始められ，1780年に一応書きあげられて印刷されたにもかかわらず，9年後の1789年になってようやく公刊された『序説』の第1章は，次の有名な一節で始まっている。

　　自然は人類を**苦痛**と**快楽**という，二人の主権者の支配のもとにおいてきた。われわれが何をしなければならないかということを指示し，またわれわれが何をするであろうかということを決定するのは，ただ苦痛と快楽だけである。〔中略〕苦痛と快楽とは，われわれのするすべてのこと，われわれの言うすべてのこと，われわれの考えるすべてのことについて，われわれを支配しているのであって，このような従属をはらいのけようとどんなに努力しても，その努力はこのような従属を証明し，確認するのに役立つだけであろう[9]（強調原著者）。

　この引用文は，人間は快楽を求め苦痛を避けようとする，というベンサムの人間観を如実に表している。この人間観を基礎にして，彼は，社会全体の快楽または幸福を最大化すべきであるという当為についての議論を展開する。これが彼のいう「最大多数の最大幸福」ないし「功利の原理」である。「最大多数の最大幸福の原理」の骨子は次のように要約できる[10]。第1に，快楽（ないし幸福）を生む行為は善であり，苦痛（ないし不幸）を生む行為は悪

である。したがって，行為の正邪を判断する基準はこの快楽と苦痛を増やすか否かである。第2に，道徳の原理である社会の善（幸福）とは，社会を構成する個々人の快楽（と苦痛の差）の総計である。つまり，最大多数の最大幸福が社会の善である。第3に，道徳は，主観的判断で決められるべきではなく，人間性についての客観的な法則のうえに打ち立てられるべきである。第4に，快楽と苦痛の計算，すなわち幸福計算は，数学的に計算可能である。第5に，個人の快楽と苦痛を感じる能力は等しいと考えてよいので，社会の幸福を考える場合には，いかなる人であっても1人として計算しなければならない。第6に，立法すなわち政治の原理も，この道徳の原理と同じである。

　以上の6点のうち，第1の点に関しては，ベンサムが誕生した頃に華々しい業績を上げていたヒューム（David Hume, 1711-1776）が先鞭をつけていたことが指摘されており，また，ベンサム自身もヒュームの著作によって啓発されたことを認めている。ヒュームは『人間本性論』第3巻（1740年）第1部において，精神的行為あるいは性質の中で観察者に快い感情を与える一切のものを徳と呼び，悪徳とはこれと反対のものであると定義し，快を与えるものを善とみなし，不快を与えるものを悪とみなしていた[11]。しかし，ヒュームは快楽への傾向が徳の標識であることを指摘するだけにとどまり，行為その他の事物が，それらのもたらす快楽もしくは快楽と苦痛の量によって，善もしくは悪であると判断されると主張するところまでは踏み込まなかった[12]。この点において，ベンサムはヒュームの議論をさらに推し進めたということができるであろう。

　第2の点に関しても，それが必ずしもベンサムのオリジナルであるとはいえない。というのは，最大多数の最大幸福のアイデアは，ベンサム以前にエルヴェシウス（Claude Adrien Helvétius, 1715-1771）やプリーストリ（Joseph Priestley, 1733-1804）などによって提示されていたからである[13]。たしかに，この点ではベンサムの独創性は先人には及ばなかったかもしれない。しかし，このアイデアに科学的原理の基礎を与えようとして，幸福計算の方法を考案し，快苦の分配の方法を提案し，さらに，それを実際に立法（政治）に応用しようとした点にこそベンサムの独創性が求められる。

それでは快楽と苦痛はどのような要因によって生じるのであろうか。また，快楽と苦痛の計算，すなわち幸福計算は，具体的にどのようになされるのであろうか。ベンサムは『序説』の第3章において，快楽と苦痛には，①物理的源泉，②政治的源泉，③道徳的源泉，④宗教的源泉という4つの源泉があることを指摘する[14]。物理的源泉に起因する快楽と苦痛とは，自然がその物理法則によって人間に快苦を与えることを指す。たとえば，丹精を込めて育てた花が見事に咲いて栽培者に幸福感を与えるとすれば，これは物理的源泉に起因する快楽と言うことができる。政治的源泉に起因する快楽と苦痛とは，主権者すなわち国家の最高支配権力が行使する刑罰や報賞によって引き起こされるもののことである。道徳的源泉に起因する快楽と苦痛とは，社会を構成する市井の人びとの自発的な傾向が生み出すもののことであり，村八分はその一例である。最後の宗教的源泉に由来する快楽と苦痛とは，至高の存在，すなわち神に起因する，現世または来世における快苦のことである。

　『序説』の第4章において，ベンサムは，快楽と苦痛の大きさを決定する条件として，①快苦の強度，②快苦の持続性，③快苦の確実性（どの程度確実ないし不確実に訪れるか），④快苦の遠近性（快苦が当該者の近くにあるか遠くにあるか），⑤快苦の波及性（その快苦が別の快苦をもたらすかどうか。訳書では「多産性」となっているが，西尾孝司が充てたこの訳語の方が適切であると思う[15]），⑥快苦の純粋性（快苦の内容の純度），⑦快苦の範囲（快苦の影響を被る人びとの範囲），の7つを挙げている[16]。

　1人の行為者の1つの行為だけを考察の対象とするのであれば，快苦の大小は，上記の7つの条件のうち，①〜④だけを考慮するだけで決定できる。このことから，これら4つの要因を基本条件と呼ぶ論者もいる[17]。しかし，1つの行為の結果として生み出される快苦は，他の快苦を派生することから，⑤の波及性と⑥の純粋性という副次的条件を考慮に入れることが必要となる。さらに，ある行為が生み出す快苦は他の人びとにも影響を及ぼす可能性があるから，⑦の範囲も計算に入れなければならない。

　上記の7つの条件を斟酌して快苦の計算，すなわち幸福計算を行うのであるが，当然のことながら，幸福計算は行為の主体についてだけでなく，その行為の影響が及ぶ範囲のすべての人間についてなされる。そして，快楽と苦

痛の測定を行ったら，快楽と苦痛のそれぞれを別々に合計し，前者の合計から後者の合計を差し引く。もし快楽の合計の方が苦痛の合計を上回れば上回るほど，その行為は正（善）であり，逆に苦痛の合計が快楽の合計を上回るほど，その行為は邪（悪）であると判断される。

　しかし，このような計算が，1つ1つの行為を評価するにあたって正確に行えるのであろうか，という疑問が直ちに頭をもたげるであろう。この点に関して，ベンサムは次のように述べるにとどまっている。

　　このような手続きが厳密に追求されると期待されてはならない。しかし，そのことはいつでも考慮に入れられるであろう。そして，このような場合に，現実にとられる手続きが，以上のような手続きに近づくほど，その手続きは厳密な手続きに近づくであろう[18]。

　たしかに，幸福計算を正確に行うことは至難の業であろう。しかし，われわれは自分や他人の行為を評価する際に，漠然とではあるが幸福計算に類した計算を頭の中で行っている。ベンサムの意義は，幸福計算の方法を提案したことよりも，むしろ，山田英世が指摘したように，「快楽や苦痛の差には目もくれずに，徹底的にそれらを量に還元して，計算可能なものとして理解しようとした」[19]点に求められるであろう。ベンサムのこのような姿勢は，倫理学や政治学を厳密な科学にするためにはそれらを快楽と苦痛の量の計算を基礎とする学問にしなければならない，と彼が考えていたことを反映している[20]。このように，徹頭徹尾，快楽の量のみを考慮に入れるところから，ベンサムの功利主義は量的功利主義（ないし量的快楽主義）と呼ばれることもある。

　以上がベンサムの提唱した幸福計算の骨子であるが，幸福計算およびその根底をなす功利の原理に対しては，次のような批判がなされてきた。第1に，すべての個人が自分の幸福（快苦の差）を増進させたいという願望によって動かされると仮定するならば，共同社会の成員の最大幸福，あるいは彼（彼女）の行為が影響を及ぼす人びとの最大幸福を行為の目的とすべきであるという倫理的な原則に従って彼（彼女）が行為すると，どうして期待すること

ができるのかという批判である[21]。この点に関して，ベンサムは，功利の原理が「その正しさを証明しえない公理」[22] であると考えていたようである。ベンサムの考えの基礎には，自分の幸福が何であるか，また，どのようにしたらそれを最もよく追求できるかということについて，各人が最良の判定者であるという判断があった[23]。ただし，ベンサムの弁護のために付言すると，彼は，個人が自分の幸福のためになることをすれば，どのようなことでも正しいとみなしたわけではない。自己優先の原理は，各人の行為が適切な規則に従っている範囲内において，功利の原理と衝突しない，と彼は考えていた[24]。

　第2の批判は，ベンサムの幸福計算においては，ある行為が結果としてもたらす快苦の総量だけによって正邪，善悪が判断されてしまうので，動機がまったく考慮されない，という批判である[25]。すなわち，たとえ邪悪な動機からなされた行為であっても，結果が善であれば正しい行為と判断されてしまうことがあり，逆に，正しい（あるいは善い）動機からなされた行為であっても，期待通りの結果を生まないことがありうる。こうした批判に対するベンサムの回答は，動機そのものも完全に善であるとか完全に悪であるということはなく，また，動機が結果と直接に結びつくとは限らない，というものであった。

　第3の批判は，快楽や苦痛の質の差をベンサムは無視しているという批判である。ベンサムは，快楽や苦痛の質の差を一切捨象し，すべてを量に還元できると考えていた。いったい，快楽や苦痛の質の差をどのように扱うべきであろうか。この点については，次のジョン・スチュアート・ミルの項において考察する。

2.2　J. S. ミルと幸福計算

　ベンサム（1748-1832）の晩年の1825年頃から死後の1875年頃までの約半世紀の間，彼の思想がイギリスはもとより外国でも流行したので，この期間をベンサム主義時代と呼ぶ論者もいる[26]。この時代にあって，ベンサムの思想を受け継いだ代表的な人物がジョン・スチュアート・ミルである。ミルは早くから父ジェームズ・ミル（James Mill, 1773-1836）から功利主義思想

の薫陶を受けただけでなく，親交のあったベンサム自身からも指導を受けた．

J. S. ミルが 1863 年に『功利主義』(*Utilitarianism*) というタイトルの小著を出版したことを契機として，功利主義という名称が，とくにベンサム派の思想を意味するようになった．しかし，J. S. ミルの『功利主義』とベンサムの『序説』を読み比べてみると，たとえ，ベンサムの議論が細密でくどいとしても，論理展開の歯切れがよいのに対して，ミルの議論はよく言えば複雑であるが，歯切れが悪いという印象を受ける．このことを象徴するのが，『功利主義』第1章「総論」における次の一節である．

> 究極目的にかかわる問題は，直接証明できるものではない．善であることを証明するには，証明ぬきで善と認められるものの手段であることを示すほかない．たとえば，医術は健康を増進するから善なのだけれども，健康が善であることはどうすれば証明できるのだろうか．また，音楽芸術が善であるのは，とりわけそれが快楽を生み出すからであるが，快楽が善だという証明をどうしてするか．だからもしここに，それ自体善であるものをすべて含む包括的な公式があり，これ以外のものはどれも目的としてではなく手段として善だと言えれば，この公式は，承認したり否認したりできても，ふつうの意味での証明の対象とはならないのである[27]．

これは，快楽が善であることは証明できないことを認めながらも，善と認められるものの手段であればそれを善であるとみなすという立場に他ならない．『功利主義』におけるミルのこの主張に対しては，周知のように，20世紀初頭に，イギリスの倫理学者ムーア (George Edward Moore, 1873-1958) が「自然主義的誤謬」であるとの批判を浴びせている[28]．自然主義的誤謬とは，倫理的判断（規範）を非倫理的前提（事実）から推定することに対してムーアが与えた名称である．たしかに『功利主義』におけるミルの議論には，規範と事実を混同する面があることは否めない．

『功利主義』の第2章で，ミルは功利主義とは何かを解明しようとする．彼は，エピクロス (Epikouros, 341 B. C. -270 B. C.) からベンサムに至るす

べての功利主義者は，功利という言葉で快楽そのもの（苦痛の回避を含む）を意味したことを明らかにしたうえで，「行為は，幸福を増す程度に比例して正しく，幸福の逆を生む程度に比例して誤っている。幸福とは快楽を，そして苦痛の不在を意味し，不幸とは苦痛を，そして快楽の喪失を意味する」[29]と論ずる。この議論に関する限り，ミルは，ベンサムの立場をそのまま踏襲していると言える。しかし，快楽の内容に関しては，ミルはベンサムと立場を異にする。ベンサムが快楽の質の問題を不問に付したのに対し，ミルは，快楽の質を考慮に入れるべきことを，次のように説く。

> ある種の快楽はほかの快楽よりも一層望ましく，いっそう価値があるという事実を認めても，功利の原理とは少しも衝突しないのである。ほかのものを評価するときには，量のほかに質も考慮されるのに，快楽の評価にかぎって量だけでやれというのは不合理ではないか[30]。

　ミルは，人間が2種類の生活を知っていて，しかも同様に評価する能力をもっている場合，彼（彼女）は必ず高い能力を使用する生活様式の方を選ぶと述べている[31]。具体的には，ミルは，知性，感情，想像，道徳的信条などの精神的な快楽を，肉体的な快楽ないし単なる感覚の快楽よりも高く評価する。ただし，高等な能力をもっている者は，能力の高くない人間よりも幸福を得ることが困難である，というのは，高等な人間はその能力を満足させられる機会が少なく，しかも苦痛に対して鋭敏だからである，とも彼は言う。さらに彼は，人間が，その品性の脆弱性のために，下等な快楽に耽ることがあることも認めている[32]。

　このようにミルは快楽（および苦痛）の質の差を考慮すべきことを指摘していることから，彼の功利主義を質的功利主義と呼ぶこともある。それでは，ミルの質的功利主義において，幸福計算はどのように行われるのであろうか。この点に関して，彼は次のように論じている。

> 両方をよく知っている人々が2つの快楽の一方をはるかに高く評価して，他方より大きい不満が伴うことを承知のうえで選び，他方の快楽を味わ

えるかぎりたっぷり与えられてももとの快楽を捨てようとしなければ，選ばれた快楽の享受が質的にすぐれていて量を圧倒しているため，比較するとき量をほとんど問題にしなくてよいと考えてさしつかえない[33]。

また彼は，「質の判定基準，および質と量を比較考量する準則は，経験する機会をもったときに——経験のほかに自己意識と自己観察の習慣が必要であるが——比較する手段を最も良く備えた人々の行った選択である」[34] とも述べている。しかし，2種類の快楽の両方をよく知っている人がいるとしても，その人たちの意見が一致するという保証はない。そのような場合には，両者を熟知している人間の多数決によって決めるべきである，とミルは考えていた[35]。

快楽の質と量を考慮に入れたミルの幸福計算は，その算定基準が曖昧である。そもそもミルは，快楽の質と量の最終的な決定者として具体的にどのような人物を想定していたのであろうか。おそらく，山田孝雄が指摘するように，ソクラテスや孔子のような聖人を想定していたのではなかろうか[36]。こうした知徳のすぐれた人物は，決して肉体的快楽をもって幸福とはせず，最も質の高い精神的快楽に到達することをもって満足するであろうし，己が満足することにとどまらずに，他者の幸福をもって最高の目的とするであろう。

ベンサムが，暗に，幸福計算の実践者として社会の支配者を想定していた，あるいは社会の支配者が幸福計算を行うべきことを説いたのに対し，ミルは，聖人君主に匹敵する人間を幸福計算の実践者として想定する。幸福計算という観点から見るかぎり，ミルの質的功利主義は，ベンサムの量的功利主義よりも，幸福計算の実践者に過大な期待を寄せるものであり，その実効性という点において後退しているとの印象を否めない。

2.3 シジウィックと幸福計算

19世紀後半に活躍したイギリスの倫理学者・経済学者シジウィック（Henry Sidgwick, 1838-1900）の著書は，わが国では明治時代に『経済政策』，『倫理学説批判』（後述の『倫理学の諸方法』の邦訳）が翻訳され，また，昭和20年代に『倫理学史』（上下巻）が翻訳されただけであった。しかし，

わが国では1980年代以降，その業績に再び光が当てられ，倫理学と経済学に対するシジウィックの貢献が再評価されている[37]。以下においては，1980年代以降にわが国でなされたシジウィックに関する研究を手がかりとして，幸福計算との関係において，シジウィックの業績を考察することにしたい。

倫理学に関するシジウィックの大著『倫理学の諸方法』が出版されたのは，ミルの『功利主義』の11年後にあたる1874年である（同書はその後第7版まで版を重ねた）。これまで指摘されてきたように，シジウィックは功利主義者であることを自認していたが，功利主義を擁護することだけを目的として同書を執筆したわけではなかった。同書は「従来説かれてきた倫理学大系を中立的な立場から考察・検討し，バトラー（Joseph Butler, 1692-1752），カント（Immanuel Kant, 1724-1804），J. S. ミルなどの倫理学説をふまえて直観（直覚）主義と功利主義の総合の可能性を探究」[38]（括弧内筆者）するためのものであった。このように『倫理学の諸方法』は体系的な倫理学書であり，同書で展開されている議論の全体をここで紹介することは困難である。そこで，以下においては，シジウィックが功利主義をどのようにとらえていたか，また，彼の議論が幸福計算に対してどのような意味をもつのかについて論ずることにする。ただし，このように論点を絞ったとしても，シジウィックの功利主義に関する議論は複雑であるために，その全貌を紹介することでさえ，筆者の力量を超える。そこで，功利主義に関してシジウィックが展開した議論の要点を，内井惣七の研究を手がかりとして示すことにしたい。

内井は，いかなる倫理学説についても，どのようなものが「それ自体で（目的として）善であるか」を明らかにするための理論と，「どのような行為が正しい行為か」を明らかにする理論との2つの理論が必要であると述べ[39]，第1の，善の理論に関しては，シジウィックが次のような論理展開をしていると論ずる[40]。すなわち，常識的な考えを検討してみると，それ自体で善であると考えられているものには，人間的卓越性や徳などがある。しかし，どのような人間的卓越性や徳も，人間の存在，あるいは，意識や感情と切り離して善とみなされることはない。人間的卓越性や徳が善であるとみなされる理由は，これらのものが善い，または望ましいという意識状態ないし意識的生（conscious life）を促進するからである。「善い，または望ましい」とい

う意識状態に限定するのは，心的ないし意識状態の中には，快さだけでなく，苦痛をも含むので，意識状態が無条件で善いわけではないからである，とシジウィックは論ずる。

　それでは，望ましい意識状態とはどのようなものであろうか。シジウィックは，意識的経験を認知，意志，感情の3つに区分したうえで，快い感情，すなわち快楽こそが究極的な善として望ましい意識状態であると考える。快楽について，シジウィックは，「それが知的存在者によって経験されたとき，望ましい（desirable）あるいは比較の場合はより望ましい（preferable）と，少なくとも暗黙裡に感知される感情」[41]と定義している。これは，「欲求の主体がある対象を獲得または実現した状態について知的および感情的に完全に予見できると仮定した場合に，彼が自分の行為で達成可能だと判断したなら，それが望ましさの程度に比例した強さによって望まれるであろう」[42]という意味として解釈される。シジウィックはさらに，上記のような快楽の定義に基づいて，幸福を，快楽から苦痛を差し引いたものとして定義する。

　このようにシジウィックは，人間の意識を離れて究極的な善はありえず，また，望ましい意識は望ましい感情，つまり快楽しかない，という論拠に立って，究極的な善は幸福しかありえないと論ずる[43]。

　善に関する以上の理論は，個々人の次元での善に関するものである。シジウィックは，社会全体の善に関しては，ベンサムと同様の考え方に従った。すなわち，社会を構成する個々人の善（＝快楽，幸福）の総和をもって社会全体の善とみなした。

　倫理学説のもう1本の柱である，どのような行為が正しい行為かを明らかにする理論としてシジウィックが採用したのが，幸福の最大化であった。彼は功利主義を以下のように定義しているが，まさに，功利主義こそが行為の原理とみなされたのであった。

　　功利主義とは，ある与えられた状態の下で，客観的に正しい行為は全体としての幸福（すなわち，その行為によって影響されるすべての人びとの幸福を考慮に入れること）の最大量をもたらすものであるという倫理学説を意味する[44]。

それでは，実際に幸福の最大化を実現するにはどのようにしたらよいのであろうか。その実現には2つの立場がある[45]。第1は，規則功利主義と呼ばれる立場である。これは，社会的な善に役立つ規則をあらかじめ決定しておき，後はその規則に従って行為するという立場である。第2は，行為功利主義と呼ばれる立場である。この立場では，行為を行うごとに，その行為が社会の善に役立つかどうかを考える（＝計算する）。

　嘘をつくという行為を例にとって両者の違いを示すことにしよう。規則功利主義の立場では，嘘をつくという行為は規則に反しているから，たとえある特定の嘘をつく行為が社会一般の幸福を促進するとしても，その行為を不正とする。他方，行為功利主義においては，結果的に幸福が最大になればいいので，時として「嘘をつくこと」や「約束を破ること」が正当化されてしまう。たとえば，重篤なガン患者に必ず回復すると嘘をつくことは，もし，その嘘によって患者の心が安らぎ，幸福感が高まるならば，行為功利主義の観点からは，この行為は正当化されうる。

　これら2つの立場を比較すると，行為功利主義の方が社会の幸福を増進するうえでは効果が大きいかもしれない。しかし，1つ1つの行為について結果を逐一計算しなければならないので，これは現実的な方法とは言い難い。それに対して，規則功利主義はいちいち結果を計算する必要がなく，あらかじめ定めておいた規則に合致するかどうかで行為をすべきかどうかを判断すればすむので，現実的である。これら2つの立場に対して，シジウィックは，どちらかと言えば規則功利主義に傾いていたのではないかとの指摘がある[46]。

　続いて，本節の検討課題である功利主義と幸福計算との関係に関して，シジウィックはどのような考えを抱いていたのかについて考察を進める。彼は，快楽の質の差を積極的に認めようとしたJ. S.ミルに対して批判的であり，次のように述べている。

　　快楽を合理的な行為の唯一の究極目的とみなす方法を，一貫性をもって使用するためには，ベンサムの命題が認められなければならず，また，快楽の**質**に関する一切の比較は実際に量の比較へと還元しなければならない，と私には思える。すべての快楽は，快さ（pleasantness）という

共通の性質を持っているので快楽と呼ばれるのであり,それ故にこの共通の性質に関して比較しても差し支えないのである（強調原著者）[47]。

このように,シジウィックは,幸福計算の首尾一貫性を保つためにはベンサムのように量的快楽主義の立場に立つべきであると考えていた。泉谷周三郎が指摘するように,それは,シジウィックが,功利主義の基本的な前提が快楽と苦痛の通約性にあると考えていたからに他ならない[48]。

しかし,シジウィックは量的快楽主義を復権させようとしたものの,幸福計算を改善する方法を提示したわけではない。したがって,シジウィックは幸福計算に首尾一貫性をもたせるべきことを強調した点では評価できるが,幸福計算そのものを前進させたとは言えない。また彼は,「熟慮に基づいた直観と,常識的道徳判断との包括的な比較」[49]によって,快楽が究極の善であることを論証しようとしたが,この論証の仕方が科学的な論理性をもっているのかどうかは疑わしい[50]。

功利主義に関するシジウィックの研究において,幸福計算に対する貢献として次の4点を挙げることができる。第1に,利己主義的快楽主義と普遍的快楽主義（功利主義）が対立する可能性を明示したことである。利己主義的快楽主義とは,自分自身の幸福（快楽）を目指すべきであるとするものであり,これに対して普遍的快楽主義とは,人はいかなる状況においても（他者をも含む）全体としての幸福をもたらすように行為しなければならないという立場のことである。どちらも快楽を究極的な目的とするにもかかわらず,全体の幸福の追求を義務づける普遍的快楽主義においては,それが自己犠牲を命じるものであることから,自分自身の幸福と一般的幸福との葛藤が強く意識されざるをえない[51]。自己犠牲の上に成り立つ普遍的快楽主義（功利主義）による社会全体の幸福の総和が,利己主義的快楽主義だけの場合の社会全体の幸福の総和を上回るかどうかという問題が存在しうることを示唆したことは,高く評価できるであろう。

第2に,快楽の中に個人の選好（preference）を取り込んだ点である。先に引用した,快楽に関するシジウィックの定義において,「望ましい」「より望ましい」という表現が使用されていたことから推察されるように,彼は,

「選好を快楽の意味に吸収」[52]していた[53]。これは1870年代に始まる経済学の限界革命において展開される効用理論を暗示するものであった。ただし，次節において述べるように，功利主義に基づく本格的な効用理論の展開はジェヴォンズの手に委ねられた。シジウィックが自覚していたかどうかは確かではないが，選好を幸福計算の視野に入れたことは評価されてもよいであろう。

第3に，内井惣七が指摘しているように，シジウィックが全体的功利（total utility）と平均的功利（average utility）の区別を行ったことである[54]。前者はもちろん社会全体の幸福であり，後者はその総量を人数で割った幸福の平均値である。もし人数が同じであればどちらも同じ結果を生むが，人数が変化すれば違いが生じる。シジウィック自身は，功利主義の立場からは，平均的功利の増加よりも全体的功利の増加を望んだ[55]。

第4に，経済学との関連において，幸福を実現する方法を独自に提案し，それが後の厚生経済学の先駆となったことである。深見保則は，「最大量の効用や満足を引き出せるように，社会成員のあいだに生産物を割り当てる原則は何かという問題を明示的に取り入れており，ピグーらの厚生経済学の系譜につながっている」[56]，とシジウィックの業績を高く評価している。深見の研究を踏襲した山崎聡もまた，シジウィックが「彼の倫理学において，社会が目指すべき福祉が何であるかを考え，そして，経済学において，その福祉の内容をどのようにしたら達成できるかを追求した学者（であり），ピグーに先駆けて厚生経済学の原型を築いたうちの一人」[57]（括弧内筆者）であると評価している。このようにシジウィックの経済学の領域での業績には見るべきものがあるので，彼の経済学について若干付言したい。

「埋もれたパート・タイムの経済学者」[58]であるシジウィックは，『倫理学の諸方法』の初版を出版した9年後の1883年に『経済学原理』を刊行した。同書は，「古典派理論の新古典派理論への移行の橋渡しをする役割を担って」[59]いた。彼は，シーニア（Nassau William Senior, 1790-1864）やJ. S. ミルに倣って，経済学をサイエンスとアートの領域に区分し，アートとしての経済学を「一定の費用で，ある望ましい成果を量的に最大限引き出す，あるいは最小の費用で一定の成果を得るアートないし方法」[60]と規定している。

スミス（Adam Smith）とその後継者たちは経済学をアートとして扱ったが，彼らでさえ一国の財の生産を増加させる問題にしか目を向けなかった。これに対してシジウィックは，経済学には生産の問題の他に分配の適正化の問題を含めるべきであるとした[61]。

　分配面のアートについて，彼は，「純粋に経済的な観点あるいは功利主義的な観点から〔中略〕分配に対する政府の干渉について論じ，産業の生産物の生産と分配に関する限りにおいて，個人主義あるいは社会主義が最大幸福にどの程度結びつきうると期待できるかを考察」[62]しようとした。分配に関するシジウィックの議論には傾聴すべきものが少なくないが，本章の文脈において注目に値するのは，社会の構成員の間での富の分配が平等になるほど，社会が所有する富の総量から導きだされる満足の総量は大きくなるという命題を，限界効用逓減の理論を基礎にして導いたことである。これは後述するピグーの議論にもつながるものである[63]。ただし，シジウィックは，異なる時点や異なる場所の間での富の比較を行うための尺度として貨幣は役に立たないとの意見をもっており，この点においてピグーと著しい対照をなしている。

　なお，生産面のアートに関してもシジウィックは重要な議論を行っている。それは市場経済における政府干渉の意味を考察したことである。もっとも，彼は市場の失敗を論ずるだけでなく，規制が非効率を生じる可能性も十分認識していたようである。

3 限界革命と幸福計算

3.1 ジェヴォンズと幸福計算

　幸福計算という観点から見た場合，この問題に経済学の領域から初めて本格的に取り組んだのはジェヴォンズであったと言っても過言ではないであろう。ジェヴォンズは，1870年代に同時多発的に起こった限界革命の，イギリスにおける旗頭として特筆に値する経済学者である。限界革命の意味および意義については複数の見解がありうるが，少なくとも，限界革命は古典派までの価値論と決別したという点については意見の一致が見られるであろう。

　経済学説史における通常の時代区分に従って，アダム・スミス以降，限界革命以前までの経済学説を古典派経済学と総称するならば，古典派における価値論は労働価値説をベースにしたものであったと言える。もちろん古典派の価値論自体一元的なものではないが，少なくともリカードゥ（David Ricardo, 1772-1823）以来，労働が価値を決定するとみなす労働価値説が古典派の価値論において支配的だったと言えるであろう。これに対してジェヴォンズは，価値が utility によって決まると主張した。

　本章ではこれまで utility に功利の訳語を充ててきたが，ジェヴォンズ自身も，彼以前の功利主義者が用いたのと同様の意味で utility を「功利」と考えていた。それにもかかわらず，前述のように，わが国の経済学者たちは，この語に「効用」という訳語を使用し，それが慣例となって現在に至っている。その結果，わが国では，功利と効用は別物であるとの印象を受けやすい。しかし，本来，両者は同義なはずであった。このように経済学と他の学問領域では utility という訳語に断絶が見られることを前提にしたうえで，本節以降では，ジェヴォンズおよびそれ以後の経済学者たちの幸福計算の議論におい

てutilityという語が登場した場合には,経済学の伝統に従って「効用」という訳語を使用することにしたい。

ジェヴォンズには諸著作があるが,幸福計算に関わる著作としては1871年に出版した『経済学の理論』が挙げられる。同書について,J. M.ケインズは『人物評伝』で次のような評価を下している。

> ジェヴォンズの『経済学の理論』と,それが経済学の歴史において占める地位とは承知のことであるから,その内容を述べるのに時間を費やす必要はない。それは1871年には,1862年におけるようには,もはや比類のない独創性を持つものではなかった。というのは,クールノー,ゴッセン,デュピュイ,フォン・テューネンその他の先駆者たちはしばらくおいて,1871年までには,xやyや,大文字のデルタや小文字のdで方程式を書き散らしていた経済学者が幾人か,わけてもワルラスとマーシャルとが,いたからである。にもかかわらず,ジェヴォンズの『理論』は,主観的評価と,限界原理と,いまでは周知となった経済学上の代数や図形の技法とに基づく価値の理論を,完成された形で,初めて提示した論著である[64]。

このようにケインズによって高い評価のなされている同書は,「経済学を快楽と苦痛の微積分学として取り扱う」[65]ことを意図して執筆された。同書の序論において,ジェヴォンズは,驚くほど率直に,経済学の問題に功利主義(より厳密には快楽主義)的な観点から取り組むとの姿勢を明らかにしている。すなわち,以下の引用に示すように,彼は快楽を最大化することが経済学の目的であると断言している。

> この場で,私は,道徳科学と経済学の関係について若干言及したい。以下で展開する理論は全面的に快楽と苦痛の計算を基礎としている。また,経済学の目的は幸福を最大化することにあるが,それは,いわば,苦痛という費用を最小にして,快楽を購うことで達せられる。ここで用いた表現は誤解を生じるものであるかもしれないし,また,野卑な快楽と苦

痛があたかも人間の精神を導くうえでの十二分の動機として扱われているとおもわれるかもしれない。私は何のためらいもなく，功利主義の道徳理論を受け入れる。功利主義は，人間の幸福に対する結果を，正と不正の基準として是認する[66]。

　ジェヴォンズはまた，経済学を「私利と効用との力学の追求」[67]とも規定している。彼がこのような立場に立ったのは，ロンドン大学ユニヴァーシティ・カレッジでの学業を中断し，オーストラリアの造幣局で補助試金官として滞在していた間に，人間が本質的には利己的であり，何ごとにつけ快楽の獲得と苦痛の回避を期待して行動する，という人間観を形成したためである，とブラック（Collison R. D. Black）は指摘している[68]。

　上記のように，快楽と苦痛の計算を経済学の基底に据えた以上，ジェヴォンズがまず直面しなければならない問題は，快楽と苦痛の測定が可能か否かを明らかにすることである。

　第1章「序論」において，彼は，「快楽，苦痛，労働，効用，価値，富，貨幣，資本等がいずれも量を許容する概念である」[69]と述べる。ところが，そのすぐ後で，しかし，「われわれが，人の心がいだく感情を直接測定する手段を今後もてるかどうかどうかに言及することに筆者はためらいをおぼえる。快楽ないし苦痛の単位は想像することさえ困難である」[70]と言う。

　それでは，快楽や苦痛を測定することはまったく不可能であろうか。ジェヴォンズは，「1つの快楽が他の快楽の何倍であると，われわれが断言することはほとんど，あるいは決してできない。〔中略〕筆者は，決してある商品の購入によって獲得した快楽の全体を推計しようとは思わない」[71]と述べたうえで，「ある人が十分購入した場合には，その人はさらにそれ以上の少量をもつことによって，その貨幣価格から受けとるものと等しい快楽を受けとる」[72]という点に着目した理論の重要性について言及する。ただし第1章では，快楽と苦痛の測定の問題についてこれ以上詳細には論じられず，詳細な検討は第2章と第3章に委ねられる。

　第2章「快楽と苦痛の理論」の冒頭において，ジェヴォンズは，ベンサムが指摘した快楽と苦痛の価値を決定する，強度，持続性，確実性，遠近性，

波及性，純粋性，範囲という7つの要因を挙げたうえで，これら7要因のうち，強度と持続性だけを考慮すればよいとみなす（もちろん，それ以外の要因についても若干の考察をしているものの，遠近性と確実性に付随的な役割を認めているにすぎない）。続いて彼は次のように断言する。

　一連の快楽と苦痛の代数和は，快楽を総和し，苦痛を総和し，さらに両者の差を求めることによって得られる。われわれの目的は常にこの差を快楽の方向に最大化することである[73]。

　ジェヴォンズは第3章において「効用の理論」を展開する。その目的は，諸商品からどのように快楽が引き出されるかを説明することであった。第3章の最初の項で，彼は，快楽と苦痛そのものではなく，快楽と苦痛の源泉である有形の物または行動に関心を集中する。そして，ベンサムの功利の定義を援用しながら，効用を「快楽を生じ，または苦痛を防ぐことのできる一切のもの」[74]と規定する。彼はさらにセー（Jean-Baptiste Say, 1767-1832）による定義を引き合いに出して，効用を「何らかの仕方で人間に役立ちうる諸物の能力」[75]と言い換えている。

　効用の定義に引き続き，ジェヴォンズは，効用を理解するには，必然的に，人間の欲望と欲求について吟味することが必要であることを主張する。効用に関してジェヴォンズが唱えた第1命題は，低次の欲求の充足が高次の欲求を生み出す，ということであった。たとえば，普通の食物を十分に供給されれば，それは次には美食への欲求や衣服その他に対する欲求も生み出すであろう。第2命題は，効用は，事物がもつ内在的（intrinsic）な性質ではなく，「ある1人の幸福に加えられた増分によって測定される」[76]ということであった。これは，ある事物がどんな場合でも効用をもち，他の事物は効用をもたない，とは言えないこと，同じ事物であっても，それを構成するすべての部分が等しい効用をもつとは言えないこと，ある事物が一定量を超えると，効用は次第に減少し，マイナスになる場合もあること，を意味する。第2命題に関する具体例としてジェヴォンズが挙げているのが水の例である。水はあらゆる事物の中でも最も有用なものであり，一定量までは必要不可欠である。

しかし，一定量を超えると，それ以上の付加的な量は次第に小さな効用しかもたらさなくなり，最後にはまったく効用をもたなくなる。

この第2命題に関連して，ジェヴォンズはさらに全部効用と効用度の概念を導入する。現代経済学の用語で言えば，全部効用は総効用と同義であり，効用度は限界効用と同義である。図Ⅱ.2は，全部効用と効用度の概念を説明するためにジェヴォンズが大学での講義にも使用していたものであり，横軸は財の量を，縦軸は効用の大きさを表す。この図において，曲線下の面積が全部効用（総効用）を表し，四角形 $xyy'x'$ は，財が xx' だけ増加した場合の限界効用を表す。ジェヴォンズはこの図に関連して，「われわれは，消費された最後の増量，もしくはそれと同じことに帰着するが，まさに消費しようとしている次の増量に関する以外は，めったに効用度を考察する必要はない」[77] と述べている。つまり，われわれにとって総効用が意識されることはなく，限界効用のみが関心の対象であること，さらには測定の対象となることを明示したのである。なお，彼は一財のうち最後の追加分に対応して得られる限界効用のことを最終効用度と呼んでいる。

それでは，このような限界効用の大きさはどのような尺度によって測定することができるのであろうか。ジェヴォンズが効用の尺度としたのは価格である。彼は次のように述べている。

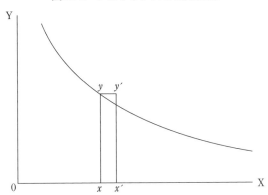

図Ⅱ.2 ジェヴォンズの効用曲線

（出所）Jevons, W. S., *The Theory of Political Economy* （5th ed.）; reprint, Augustus M. Kelly, New York, 1965, p. 49.

3 限界革命と幸福計算　　*143*

私は決して一商品の購入によって獲得される快楽の全量を推測しようとするつもりはまったくない。この理論は単に，ある人が十分に購入した場合には，さらにそれ以上の少量をもつことによって，その商品の貨幣価格から得られるものと等しい快楽が得られることを言っているにすぎない[78]。

　こうして限界効用のみが測定可能であること，さらに限界効用の尺度として価格を用いることが可能であることを明らかにしたジェヴォンズは，次に交換の理論に関する議論に進む。その理由は，彼自らが述べているように，「効用は商品が適当な量においてまた適当な時期に，これらの商品を必要とする人々の所有物となることから生ずるのであって，これが達成されるのは，他のいかなる手段よりも特に交換による」[79] からであり，また，「交換は効用を最大化し労働を節約する極めて重要な過程」[80] だからである。この交換に関して，ジェヴォンズは，交換の当事者の満足を最大化するためには，最終効用度（＝限界効用）が価格に比例しなければならないことを証明した。
　以上のように，ジェヴォンズは効用（功利）の理論の構築を試み，効用の測定の問題にも光を投じた。しかし，『経済学の理論』を注意深く読めば明らかなように，彼は，基数的な効用と序数的な効用とを厳密に区別せず，主に前者を前提にして議論を展開していたように思われる。もし，効用を基数的な量として扱うことが可能であれば，さまざまな財・サービスに対する各人の効用の和を求めることが可能であるし，さらに各人の効用を集計することも可能である。
　しかし，第5節以降で考察するように，その後の経済理論は，基数的な効用ではなく，序数的な効用を前提とする方向で発展した。効用を基数で評価することを「効用の可測性」と呼ぶことにすると，経済理論は効用の可測性の問題を回避する方向で発展を遂げてきたと言うことができる。その理由は，効用の可測性の議論が，ある大きな前提のもとでのみ可能となるからである。その前提とは，「各財のもたらす効用は互いに独立であって，各々の財の効用は他財の消費量によって全く影響をうけないという前提」[81] である。
　この前提は次のように表現することができる。いま，個人Aと個人Bが

財Xと財Yを交換するケースを想定しよう。当初，Aは財Xをaだけもつが財Yをまったく所有しておらず，他方，Bは財Yをbだけもつが財Xを所有していないものとする。Aが財Xのx量をBの所有する財Yのy量と交換すると，交換後の各人の2財の保有量は，Aの場合財Xが$a-x$量，財Yがy量，Bの場合財Xがx量，財Yが$b-y$量となる。Aが交換後の財Xから得る効用を$\phi_A(a-x)$，財Yから得る効用を$\phi_A(y)$と表し，同様に，Bが交換後の財Xから得る効用を$\phi_B(x)$，また，財Yから得る効用を$\phi_B(b-y)$と表すと，ジェヴォンズは個人Aの効用を$\phi_A(a-x)+\phi_A(y)$，個人Bの効用を$\phi_B(x)+\phi_B(b-y)$と考えていたのである[82]。

しかし，こうした加法型の効用関数が現実に妥当する見込みが低いことは，われわれの日常の経済活動をふりかえってみれば明らかであろう。というのは，代替財や補完財の例に代表されるように，ある財の限界効用が他の財の消費量にも影響されるケースが多いからである。

最後に，ジェヴォンズが，個人の行動を律する「効用（功利）の原理」を積極的に支持して彼の経済学の基礎に据えたものの，最大幸福原理については，『経済学の理論』の中では明示的に言及しなかったことも指摘しておきたい。ただし，丸山徹はその論考において，ジェヴォンズが『労働との関係における国家』（1882年）の中で，「いかなる社会改造も，それが明らかに社会のより大きな幸福をもたらすものであることが明示されさえすれば，これを推奨し志向することにおいて，吝かであってはなるまい」と述べたことを指摘している[83]。

3.2 エッジワースと幸福計算

エッジワースの最初の著書『倫理学の新旧の方法』（1877年）は，「功利主義的理想を量的に定式化する」[84]ことを目的として執筆された。より直接的には，シジウィックの『倫理学の諸方法』とそれに対するバラット（Alfred Barratt, 1844-1918）の批判とを比較検討することを課題として書かれた。エッジワース研究家のニューマン（Peter Newman）は同書について，「現在まではほとんど読まれることがないままである」[85]と述べている。この理由の一端は，『エコノミック・ジャーナル』誌の編集に15年間エッジワースとと

もに携わったケインズが，同書に関して，「エッジワースの文体の特異性，その生彩に富んだ言回し，脈略の曖昧さ，目的の不明確，方向の不安定，その慇懃，その鋭敏，その機知，その精妙，その学識，その自制——これらすべてが十分に成長した形でそこに見られる」[86]と評していることから容易に推察できるであろう。

エッジワースは同書での議論を，快楽と苦痛の意味についての検討から始め，第2節第7項「功利主義の意味」では，シジウィックに従って，功利主義の目的を「最大量の幸福」を得ることにあると規定する[87]。続いて，「最大多数の最大幸福」の原理がもちうるさまざまな数学的意味を検討し，さらに，フェヒナー（Gustav Theodor Fechner, 1801-1887）の精神心理学等を援用して，功利主義の証明を試みた。

1881年に出版されたエッジワースの2冊目の著書『数理心理学：道徳科学への数学の応用について』は，「快楽と苦痛の計算方法」についての彼の考察をさらに進めたものであった。この小著は2部構成であり，15頁を割いた第1部では，エッジワースは，統計データがなくても快楽の量に関する数学的推論を行うことが可能であることを明らかにしようとする。彼は，経済学・経済計算と，倫理学ないし功利主義的計算とを区別し，「経済学は各人の効用を極大化するように行為の主体間の調整を研究する，他方，政治学と（功利主義的）倫理学は効用の総計の極大化に導くような調整を研究する」[88]と規定する。同書での彼の言葉に従えば，経済学においては，単位である効用は強度と期間の2つの次元しかもたず，個人間の比較も必要ではない。他方，倫理学（厳密に言えば功利主義）における効用（＝功利）の計算においては，「ある人の幸福を別の人の幸福と，より一般的に言えば多様な構成員からなる集団の幸福やさまざまな平均的幸福とを比較する」[89]ことが，つまり効用の個人間比較が必要であると言う。

それでは，効用の個人間比較はどのような方法で行うことが可能であろうか。この点について，エッジワースは，ベンサムに倣って「1単位の時間中に1単位の快楽の強度を経験する個人を『1として計算する』」[90]という簡単な規則を適用することを提案するにとどまる。そして，効用の比較可能性に関する第1部の議論を次のような散文的な文章で結んでいる。

快楽の原子を区別し，識別することは簡単ではない。それは砂よりも連続的で，液体よりは離散的である。それはいわば，それを取り囲むぼんやりとした意識の中に埋め込まれた，かろうじて感知可能なものの核である。われわれは人生という金の砂を合計することはできない。われわれは愛という海の「無数の微笑み」を数えることはできない。しかし，われわれは，快楽の単位の多数，つまり幸福の集まりが，ここではより多く，あちらではより少ないことを観察することができるように思われる。そしてそれで十分である[91]。

　この引用文に関して，ハチスン（Terence W. Hutchison, 1912-2007）は，「もし語法のすばらしさと比喩のゆたかさとによって，効用の個人的および個人間の比較の可能性が確立されたとすれば，それは1881年に達成されたものであろう」[92]と述べているが，的を射た評価である。

　『数理心理学』の第2部こそが，「これはエッジワースの経済学に対する最初の貢献であり，およそかれのものした最良の仕事のいくつかが含まれている」[93]とケインズが賞讃した部分である。この第2部において，経済理論に対するエッジワースの最も大きな貢献ともいうべき無差別曲線と契約曲線が導入された。幸福計算という観点からすると，この第2部における重要な議論は，効用がある特定の事象（財・サービス）のみによって決定されるのではなく，他の事象の影響も受けることを示した点にある。エッジワースの議論は経済学に限定されているものの，彼の展開した議論は，経済的効用以外の効用にも適用可能である。ただし，『数理心理学』においては，効用に関する議論は，クリーディ（John Creedy）が指摘するように，そのほとんどが脚注や付録においてなされている[94]。

　「ジェヴォンズ教授の交換方程式について」と題した，『数理心理学』の巻末付録Vの最初のパラグラフにおいて，エッジワースは，「効用は2変数の関数とみなされるのであって，それぞれの変数の関数の和ではない」[95]と述べているが，第2部の「経済計算」という節において，前項でも取り上げたジェヴォンズの例を引き合いに出して，このことを次のように定式化している。すなわち，ジェヴォンズに従って，エッジワースは個人Aと個人Bが

財Xと財Yを交換するケースを想定し，個人Aは財Xをaだけもつが財Yを全く所有しておらず，他方，個人Bは財Yをbだけもつが財Xを所有していないものとする。個人Aが財Xのx量を個人Bの財Yのy量と交換すると，個人Aは財Xを$a-x$量，財Yをy量，個人Bは財Xをx量，財Yを$b-y$量保有することになる。いま，$x_1=a-x$，$y_1=b-y$とおき，さらにAの効用をF_Aで，個人Bの効用をP_Bで表すことにすると，エッジワースは各人の効用を次のように規定したのである[96]。

$$F_A(x_1,\ y)\qquad P_B(x,\ y_1)\qquad (1)$$

この式の意味は，一組の補完財あるいは一組の代替財を取り上げれば簡単に理解できるであろう。たとえば，紅茶とミルク，パンとバターのような補完財においては，財1単位の効用はその財の数量が変化しなくても，その補完財の購入量を増やすことによって大きくなる。というのは，パンは，バターやジャムをつけて食べることにより，何もつけずにパンを食べるよりも大きな満足をもたらすからである。要するに，エッジワースは，個々の財が欲望充足において互いに密接に関連しあっているという事実を明示したのである。他方，前項で述べたように，個人の総効用に関してジェヴォンズが想定していた加法型の効用関数においては，各財は当該財の数量のみの関数であり，当該財の欲望充足に対する他財の関連性は考慮に入れられていない。

こうしてエッジワースは，効用の可測性（および加法性）を前提としない，より一般的な効用関数を提示したのであるが，この効用関数が幸福計算に対してもつ意味は，欲望の充足（満足）は特定の財・サービス（あるいはより一般的に言えば，特定の行動や事象）だけによって決定されるのではなく，他の財・サービス（他の行動や事象）によっても，さらには他人の消費行動や所得水準等によっても影響を受けることを考慮しなければならないということである。

エッジワースが打ち立てた効用関数においては，効用は消費者の全消費，あるいは消費の状態にかかわるものであり，特定の財およびそれに対する特定の嗜好にのみかかわっていたときよりも，効用の概念ははるかに空虚でとらえどころのないものになった。ハチスンは，エッジワースの『数理心理学』を評して次のように述べている。

経済理論の文献のなかでも，最も徹底した「功利主義的」著作が，ともかく多数の経済学者の見地から，効用概念の追放に導いた，諸仮定，諸概念，および技術の端緒となったことは注目に値する[97]。

エッジワースがその後の効用理論に及ぼした影響については，第5節において言及する。

4 ピグーの厚生経済学とロビンズによる批判

4.1 「福祉の経済学」としてのピグーの厚生経済学

　前節までに取り上げた論者たちは，いずれも utility（功利・効用）を幸福とほぼ同義の概念として扱い，この概念を科学的に分析し，計算する方法について考察した。この項で取り上げるピグーは，utility の類似概念である welfare という用語を議論の中心に据えた。以下においては welfare に関するピグーの議論について，幸福計算の観点から考察する。

　本章第 1 節で触れたように，わが国では welfare には「厚生」という訳語が充てられているが，清水幾太郎が指摘したように，厚生という訳語はいささか間の抜けた訳語であり，むしろ「福祉」と訳す方が適切であるように思われる。さらにこの訳語の方が，幸福計算について考察を行ってきた本章の趣旨にも合致している。しかし，welfare を福祉と訳すことは，経済学の慣例に反することになるうえに，次節以降の議論にも影響を及ぼすことになる。そこで以下においては，welfare に厚生という訳語を用いるが，少なくともピグーに関するこの項においては，厚生＝福祉と読み替えても差し支えない。

　1877 年にイングランドのワイト島に生まれたピグーは，名門パブリック・スクールのハロウ校（Harrow school）を卒業後，ケンブリッジ大学キングズ・カレッジに進学し，そこでシジウィックとマーシャルに出会った。ピグーは 1908 年に弱冠 30 歳でマーシャルの後任としてケンブリッジ大学教授に抜擢されたが，彼はシジウィックとマーシャルの学説を結合することによって「福祉の経済学」である厚生経済学（welfare economics）を構築した[98]。

　ピグーの思想には恩師マーシャルの影響が色濃く反映している。マーシャ

ルの思想の影響の第1は，社会改良を目標とする，実際的な成果を求める学問としての経済学を主張したことである。師マーシャルが，ロンドンの貧民街の1つであったイースト・エンドを散歩して，貧しい人びとの存在を知り，そうした人びとを救わなければならないという使命感から経済学の研究に駆り立てられたと述べていることは人口に膾炙している。ピグーはこのことを受けて，主著『厚生経済学』（1920年）の第1章第1節で次のように述べている。

　　人が何らかの研究の道に向かうとき，その探究の目的は光明かまたは果実か，すなわち知識自体のための知識か或いは知識によって達せられる何かよい物のための知識かのいずれかであろう。〔中略〕人間の社会的行動の科学的研究が必ずしも直接または即時にでないとしても，いくつかの方法で社会的改善の実際上の成績を挙げるに至るであろうという希望をもって研究されるのでなかったならば，これらの行動についての研究家の多くは，その研究のために費やされた時間を浪費された時間とみなすであろう。このことはあらゆる社会科学にあてはまるが，経済学に特に適切である[99]。

このように，「経済学は果実を摘み取らなければ，その存在意義がない」[100] というのが，ピグーがマーシャルから受け継いだ基本姿勢であった。

ピグーに対するマーシャルの影響の第2は，経済学の研究において厚生に大きな役割を与えたことである。マーシャルは『経済学原理』において，「経済学は日常生活を営んでいる人間に関する研究である。それは，個人的並びに社会的な行動のうち，厚生の物質的要件の獲得とその使用にきわめて密接に関連している側面を取り扱う」[101] と述べているが，マーシャルにとっては，厚生の中の一要件である物質的貧困を除去することが経済学の課題であった[102]。ピグーもまた，『厚生経済学』第1章第5節において，「(経済学が) 追求すべき目標は，厚生を促進するための，より容易で実際的な方法」[103]（括弧内筆者）であると述べ，より明確に厚生そのものの向上を目標とすることを宣言している。

4　ピグーの厚生経済学とロビンズによる批判

ピグーに対するマーシャルの影響として、このほかに、経済的厚生の尺度として貨幣に信頼をおいたこと、国民分配分（国民所得）を重視したことが挙げられるが、これらについては後述する。

　いったい、ピグーは効用や厚生をどのように考え、また、それらをどのように数量化しようとしていたのであろうか。彼は『厚生経済学』の第1章第5節で、厚生を次のように規定する。

　　厚生とは頗る範囲の広いものである。その内容につき〔中略〕やや独断的に2つの命題を定めておけば十分であろう。すなわち、第1に、厚生の要素は意識の状態と、意識の状態の関係であること、第2に、厚生は大小の範疇の下に置くことができることである。厚生をこのように考えて、これに影響を及ぼしうるあらゆる部類の研究を一般的に調査することは厖大複雑な仕事となって、全く実行不可能であろう。それ故に、われわれの対象を限定する必要がある。〔中略〕社会生活において利用し得る測定用具の1つの明白なものは貨幣である。したがってわれわれの研究の範囲は、社会的厚生のうち、直接または間接に貨幣の尺度と関係をつけることのできる部分に限られることになる。この部分の厚生は経済的厚生と呼ぶことができよう（傍点筆者）[104]。

　このようにピグーは厚生を意識の状態と規定し、さらに、厚生のうち、貨幣で測定できるものを経済的厚生と呼んで、研究対象をこの経済的厚生に限定する。経済的厚生を貨幣によって測定しようとする着想は、前述のように師マーシャルに負っている。マーシャルは、欲求や願望、その他の感情をそれ自体として直接に測定しようとするのではなく、それらを引き起こした誘因を介して間接的に測ろうとした。この誘因を測定するものが貨幣に他ならない。しかし、感情には個人差や質的な差異もある。こうした差に関して、マーシャルは、次のように考えた。

　　2つの快楽のいずれかを得ようとして同様な条件にある人々がともにちょうど1時間の超過勤務をするとか、あるいは同一の地位にあり同一の

資力をもっている人がともに 1 シリングを支出したとかすれば，これらの快楽は，経済分析からいうと，同様な条件のもとにある人々にたいしてこれを得ようとする欲求が同じ強さをもって行動誘因を起こさせたのだから，同一のものとみてよいだろう[105]。

　ピグーは，マーシャルのこうした考え方をそのまま踏襲した。ピグーは経済的厚生に関して，それと厚生全般との間には正確な境界線はなく，また，経済的厚生が厚生全般の指標として役に立たないとも述べている。その一方で，ある要因が経済的厚生に及ぼす影響は，厚生全体に及ぼすのと同じ方向に影響を及ぼすと主張している。こうしたピグーの議論から言えることは，彼が幸福計算の範囲を矮小化したこと，さらに彼自ら認めているように，厚生に関する議論の進め方がいささか「独断的に」[106]（dogmatically）なっていることである。
　ピグーは『厚生経済学』の第 2 章において，従来から使われてきた効用の概念と経済的厚生の概念の関係について議論を展開する。すなわち，同章の冒頭において彼は次のように論ずる。経済的厚生とは，人間の意識のうち，貨幣に関連づけることのできる満足・不満足からなるが，貨幣と満足・不満足は直接的に関係するのではなく，貨幣が測定するものはその人の欲望（desire）の強さである，と。さらに続けて，欲望の強さは，英語圏の経済学者たちによって効用の大きさと同等視されてきた，しかし，欲望の大きさを表すのに効用という言葉よりも「望ましさの程度」という言葉を使う方が好ましい，と彼は言う[107]。このような議論によって，ピグーは，主著『厚生経済学』においては，効用という用語さえ，厚生や幸福に関する議論の表舞台から遠ざけてしまったように思われる。
　『厚生経済学』は大著であるにもかかわらず，そこにおいては厚生の可測性および厚生の個人間比較可能性について十分な議論が展開されているとは言えない。同書では，これらの問題に関する言及は最小限にとどめられ，反面において，厚生の将来割引率の問題に多くの紙幅が費やされている。厚生の可測性ならびに厚生の個人間比較の可能性について，ピグーが正面から向き合ったのは，『厚生経済学』初版の出版から 31 年後の 1951 年に『アメリ

カン・エコノミック・レビュー』誌に寄稿した論文,「厚生経済学の若干の側面」においてであった。

　この論文において,ピグーは,厚生を人の心の状態の善さ,または心の中に含まれる満足に関係するものと考えなくてはならないと述べた後で,直ちに,個々人の厚生はその満足からなると断言する。次いで,効用とは満足を意味するものと解釈すべきであると言う。さらに,各人の経済的厚生は各人の効用からなると議論を進める。これに続いてピグーは次のように議論を展開する。すなわち,効用(満足)の大きさは直接測定することはできない。そこで,一定の満足または快楽を失わないために進んで支払おうとする貨幣額をもって効用の大きさの指標とする。しかし,貨幣は効用の微小な部分しか測ることができない。たとえば,ある商品に対して総額で100万円支出した場合,100万円全部から得られる効用が,限界的な1万円の支出から得られる効用の100倍になるとは断言できない。したがって,効用の基数的測定は不可能である。ただし,「ある一対の大きさの間の差が,ある別の一対の差よりも大きいとか小さいと原理的にいうことができるとすれば,われわれはまた差と差の間の差についても想定上説くことができるに相違ない」[108],と言う。つまり,序数的な測定は可能であるとピグーは主張する。こうしてピグーは「効用の序数的比較可能性の上に,限界効用曲線を想定し,効用に大小の観念を適用」[109]しようとした。

　以上は個々人についての厚生の可測性に関するピグーの考えであるが,次の問題は個々人の厚生をどのように比較するかということである。この問題に対して,ピグーは次のような立場を明らかにする。

> 同じ人種で同じ国に育った人々の集団を任意にとってみるならば,客観的な検査によって比較される多くの特質において彼らが平均的にほとんど同様であることがわかる。しかも根本的な性質については,同一人種,同一国の人々に限る必要はない。この基礎の上に立って,われわれには類推的に人々が他の点でもまたたぶんほとんど同様であると推論する資格があると私は思う。〔中略〕類推,観察および交際の基礎の上に立って,個人間の比較は適当になすことができると私は思う[110]。

彼は，この主張が正しいと証明することはできないと述べたうえで，証明する必要はないし，証明の責任は，彼の意見に反対する側にあるとさえ言う[111]。

　このように，1951年の論文での，厚生の可測性ならびに厚生の個人間比較に関するピグーの議論は説得力に欠けるものであった。それにもかかわらず，幸福計算という観点から見た場合，筆者は，ピグーが，国民分配分を経済的厚生の客観的対応物とみなし，さらに，国民分配分に関して以下に述べるような3つの命題を提示したということにおいて，彼の貢献は大であったと考える。

　ピグーは，『厚生経済学』において，さまざまな経済的原因が経済的厚生に対してどのように影響を及ぼすかを明らかにすることが厚生経済学の課題であるが，「一般的にいって，経済的原因は一国の経済的厚生に直接に作用するのではなく，経済学者が国民分配分または国民所得と呼んでいる経済的厚生の客観的対応物の形成と使用とを通じて作用する」[112]，と述べている。何をもって国民分配分とするかという点に関して，ピグーの時代には，まだ意見が対立していたものの，ピグーは，マーシャルに倣って，「貨幣所得をもって購入するあらゆるもの」（帰属家賃を含む）をもって国民分配分とみなした[113]。

　ピグーは，経済的原因が，このように定義された国民分配分を通じて経済的厚生に作用し，一般的には国民分配分が大きくなるほど，経済的厚生は増大すると考える。このことが正しく言えるための条件として，ピグーは『厚生経済学』初版の序文で，

　　(1) 国民分配分の平均量が大きければ大きいほど，
　　(2) 貧者に帰属する国民分配分の平均取得分が大きければ大きいほど，
　　(3) 国民分配分の年々の量と貧者に帰属する年々の取得分との変動が少なければ少ないほど，大きくなるらしい。

と主張した（第2版以降では，初版の序文のこの個所は削除された）[114]。これがピグーの3命題である。第1命題は富の増大を，第2命題は平等分配を，第3命題は景気の安定を要請するものであると言い換えることができる。この3命題のうち，第1命題と第2命題こそ，第2節で取り上げたシジウィッ

クが，彼の『経済学原理』において「経済学のアート」として打ち立てた基準に他ならない。まさに，ピグーはこの点を，恩師の1人でもあるシジウィックから受け継いだのであった。

上記の3つの命題のうち，第1命題は，さらに，経済成長という長期的課題と資源の最適配分という短期的課題とに区分され，前者の実現の際には未来を見通す人びとの能力が，また，後者を実現する際には独占の問題や外部経済（および外部不経済）の問題が，障害となりうることをピグーは指摘した[115]。

第2命題に関して，ピグーは，富者から貧者への購買力の移転，貧者の需要の対象となる財貨（必需品等）の生産方法の技術的改善，割当制度等によって必需品の価格を低下させることを通じて，実現が可能であると考えた。ただし，この命題が成り立つためには，第1に，一定期間中，富者と貧者の間に一定の所得から満足を得る能力に差がないこと，第2に，富者から貧者への分配分の移転によって分配分そのものが全体として減少しないこと，という条件が満たされる必要がある，とピグーは主張する[116]。しかし，これらの条件が成り立つためには，限界効用逓減の法則を前提にしなければならない[117]。

第3命題に関する議論は『厚生経済学』の第2版以降の版では削除され，別の著作（『産業変動論』（1926年）において取り扱われることになった。この命題に関してピグーは，とりわけ貧者の実質所得の安定を通じてその実現を図ることが可能であると論じ，また，この命題が成立するための条件として，第2命題と同様に，2つの期間における人びとの満足能力が同じであること，分配分が全体としてみたときに減少しないことの必要性を説いた[118]。したがって，第3命題もまた，限界効用逓減の法則の成立を前提としていることになる。

もし，ピグーの主張する3命題が成り立つとすれば，厚生（幸福）全体の中の経済的厚生という限られた部分についてではあっても，毎年計算される国民分配分（国民所得）だけで経済的厚生の増減を判断できることになり，幸福計算は大いに前進したことになる。しかし，1930年代になると，ピグーの厚生経済学は厳しく批判された。ピグー批判の先頭に立ったのは当時ロ

ンドン大学教授であったロビンズである。ロビンズによるピグーの学説の批判は，そのままそれまでの幸福計算に対する深刻な批判でもあった。

4.2　ロビンズによる幸福計算批判

　ロビンズは，主著『経済学の本質と意義』(1932 年) の第 6 章第 2 節において限界効用逓減の法則を取り上げ，この法則が分配に関する政治的・社会的拠り所を与えるものと考えられていたことに対して，次のように述べた。

> 限界効用（逓減）の法則は，分配に関するあらゆる形式の政治的社会的活動の基準を与えるものであると考えられている。およそヨリ大きな平等に寄与することはいかなることでも，もしそれが生産に不利な影響を与えないならば，すべてこの法則によって正当化される，といわれている。〔中略〕しかしながら，わたしは，きわめて遠慮がちにあえて次のような意見をもちだしてみようと思う。すなわち，これらの命題は，科学的経済学のいかなる学説によっても実際まったく是認せられないものである（括弧内筆者）[119]。

　一見したところ，ロビンズによるこの批判は限界効用逓減の法則の妥当性に対して向けられているように思われるかもしれないが，実は，この批判は，この法則の暗黙の前提に対して向けられていた。暗黙の前提とは，「異なった経験の通約可能性・満足享受能力の均等性」[120] という前提のことである。しかも，この前提は，ピグーの第 2 命題と第 3 命題が拠って立つものである。つまり，ロビンズは，固有名詞こそ出さなかったものの，ピグーの厚生経済学の根幹を批判することを意図していたのであった。

　ロビンズは，議論を展開するにあたって，最初に，限界効用逓減の法則およびそこから導き出される政策的帰結を次のように規定する。

> 限界効用逓減の法則は，人がなにかを多く持てば持つほどその付加単位をますます小さく評価するということを意味する。それゆえ，人はヨリ多くの実質所得を持てば持つほど所得の付加単位をますます小さく評価

する，といわれる。それゆえ，富んだ人の所得の限界効用は貧しい人の限界効用よりも小さい。したがってもし移転がなされるならば，そしてこれらの移転が生産にさしたる影響を与えないならば，総効用は増大するであろう。それゆえ，かような移転は「経済学的に正当化」される。証明終り[121]。

このように規定された限界効用逓減の法則は，「各個人は財を行動に対する重要さの順序に並べることができるということ，そして〔中略〕一財のある用途が他の用途よりいっそう重要であるといいうる〔中略〕ということ，を仮定」[122] し，さらに，「これを基礎として〔中略〕一個人がある種の代替物を選好すると想像される順序を，それらが他の個人によって選好される順序と比較できる」[123] と想定する。

しかし，各個人の選好の順序を示す尺度を作成することが可能であると仮定し，このような個人的尺度のある配列を別の配列と比較することと，これらの配列の背後に基数的な大きさがあると仮定することとはまったくの別問題である，とロビンズは言う。ロビンズは同じ趣旨のことを次のように言い換えている。すなわち，「Aの選好は，重要さの順序においてBのそれよりも上位にたつ，と述べることはAはmよりもnを選好しBはmとnを異なった順序で選好する，と述べることとは全く違う。前者は慣例的な価値判断の分子を含んでいる。したがってそれは本質的に規範的である。それは純粋科学の中に全くあり場所をもっていない」[124]，と。

ロビンズは，さらにたたみかけるように，「異なった経験の通約可能性・満足享受能力の均等性」に対する批判を続け，以下のように断言する。

　　Aの満足をBの満足と比較してその大きさを検査する手段は全くない。〔中略〕異なった人々の満足を比較する方法は全然ないのである。〔中略〕ところで〔中略〕われわれは，国家財政の諸目的のために，経済主体の間に，同じような境遇において等しい所得から満足を経験する能力は等しい，という仮定をすることに意見が一致している。しかしながら，これを仮定することは便宜ではあるかもしれないが，この仮定が，確か

められる事実に基づいているということを証明する方法は全然ない[125]。

そして，最後に，ロビンズは，限界効用逓減の法則を，「イギリス経済学と功利主義とが歴史的に連合した結果の沈殿物」[126]として切り捨ててしまう。

ロビンズによるピグーの「福祉の経済学」に対する批判がなされてから，ピグーの厚生経済学は等閑視され，新たに新厚生経済学（new welfare economics）という学問の系譜が登場した。この新しい系譜は，もっぱら効率性を基準にして経済活動や経済政策の良否を判定しようとするものであり，分配の問題は所与のものとして片隅に追いやられた。分配に関わる配慮としてはせいぜい補償原理が考案されたにすぎない。したがって，new welfare economics における welfare という用語に関しては福祉という意味合いは薄れてしまったと言わざるをえない[127]。

5 無差別曲線分析

5.1 パレートの無差別曲線分析

　前節においては，限界効用逓減の法則に関して，この法則の前提である効用の基数性の仮定が容認できないとするロビンズの厳しい批判を取り上げた。効用の基数性を前提とする効用理論は基数的効用理論と呼ばれるが，この理論に代わりうる理論として注目されたのが序数的効用理論である。

　序数的効用理論の嚆矢はエッジワースであり，彼が1881年に公刊した『数理心理学』において経済分析に初めて無差別曲線を導入したことについては本章3.2で言及したが，彼の無差別曲線分析は今日の標準的な無差別曲線分析とは趣を異にしている。その理由は，現代のミクロ経済学のテキストにおいては，1人の消費者が何組かの財・サービスの組合せの中から選択を行うという形で無差別曲線の説明を行っているのに対して，エッジワースは2人の個人間の2財の交換のケースとして無差別曲線の説明を行ったからである。

　1人の消費者が何組かの財・サービスの組合せの中から選択を行うという形で無差別曲線の説明を最初に行ったのはイタリア人経済学者パレート (Vilfredo Frederico Damaso Pareto, 1848-1923) である[128]。彼は『経済学提要』(1906年) において，無差別曲線分析の議論を以下のように展開した[129]。

　彼は，最初に，1kgのワインと1kgのパンを所有し，その嗜好がこの2財のみによって決定される1個人を想定する。そして，この個人がワインを少し増やせるなら，パンを少し減らしてもよいと考えているものとする。具体的には，ワインが1.2kg得られるならばパンが0.9kgに減ってもよいと考えているという具合である。パレートは，この場合，ワイン1kgとパン

1 kg の組合せとワイン 1.2 kg とパン 0.9 kg の組合せがその個人にとって同等，すなわち，その個人にとってどちらの組合せも無差別である，と論ずる。さらにパレートは，ワイン 1 kg とパン 1 kg の組合せと無差別なワインとパンの組合せの一部として，表 II.1 に示すような数列を掲げている。

表 II.1　パンとワインの無差別の組合せ

パ　ン (kg)	1.6	1.4	1.2	1.0	0.8	0.6
ワイン (kg)	0.7	0.8	0.9	1.0	1.4	1.8

(出所) Pareto, V., traduit par Bonnet, A., *Manuel d'économie politique*, Librarie Droz, Genève, 1966, p. 119. (Translated from French edition by Schwier, A., *Manual of Political Economy*, A. M. Kelly, New York, 1971, p. 118)

続いてパレートは，X 軸にパンの量をとり，Y 軸にワインの量をとった座標上に，上記の無差別な 2 財の組合せをプロットした。それらの点を結んで描いたのが図 II.3 の曲線 I である（同図において，x はパン 1 kg の所有を，y はワイン 1 kg の所有を表している）。このようにして描かれた曲線を，彼はエッジワースの先行研究に則って無差別曲線と呼んだ[130]。

パレートは，この図について次のような説明を与える。すなわち，曲線 I 上の組合せはすべて同じ大きさの効用[131]を彼に与える。曲線 II はより多くのパンとワインの組合せ，たとえばパン 2 kg とワイン 2 kg の組合せを示しており，曲線 II 上の効用は曲線 I によって示される効用よりも大きい。また，

図 II.3　パレートの無差別曲線

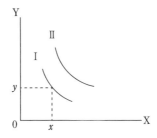

注）原著においては，横軸は A，縦軸は B，横軸のパンの量 a は，縦軸のワインの量は b と表記されており，また，曲線 I は ns 曲線 II は $n's'$ と表記されている。
(出所) Bonnet, *Manuel d'économie politique*, p. 171.(Schwier, *Manual of Political Economy*, p. 119)

曲線II上のすべての点はお互いに無差別である，と[132]。

続いてパレートは，それぞれの無差別曲線に効用の指標を与える。具体的には，図II.3の無差別曲線Iには1の大きさの指標を，無差別曲線IIには1.1の大きさの指標を与える。ただし，これらの指標の値は便宜的に与えられたものであり，基数としての意味はもたない。

彼はさらに議論を進めて，この効用の指標が，平面OXYの上方にある丘の点の高さを表すものとみなすならば，図II.3の曲線は，地形図に用いられる等高線に対応していると主張する[133]。そしてこの等高線によって形成される効用曲面を，彼は「快楽の指標の丘」[134]と呼んだ。しかし，パレートは，効用曲面がどのような形になるかを図示していない。このため，効用曲面の形状は読者の想像力に委ねられた。

5.2 ヒックスの無差別曲線分析

パレートが示唆した効用曲面と無差別曲線の関係を，万人が納得するような形で明らかにしたのが，1972年のノーベル経済学賞受賞者ヒックス (John Richard Hicks, 1904-1989) である。彼は主著『価値と資本』(1939年)の第1章「効用と選好」において，限界効用逓減の法則から消費者需要の理論を展開したマーシャルに対する，次のような批判から議論を開始する。

> マーシャルの議論はそれゆえ総効用を極大にするという観念から出発し，限界効用逓減の法則を経て，購入される諸商品の限界効用はそれぞれの価格に比例しなければならないという結論に進むのである。／しかしそれでは消費者が極大にするこの「効用」とは何であるか，また限界効用逓減の法則に対する精確な基礎は何であるか。マーシャルはこれらの問題についてはひとを満足させないままに放っておくのである[135]。

この批判に続いて，ヒックスは，これらの問題に対する光明がパレートによって投ぜられていると述べ，パレートの無差別曲線に関する議論を次のように整理した。最初にヒックスは，パレートの図II.3を図II.4のように表現し直した。図II.4のX軸とY軸はそれぞれ財Xの量と財Yの量を表す。

図Ⅱ.4 ヒックスの効用曲面

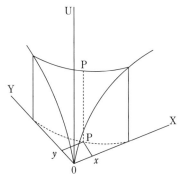

（出所）Hicks, J. R., *Value and Capital*, Clarendon Press, Oxford, 1939, p. 15.
（安井琢磨・熊谷尚夫訳『価値と資本』岩波文庫，1995 年，上巻，p. 48）

図Ⅱ.5 ヒックスの無差別曲線

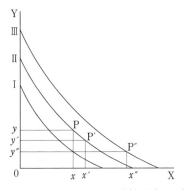

（出所）Hicks, *Value and Capital*, p. 15.（前掲訳書，上巻，p. 48）

また，XY 平面上の点 P は財 X を x，財 Y を y 保有する組合せを表す。この点 P から垂直に直線を引いたときの線分の長さ PP が，この 2 財の組合せから得られる総効用の大きさを表す。P の軌跡は等高線で示されているが，この等高線上のどの点でも総効用の大きさは等しい。また，等高線を連続して無数に描いたときにできる曲面を，ヒックスは効用曲面と名付けた。

ヒックスは 3 次元の効用曲面を創作することによって，パレートの効用曲面に関する説明を理解しやすい形に直しただけではない。ヒックスの真骨頂

5 無差別曲線分析　163

は，この3次元の図を2次元の図に投影する方法にある。その結果を示したのが図Ⅱ.5であり，彼はこの無差別曲線を次のように導出した。

　図Ⅱ.4の効用曲面において，財Xと財Yの量をX軸とY軸に沿って測りながら，XY平面の上に等高線を投影したのが，同図の破線で表した曲線である。同様の，ただし異なる高さの等高線をXY平面の上に写し取ると図Ⅱ.5のような無差別曲線が得られる。それぞれの曲線は，同じ高さに対応する点，すなわち同じ総効用に対応する点を結んだものである。たとえば，図Ⅱ.5の点Pと点P′は同じ無差別曲線上にあるので，点Pで表される財Xと財Yの組合せから得られる総効用が，点P′で表される財Xと財Yの組合せから得られる総効用と等しいことを意味する。また，点P″で表される財Xと財Yの組合せは，点Pや点P′での財Xと財Yの組合せよりも大きな総効用をもたらすことを意味する。

　続いてヒックスは，次のように論じる。財が正の限界効用をもつ限り，財Xが増加して財Yが減少するか，あるいは財Xが減少して財Yが増加する場合にのみ同一の無差別曲線上にとどまることが可能なので，無差別曲線は右下がりとなる。また，ある無差別曲線上の任意の点Pにおける勾配は，ある個人にとっての財Xの小単位の減少を補償するために必要な財Yの量を表すが，財Yの増加から得られる効用は財Yの獲得量×財Yの限界効用に等しく，他方，財Xを失うことによって生じる効用の損失は財Xの喪失量×財Xの限界効用に等しいという関係から，点Pでの曲線の勾配は次式で求められる，と[136]。

$$\frac{\text{財Yの獲得量}}{\text{財Xの喪失量}} = \frac{\text{財Xの限界効用}}{\text{財Yの限界効用}} \tag{2}$$

　それでは消費者の効用が最大化されるのはどのような場合であろうか。ヒックスは，全所得を2財に費やす消費者を想定し，さらに2財の価格を所与と仮定して図Ⅱ.6を描いた。同図のLは全所得を財Xに費やした場合に購入できる量を，同様にMは全所得を財Yに費やした場合に購入できる量を表す。両者を結んだ直線は今日では予算制約線と呼ばれている。同図には2つの無差別曲線ⅠとⅡが描かれているが，外側の無差別曲線Ⅱと予算制約線とが接する点Pにおいて最大の効用が得られる，とヒックスは言う。その

図Ⅱ.6 予算制約線と無差別曲線

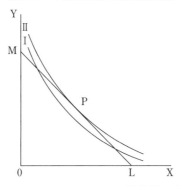

(出所) Hicks, *Value and Capital*, p. 16.(前掲訳書, 上, p. 52)

理由は点Pからどちらの方向に移動しても，低い効用を与える無差別曲線に進むことになるからである[137]。

　以上のようにしてヒックスは，限界効用理論を無差別曲線の言葉に置き換えた。こうした置き換えによって何が成し遂げられたのであろうか。このことについてヒックスは次のように主張する。「与えられた価格においてある個人が購入する諸財の数量を決定するためには，マーシャルの（基数的効用）理論はその効用曲面を知らねばならない」（括弧内筆者）が，無差別曲線分析では，「ただその個人が諸財のある特定の集まりをいま1つの特定の集まりよりも選好する」[138]ことを想定するだけでよい，と。換言すれば，基数的効用理論では効用の強度を知る必要があるのに対して，無差別曲線分析では選好の順序だけを知るだけでよい，と言うのである[139]。

　続いてヒックスは，この効用の序数性の仮定から消費者需要の理論を構築するにあたり，「われわれはいまや清掃に着手し，数量的（＝基数的）効用によって汚されたすべての概念を棄却するとともに〔中略〕すこしもかかる含意を有しない諸概念を持ってこれに置き換えなければならない」[140]（括弧内筆者）と宣言する。ヒックスが棄却し，置き換えようとした第1の概念は限界効用であり，このことについて彼は次のように論じている。

　　最初に犠牲になるのは明らかに限界効用そのものでなければならない。

5　無差別曲線分析　　165

もし総効用が恣意的であるとすれば、限界効用もまたそうである。しかし2つの限界効用の比に対しては、両方の商品の数量が与えられている場合には、なお厳密な意味を与えることができる。なぜならこの数量は無差別曲線の勾配によって表され、そうしてそれは問題となっている恣意性とは無関係だからである。〔中略〕この数量に新しい名前を与え、それをこの商品の間の限界代替率と呼ぶことにしよう[141]。

ここでヒックスの言う限界代替率とは、財市場に財Xと財Yの2財しかないとすれば、ある消費者に対して財Xの限界単位の喪失をちょうど補償する財Yの数量のことである[142]。ある消費者がこの2財の購入によって最大の効用を得るのは、この消費者にとって2財間の限界代替率が2財の価格の比に等しくなるときである。いま、財Xの価格をp_X、財Yの価格をp_Y、2財間の限界代替率をMRSで表すことにすると、ヒックスは次式が成り立つときに、当該の消費者の効用が最大になると指摘した[143]。

$$\text{MRS} = \frac{p_X}{p_Y} \quad (3)$$

ヒックスが棄却し、置き換えようとした第2の概念は限界効用逓減の法則である。ヒックスはこの法則を、限界代替率逓減の原理によって置き換えることを提言した。限界代替率逓減の原理とは、諸財の量を一定とし、ある消費者の効用が変化しないような仕方で財Xの量を増加させ、財Yの量を減少させていく場合、財Xの第2単位を相殺するために減少させなければならない財Yの量は、第1単位を相殺するために減少させなければならない財Yの量よりも小さいことを言う。

以上が、序数的効用を前提としてヒックスが展開した無差別曲線分析であり、この理論の発展に対するヒックスの貢献として以下の3点を指摘できる。第1に、パレートの議論の順番を逆転して無差別曲線分析を提示したことである。つまり、パレートが2次元平面に無差別曲線を描いてから3次元の効用曲面の議論に進んだのに対し、ヒックスは3次元の効用曲面の議論から2次元の無差別曲線の議論に進んだことである。第2に、限界代替率の概念を導入したことである。第3に、予算制約線を導入し、2財の価格を一定とし

た場合に，消費者の効用を最大化する点を明らかにしたことである。

　ヒックスが完成した無差別曲線分析に対しては次のような問題点があることが指摘されている。第1の問題点は，無差別曲線分析は2財モデルにすぎないことである。また，図を利用した（視覚に訴える）分析が可能なのは3次元までなので，無差別曲線分析が可能なのは財の数が3つまでの場合だけである。しかし，これは人間の認知能力の限界に関わることであるものの，無差別曲線の本義を損なうものではない。

　第2の問題点は，「無差別曲線分析の代表者たちは，効用の基数的理解を放棄したかのように見せかけるが，実際にはそれを理論にこっそり持ちこんでいる」[144]ことである。この点に関して鋭い指摘を行ったのは，ケンブリッジ大学でピグーの後継者となったロバートソン（Dennis Holmes Robertson, 1890-1963）である。ロバートソンは次のように論じている。序数的効用理論に従えば，効用の多数の断片を取りだし，これを大小の順に従って一列に並べ，それに1, 2, 3,…の標識を付けることができ，これは効用の基数性を仮定しなくても可能である。しかし，消費者が，ある状態の変化を他の状態の変化よりも好ましいと判断することが可能であるためには，効用が単に順序づけが可能であるだけでなく，基数性も仮定する必要がある，と[145]。ロバートソンは，図Ⅱ.7を用いてこのことを説明している[146]。もし，消費者が状態の変化を比較することができ，したがって当該の消費者が変化ABを変化BCよりも高く評価することができるとすれば，D点を求めることは常に可能なはずである。ここでのD点は，この消費者が変化分ADを変化分DCと同程度のものと評価する点であり，したがって，ACの間隔はADの間隔の2倍であると言うのと同じことである。

　このロバートソンの批判を受け入れるとすれば，序数的効用理論は基数的効用理論を「こっそり持ちこんでいる」という上記の指摘は的を射ているこ

図Ⅱ.7　状態の変化と効用の比較

```
  A              D      B      C
```

（出所）Robertson, D. H., *Lectures on Economic Principles*, Staples Press, London, 1957, vol. 1, p. 85.（森川太郎・高本昇訳『経済原論講義』東洋経済新報社，1960年，第1巻，p. 100）

5　無差別曲線分析

とになる。さらには,「序数的効用の理解による需要曲線の構築が,効用の基数的理解に基づく需要曲線の導出に比べて,需要理論を前進させたと考えることはできない」[147] という批判を甘受しなければならないであろう。このような問題点を抱える無差別曲線分析を超克することを目的として提示されたのが,次節で取り上げる顕示選好の理論である。

6　顕示選好の理論

　前節で論じた無差別曲線分析は,「消費者は，市場で生起している過程や財の交換価値について知ることなしに，2つの財バスケットのどちらが好ましいか，あるいはそれらはともに彼にとって無差別であるかを判断できる」[148] という仮定を前提にしている。これに対して，このような仮定を設けなくても，市場において消費者が行う選択を観察するだけで，消費者行動を説明できる可能性があることに最初に着目したのが1970年の第2回ノーベル経済学賞受賞者サミュエルソンである。

　彼は『エコノミカ』誌1938年2月号に掲載した「消費者行動の純粋理論に関するノート」において，限界効用理論や無差別曲線分析の助けを借りなくても，「市場で観察できる購入行動によって『顕示された』選好」[149] で消費者行動を説明できることを示した。彼が「顕示された」選好と呼ぶのは，「もしある個人が消費財の束1を束2に対して選び取るならば，彼はそれと同時に束2を束1に対して選び取ることはない」[150] という選好関係のことである。この選好関係は，後に顕示選好の弱公理と呼ばれることになる。

　いま，財Xの価格がp_X^1，財Yの価格がp_Y^1であるときに，ある消費者が財Xと財Yの組合せの1つであるB＝(x', y')を購入できたにもかかわらず，実際にはA＝(x, y)という組合せを選択したとすれば，この消費者は組合せBよりも組合せAを顕示選好するとみなされるのである[151]。逆に，財Xの価格がp_X^2，財Yの価格がp_Y^2であるときに，組合せAではなく組合せBが選択されたとすれば，それはその価格体系では組合せAを購入することが予算制約上不可能であったことを意味する。その理由は，組合せAと組合せBの両方が購入可能であったならば，消費者はBよりもAを選択

したはずだからである。

すなわち，

$$p_X{}^1 x + p_Y{}^1 y \geq p_X{}^1 x' + p_Y{}^1 y' \quad (4)$$

が成り立つなら，AはBよりも顕示的に選好されるのである。そして，消費者の選好が変わらないならば，Bが選ばれることがあるのは，財Xの価格が$p_X{}^2$，財Yの価格が$p_Y{}^2$の下で，

$$p_X{}^2 x + p_Y{}^2 y > p_X{}^2 x' + p_Y{}^2 y' \quad (5)$$

が成り立つ場合，すなわち，この価格の下では組合せAが購入不可能な場合であり，このことを図示したのが図Ⅱ.8である。

以上のように顕示選好の弱公理から消費者行動を説明できることが明らかになっただけならば，経済学においてこの理論が重要視されることはなかったに違いない。顕示選好の弱公理の普遍性が膾炙することに貢献したのが，リトル（Ian Malcom David Little, 1918-2012）である。

1948年に出版されたサミュエルソンの『経済学の基礎』第6章の「指数の経済理論」の節に触発されたリトルは，1949年に『オックスフォード・

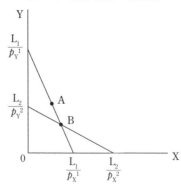

図Ⅱ.8　顕示選好の弱公理

注）L₁は価格体系（$p_X{}^1, p_Y{}^1$）の下での所得，L₂は価格体系（$p_X{}^2, p_Y{}^2$）の下での所得を表す。
（参考文献）西村和雄『ミクロ経済学（第3版）』岩波書店，2011年，p. 79。

『エコノミック・ペーパーズ』誌に「消費者行動理論の再定式」と題した論文を発表した。この論文において，リトルは顕示選好の弱公理から無差別曲線を導くことが可能であることを明らかにした。しかし，この論点に関するリトルの論証は洗練されているとは言いがたい。そこで後代のミクロ経済学のテキストに依拠して彼の論点を再論すると，顕示選好の弱公理から無差別曲線を以下のように導くことができる[152]。

図Ⅱ.9における点Aはある消費者の所得をL_1とするとき，財Xの価格がp_X^1，財Yの価格がp_Y^1の場合に消費者が購入した消費バスケットを表し，点Bは消費者の所得がL_2，2財の価格がそれぞれp_X^2，p_Y^2の場合に消費者が購入した消費バスケットを，同様に点Cは消費者の所得がL_3，各財の価格がp_X^3，p_Y^3の場合に消費者が購入した消費バスケットを表し，点Dは消費者の所得がL_4，各財の価格がp_X^4，p_Y^4の場合に消費者が購入した消費バスケットを表す。各点はそれぞれの予算線上でなされる選択であり，これらの点が表す消費バスケットは他の予算線のもとでは予算を超過してしまう。もし予算線の数を増やし，それぞれの予算線上で選ばれた消費バスケットを極限まで増やしてそれを線で結べば，点ABCDの近傍を通る，原点に対して凸の滑らかな曲線が得られるであろう（図Ⅱ.9の曲線）。また，さまざま

図Ⅱ.9 顕示選好の弱公理による無差別曲線の導出

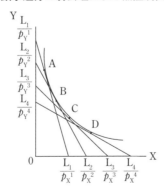

（参考文献）Binger, R. B. and Hoffman, E., *Microeconomics with Calculus*, Harper Collins, New York, 1988, p. 121.（木村憲二訳『微積分で学ぶミクロ経済学』シーエービー出版，1996年，上巻，p. 151）

な所得水準のもとで同様の作業を行えば，多数の曲線が得られるであろう。このようにして得られる曲線が，無差別曲線と等しくなることをリトルは明らかにした。ただし，この曲線は効用に関する仮定を一切必要とせずに描かれることから，彼はこの曲線を無差別曲線と呼ばずに「行動線（behavior line）」と呼んだ[153]。

こうしたリトルの議論に対して，サミュエルソンは直ちに反応し，無差別曲線が2財の限界代替率の軌跡に対応することを指摘した[154]。しかし，リトルもサミュエルソンもその議論を2財の場合に限定し，また，顕示選好と効用との関係を明示的に議論しなかった。

最終的に顕示選好の理論を完成させたのはハウタッカー（Hendrik Samuel Houthakker, 1924-2008）である。彼は，顕示選好と序数的効用との関係を明らかにし，さらに多数財の場合に顕示選好が成立する条件を，顕示選好の強公理として定式化した[155]。

顕示選好の強公理は以下のように要約できる。財バスケットAが財バスケットBよりも顕示選好され，また財バスケットBが財バスケットCよりも顕示選好されている場合，財バスケットCが財バスケットAよりも顕示選好されることは決してない。換言すれば，強公理は2つの財バスケットを間接的に比較した場合でも，最も強く選好された財バスケットが常に1つだけ選択される（つまり推移律が満たされる）ことを主張するのである。

顕示選好理論の第1の意義は，効用の存在を仮定せずに，消費者選択を説明できることを示したことである。つまり，顕示選好の理論は，価格および所得の変化が消費者の選択をどのように変化させるかを，市場で観察される事実のみに基づいて説明することが可能なことを明らかにした。この発想は，限界効用理論および無差別曲線分析とは正反対である。その理由は，限界効用理論と無差別曲線分析が，効用極大化という選択動機（＝原因）に着目して消費者選択を説明しようとするのに対して，顕示選好理論は消費者選択という結果から選択の原因を説明しようするからである。

第2の意義は，顕示選好の弱公理から無差別曲線を導くことが可能なことを明らかにしたことである。このことによって，顕示選好の弱公理を無差別曲線分析の代替物とみなすことも可能である。

他方，顕示選好理論の問題点として次の2点を指摘できる[156]。第1の問題点は，この理論を現実に応用しようとすると，理論と現実との矛盾に直面せざるを得ないことである。その理由は，短期においてさえ，消費者の選択に不整合が生じうるからである。たとえば，商品の宣伝や包装によって消費者の選択が影響を受けるし，消費者の所得と商品の価格が変わらなくても，毎回同じ財バスケットを購入するとは限らない。こうしたことの結果，消費者の選択行動が顕示選好の弱公理に合致しないケースが多く観察される可能性がある。

　第2の問題点は，顕示選好の理論は消費者選択の背後にある動機を説明することができず，消費者行動を記述することしかできないことである。限界効用理論は学術的な観点からすれば斥けられなければならないはずなのに，21世紀に入ってからもミクロ経済学の入門書の中にこの理論を取り上げているものが少なからずある。その理由は，顕示選好の理論が消費者選択の背後にある動機を説明することができないのに対して，限界効用理論は消費者選択について説得力のある説明を提供するからである。

7 社会的厚生関数

　第5節で取り上げた無差別曲線分析と第6節で取り上げた顕示選好理論はともに，議論の焦点を個々の消費者の効用あるいは選択に合わせている。これに対して，本節と次節では，集計量としての効用（選択）に関して経済学の中で1930年代以降に展開されてきた議論を考察対象とする。本節で考察対象とするのは，個々人の効用を社会全体について集計したものを社会的厚生とみなし，この社会的厚生が，それに影響を及ぼすと考えられる要因にどのように依存するかを表現しようとする議論である。

7.1　バーグソン＝サミュエルソン型社会的厚生関数

　社会的厚生に関する議論の先駆は，『クォータリー・ジャーナル・オブ・エコノミクス』誌にバーグソンが発表した論文「厚生経済学の若干の側面に関する再定式化」（1937年）である。彼がこの論文を書いた目的は，それまでに提示されてきた，経済的厚生を極大化するための条件の背後に潜む価値判断を厳密な形で明らかにすることにあった[157]。しかしこの論文を一読すれば明らかなように，社会的厚生関数に関するバーグソンの説明は洗練されているとは言い難い。

　これに対して，バーグソンの論文に触発されて，サミュエルソンが『経済分析の基礎』（1947年）の第8章「厚生経済学」において展開した社会的厚生関数に関する議論は洗練されたものとなっている[158]。この論考において，サミュエルソンは，倫理的価値判断が科学的分析に混入してはならないというロビンズの指摘はもっともであるが，「『厚生経済学』という名称の下に含まれる問題に対して経済学が立ち入る余地はないと結論することは妥当では

ない。〔中略〕さまざまな価値判断の結果を検討することは，その理論家が同じ価値判断をもっていようといまいと，経済分析の正統な課題である」[159]と主張する。

このような観点から，サミュエルソンは，社会の状態に対するなんらかの価値評価を

$$W = W(z_1, z_2, \cdots) \quad (6)$$

と表せるとした。ここで $z_1, z_2, \cdots$ は社会状態を特徴づけるすべての変数を表す。また，W は，サミュエルソン自身の表現に従えば，社会状態の「1つの形態が他の形態よりも『よい』か『わるい』かまたは『無差別』であるかという問題に関して明確な答えを与えるような信念」[160] を表す。

この型の社会的厚生関数は，社会状態を特徴づけるあらゆる変数（消費者が購入する財やサービス，生産者が投入する財の数量や生産する財やサービスの数量等）を包含できるので，一般的すぎる。そこで，サミュエルソンは，社会的厚生関数を特定化するために次の8つの仮定を導入する[161]。①価格は間接的にしか厚生関数に含まれない。②変数のうちのあるものは特定の個人または家計を示すものと考えることができる。③1個人が消費する与えられた財の量は，他の個人が消費する財と同じ型のものである。④ある与えられた等級の生産用役は多くの用途に無差別に使用されうる。⑤個人の選好は尊重されるべきである。⑥個人の選好は彼が消費するものにのみ依存し，他の人が消費するものには依存しない。⑦厚生関数はすべての個人の消費に関して完全に対称的である。⑧極大化されるべき厚生関数を各個人が経験した基数的効用の総和として定義する。

サミュエルソンは，これらの仮定から，次のように議論を進める[162]。いま，ある経済に存在する財・サービスを X^i で表すことにすると，仮定②と③は，この経済において重要な変数は多数の財・サービス $(X^1, X^2, \cdots, X^n)$ と見なすことができることを意味する。これらの財・サービスの総計は経済内の s 人に分配される。k 番目の個人に分配される i 番目の財・サービスを x_k^i で表すことにすると，仮定①から，社会的厚生関数には各人に分配される量だけが含まれる。したがって，（6）式は，

$$W = W(x_1{}^1, \cdots, x_1{}^n; \cdots; x_s{}^1, \cdots x_s{}^n) \qquad (7)$$

と書き換えることができるのであり，この（7）式は仮定①〜④を言い尽くしている。次に，分配された財・サービスの消費から k 番目の個人が得る効用を u_k で表すことにし，仮定⑤と⑥に従って（7）を変形すると，次式のようになる。

$$W = W\left[u_1\left(x_1{}^1, \cdots, x_1{}^n\right), \cdots, u_s\left(x_s{}^1, \cdots, x_s{}^n\right)\right] \qquad (8)$$

（8）式はさらに次のように書き換えることができる。

$$W = W(u_1, u_2, \cdots) \qquad (9)$$

サミュエルソンは，仮定⑦と仮定⑧については，次のように述べている。まず，仮定⑦に関しては，これが個々人の選好にはかなりの相違があるという事実を無視した価値判断を伴っていると述べ[163]，仮定⑧に関しては「本質的には不必要な仮定」[164] であると述べている。

　以上が社会的厚生関数に関するサミュエルソンの説明の要点であり，（9）式はバーグソン＝サミュエルソン型社会的厚生関数と呼ばれている。この型の社会的厚生関数は，社会的厚生水準 W には個々人の効用水準 u しか影響を与えないことを明示している。このような立場は厚生主義（welfarism）と呼ばれている[165]。

　バーグソン＝サミュエルソン型社会的厚生関数は社会的厚生と個々人の効用との関係についての一般的条件を明示するための枠組みを提供するだけであり，バーグソンもサミュエルソンもこの関数がどのような形状をとるかについては明言していない。幸いなことに，社会的厚生関数のとりうる形状に関しては，ボーモル（William Baumol, 1922-2017）が 1949 年に『レビュー・オブ・エコノミック・スタディーズ』において発表した社会的無差別曲線を利用して推察することが可能である[166]。社会的無差別曲線とは，2 人からなる社会を考え，個人 1 の効用を横軸に，個人 2 の効用を縦軸にとったときに，一定の社会的厚生をもたらす効用の組合せを図示したときに得られる曲線である。

前記の (9) 式からは、バーグソン＝サミュエルソン型社会的厚生関数に対応する社会的無差別曲線を描くための2つの情報が得られる。第1に、社会的厚生 W の水準が一定に保たれるとすれば、社会の中の誰か1人の効用が増加した場合、他の誰かの効用が減少しなければならないから、社会的無差別曲線は右下がりである。第2に、誰かの効用が増加すれば、他の人々の効用が減少しない限り、社会的厚生は増加する。このことは原点から遠い社会的無差別曲線ほど、社会的厚生が高いと解釈できる。社会的無差別曲線を描くための第3の情報は、社会的限界代替率から得られる。社会的限界代替率とは、社会的厚生が一定のときに、ある個人の効用が1単位増加するときに他の個人の効用がどれくらい減少するかを表すものである[167]。ある個人（個人1）の効用の増分の第2単位を相殺するために減少させなければならない別の個人（個人2）の効用の量は、個人1の効用の第1単位を相殺するために減少させなければならない個人2の効用の量よりも小さいであろう。このことから、社会的無差別曲線が原点に対して凸であると判断できる。
　図Ⅱ.10において、45°線を挟んで対称の位置にある、社会的無差別曲線 W_2 上のAとBは、どちらも同じ効用水準であり、A点が個人1の効用を表し、B点が個人2の効用を表すと見なしてもよいし、B点が個人1の効用を表し、A点が個人2の効用を表すと見なしてもよい。このことは社会的厚生を決めるうえで、誰がどのような効用水準を享受しているかは重要ではない

図Ⅱ.10　バーグソン＝サミュエルソン型社会的無差別曲線

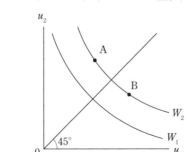

（参考文献）林正義「社会厚生関数と再分配のコスト」林正義・小川光・別所俊一郎『公共経済学』有斐閣アルマ、2010年、p.64。

ことを意味するのであり，社会的厚生関数の「匿名性の仮定」と呼ばれている[167]。

上記のようなバーグソン＝サミュエルソン型社会的厚生関数に対して，次のような批判がなされている。第1は，社会を構成する個人の効用関数が同一であると仮定することは非現実的であるとの指摘である。第2は，バーグソン＝サミュエルソン型社会的厚生関数が，前述の仮定⑧の効用の基数性の仮定に加えて，個人間の効用比較可能性の仮定を必要とするとの指摘である。個人レベルの効用については少なくとも序数的効用を前提とすればその説明が可能であるのに対して，個々人の効用を社会全体について集計するためには効用の基数性と比較可能性を前提とせざるをえないのである[169]。

7.2　ベンサム型社会的厚生関数

本章2.1において論じたように，功利主義の創始者ベンサムは，彼の主著『道徳および立法の諸原理序説』において，人間は快楽を求め，苦痛を避けようとするという人間観に基づいて，「最大多数の最大幸福の原理」を導いた。

前項と同様に，社会を構成するi番目の個人の効用をu_iで，社会的厚生水準をWで表すことにすると，最大多数の最大幸福の原理は，次式を最大化することに等しいと言われることが多い。

$$W = u_1 + u_2 + \cdots + u_n \qquad (10)$$

しかし，(10)式で社会的厚生を定義した場合，各人の効用水準が一定でも，単に人口が増加するだけで社会的厚生は増加しうる。そこで，人口の大きさに無関係な次式で最大多数の最大幸福の原理を定義することにし，次式をこの原理の提唱者ベンサムに因んで，ベンサム型社会的厚生関数と呼ぶことにする[170]。

$$W = \frac{1}{n}(u_1 + u_2 + \cdots + u_n) \qquad (11)$$

上式から明らかなように，ベンサム型社会的厚生関数では，すべての個人の効用に対して等ウエイトが与えられている。このことの含意を，個人1と

個人 2 からなる社会について考察することにしよう。個人 1 と個人 2 の効用をそれぞれ u_1, u_2 で表すことにすると，この 2 人からなる社会の社会的厚生水準は，

$$W = \frac{u_1 + u_2}{2} \qquad (12)$$

と表現される。社会的厚生水準 W を一定とした場合の社会的無差別曲線は，

$$u_2 = 2W - u_1 \qquad (13)$$

となる。(13) 式において右辺の $2W$ は定数であり，また，u_1 の係数は -1 であるから，ベンサム型社会的厚生関数は -1 の勾配をもつ右下がりの直線であることがわかる。

図 II.11 には，2 つの社会の厚生水準に対応する社会的無差別曲線 W_1, W_2 と 45°線を書き入れた。通常の無差別曲線と同様に，原点から遠い社会的無差別曲線ほど高い社会的厚生水準を表す。また，ベンサム型社会的厚生関数では，各社会的無差別曲線は 45°線を挟んで対称である。これは社会を

図 II.11 ベンサム型社会的無差別曲線

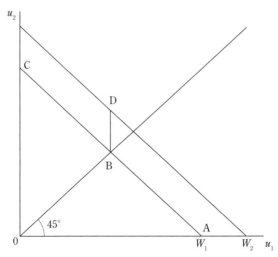

(参考文献) 板谷淳一・佐野博之『コア・テキスト　公共経済学』
新世社，2013 年，p. 81。

構成する各人の効用関数を等しいと見なしていることを意味する。

この型の社会的厚生関数においては，同一の社会的無差別曲線上であればどのような効用の配分が望ましいかということに関心が払われない。その理由は，個人1の効用の減少分だけ個人2の効用が増加すれば社会的厚生は変化しないからである。図Ⅱ.11のA，B，Cはいずれも同一の社会的無差別曲線 W_1 上にあるが，個人1が社会的効用を独り占めするA点，逆に個人2だけが社会的効用を独り占めするC点，あるいは個人1と個人2が等しい効用を有するB点は，社会的厚生水準が同等とみなされるのである。

ベンサム型社会的厚生関数のもつこの問題点を指摘し，代替的な社会的厚生関数を提示したのが次項で取り上げるハーバード大学の哲学者ロールズである。

7.3 ロールズ型社会的厚生関数

ロールズが1971年に公刊した『正義論』は当時の学界に大きな反響をもたらした。その理由は，ムーアの『倫理学原理』(1903年) 以降,「規範の定立・正当化を放棄し，倫理用語の言語分析（メタ倫理学）と思想史研究に二極分解していた英語圏の倫理学の主潮」を『正義論』は規範倫理学へと大きく旋回させたからである[171]。

同書第1章で，ロールズは，前述のベンサムから19世紀後半に活躍したシジウィックまでの功利主義を古典的功利主義と呼び，古典的功利主義における「正義」が満足の最大値の達成にあると捉える[172]。そして彼は，この古典的功利主義が，「少数者の自由を侵害することで多くの人びとがより大きな利益を分かち合えているとしても，それでもって正しい事態がもたらされたとは言えない」[173]ことの理由を示すことができないと非難する。

古典的功利主義に代わるものとして，ロールズが提唱するのは正義の原理であり，彼は独自の社会契約説からこの原理を導く。伝統的な社会契約説が「自然状態」からその議論を始めるのに対して，ロールズは，原初状態 (original position) を議論の出発点とする。原初状態とは，「誰も社会における自分の境遇，階級上の地位や社会的身分について知らないばかりでなく，もって生まれた資産や能力，知性，体力その他の分配・分布においてどれほ

どの運・不運をこうむっているかについても知っていない。〔中略〕さらに，契約当事者たちは各人の善の構想やおのおのに特有の心理的な成功も知らない」[174] 状態のことである。この状態に置かれた人びとは，ロールズの言う「無知のヴェール」(veil of ignorance) に覆われていることになる。そして，こうした仮定によって，全員が同じような状況に置かれることになり，正義の原理が公正な合意ないし交渉によってもたらされるはずである，とロールズは言う。

それでは，この原初状態において導かれる正義の原理とはどのようなものであろうか。ロールズが正義の原理として挙げるのは次の2つの原理である。

【第1原理】各人は平等な基本的諸自由の最も広範な全システムに対する対等な権利を保持すべきである。ただし最も広範な全システムといっても，すべての人の自由の同様な体系と両立可能なものでなければならない[175]。

【第2原理】社会的・経済的不平等は，次の二条件を充たすように編成されなければならない。

(a) そうした不平等が，最も不遇な人びとの期待便益を最大に高めること。

(b) 公正な機会の均等という条件のもとで全員に開かれている職務や地位に付随する［ものだけに不平等をとどめるべき］こと[176]（括弧内訳者）。

第1原理の基本的自由の内容として，ロールズは，政治的な自由（投票権や公職就任権），言論および集会の自由，良心の自由，思想の自由，人身の自由，個人的財産（動産）を保有する権利，恣意的な逮捕・押収からの自由を挙げている。各人がこれらの基本的な自由に対する平等の権利をもつべきであるという第1原理は明快であり，説明を要しないであろう。

第2原理の (a) は，社会生活の出発点においてハンディキャップすなわち「格差」をどのように是正するかを決めるものなので，格差原理 (difference principle) と呼ばれている。川本隆史は，格差原理が「生まれつき恵

まれた暮らしをしている人びとは，不遇な人びとの暮らし向きを改善するという条件のもとでのみ，自分たちの幸福から利益を得ることが許される」[177]ことを含意すると指摘している。他方，第2原理の (b) は，「公正な機会均等の原理」(the principle of the fair equality of opportunity) と呼ばれている。

　無知のヴェールに覆われた原初状態においては，人びとは基本的な諸自由と公正な機会均等や所得と富の平等な分配を要求する，とロールズは言う[178]。この原初状態から，基本的諸自由を全員が平等にもって社会生活を始めたとしても，結果的に社会的・経済的な不平等が不可避的に発生する[179]。こうして発生する不平等を放置しないとすれば，社会の許容する不平等の範囲はどこまでであり，その範囲を超えた不平等をどのように是正するかが問われることになる。この疑問に対するロールズの回答が第2原理 (a) の格差原理に他ならない。無知のヴェールに覆われていて，自分がどのような境遇に置かれるのか不明なので，自分が最悪の結果に陥ってしまう可能性があることを人びとが等しく自覚しているため，最悪の事態を最大限改善するという「マキシミン・ルール」(maximin rule) に則って「格差原理」が選択される，と彼は言う。換言すれば，彼の論点は，社会の中の最も不幸な人びとの厚生を最も重視すべきだという点にある。

　いま，個人1と個人2からなる社会を考え，これまでと同様に，各人の効用をu_1, u_2で表すことにする。また，$\min \{x, y\}$でxとyのうち小さい方の値をとることを表すことにすると，ロールズ型社会的厚生関数は次式によって定義される。

$$W = \min \{u_1, u_2\} \qquad (14)$$

つまり，2人の効用のうち低い効用をもつ個人の効用によって社会的厚生が規定されるのである。

　図Ⅱ.12の横軸は個人1の効用を，縦軸は個人2の効用を表しており，同図のA点は個人1と個人2の効用が等量の場合である。この状態から個人1の効用のみ2倍に増加し，個人2の効用は変化しない場合を考えると，マキシミン・ルールでは常に社会的厚生は効用の低い方の値と一致するので，社

図Ⅱ.12 ロールズ型社会的無差別曲線

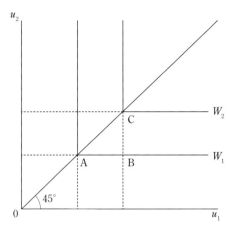

(参考文献) 板谷淳一・佐野博之『コアテキスト 公共経済学』新生社,2013 年,p.86。

会的厚生は増加せず,同じ社会的無差別曲線 W_1 上の B 点に移動するだけである。しかし,個人 2 も効用が 2 倍になる場合には,より高い社会的無差別曲線 W_2 上の C 点への移動となる。こうしてロールズ型社会的無差別曲線は L 字型となる。

　ロールズ型社会的厚生関数に対しては以下のような疑問が生じる。第 1 に,なぜ「無知のヴェール」という極端な状況を想定しなければならないかということである。このことについて説得力のある説明を行うことは困難である。第 2 に,最悪の事態に置かれた人の効用のみに注目し,社会の残りのメンバーの効用を無視することが妥当かどうかということである。

8 社会選択論

8.1 アローの不可能性定理

　前節においては，個々人の効用の集計量としての社会的厚生について考察した。本節では，個々人の効用から社会全体の効用を集計する問題について考察する。この問題に対する学界の注意を喚起したのは1972年のノーベル経済学賞受賞者アローである。彼は1951年に公刊した『社会的選好と個人の価値』において，経済主体全員の選好が与えられたとき，これらを集計して1つの社会的選好を導出する方法について詳細に検討した。

　アローが議論の出発点としたのが「投票のパラドックス」である[180]。いま，3人の個人1, 2, 3がおり，A, B, Cという3つの選択肢に対する3人の選好順序が表Ⅱ.2のように与えられているとする。この表において，3人中2人がBよりAを選好し，同じく3人中2人がCよりBを選好し，3人中2人がAよりもCを選好している。この状況の下ではどのような結果を社会が選択するかは投票順序に依存する。

　3人の投票順序に関して，最初にAとBに関してどちらを選好するかを

表Ⅱ.2　推移律を満たさない選好

選好順位	個人1	個人2	個人3
1位	A	B	C
2位	B	C	A
3位	C	A	B

（参考文献）　Varian, H. R., *Intermediate Microeconomics: A Modern Approach*（7th ed.）, W. W. Norton & Company, New York, 2005, p. 614.（佐藤隆三監訳『入門ミクロ経済学』勁草書房，2007年，p. 549）

投票し，次にこの投票によって選ばれた選択肢とCの間でどちらを選好するかを投票することに決めたとすれば，まずAとBの間の選択では多数派はAを選び，次のAとCの間の選択ではCを選ぶ。しかし，投票順序を変えて，最初にAとCの間でどちらを選好するかを投票し，次にこの投票で選ばれた選択肢とBの間で投票することにすれば，今度は最終的にBが選ばれることになる。このように，最終的にどのような結果が選択されるかは，事実上，投票の順序によって左右されることを「投票のパラドックス」あるいは「循環的投票のパラドックス」と呼んでいる[181]。

アローが取り組んだのは，単純多数決ルール以外の方法で，投票のパラドックスの問題を合理的に解決できるかどうかということであった。より一般化して言えば，アローが取り組んだのは，さまざまな嗜好をもった個人の選好から1つの社会的選好を民主的に構成するルールを求めようとする問題であると換言できる。こうしたルールを求めようとする研究領域は社会選択論（social choice theory）と呼ばれている。

いま，構成員iがxよりもyを選好することを$x \succ_i y$と表記し，xとyを同程度に選ぶことを$x \sim_i y$と表記することにする。このとき，(1) すべての選択肢に対し$x \succsim_i x$であることを「反射律」と呼ぶ。反射律とは，選好の順序付けがそれ自体と比較しても意味をもつことを言う[182]。(2) すべての選択肢x, yに対し，$x \succsim_i y$または$y \succsim_i x$であることを「連結律」と呼ぶ。連結律とは，どのような選択肢の間でも比較が意味をもち，一意的に決まることを言う。換言すれば，選択肢が与えられた場合，「判断できない」とか「保留する」という決定を許さないのが連結率の意味である。(3) すべてのx，y，zに対して，$x \succsim_i y$，$y \succsim_i z$ならば，$x \succsim_i z$であることを「推移律」と呼ぶ。推移律とは，一対の選択肢の選択から，全体の順序付けが一意的に決まるという条件の下で，しかも，選択肢の対の選択を進めていく際の決定順序が影響を及ぼさないことを保証するものである。

アローは反射率と連結律を合わせて公理1とし，推移律を公理2として，この2つの公理を議論の前提とする[183]。

次にアローは，さまざまな社会状態に対する個々人の選好順位をもとにして，これに対応する社会的選好順位を決定する手続きないし規則を社会的厚

生関数と名付ける[184]。そしてこの個人的選好を真に代表するとみなされるために社会的厚生関数が満たすべき条件として，以下の5つを挙げた[185]。

　　条件1　個人選好の無制約性。
　　条件2　全員一致の条件[186]。
　　条件3　無関係な選択対象からの独立性。
　　条件4　市民主権。
　　条件5　非独裁性。

　条件1は，各個人は，彼・彼女が選択するかもしれないどのような選好順序をもつことも自由であるべきであるという条件であり，定義域の非限定性の条件と呼ばれることもある[187]。条件2は社会を構成するすべての個人がある選択肢を選好しているならば，社会的になされる決定においてもその選択肢が望ましいものとならなければならないという条件である。条件3は，選択に際しては，各個人の選好だけがその決定に影響を及ぼし，別の選択肢が加わっても，もとの社会的な選好順序は変更されないという条件である。条件4は，社会的厚生関数は個人のある種の選好を全く反映しないようなものであってはいけないという条件である。条件5は社会的選択が1個人だけの選好によって決定されてはならないという条件である。

　アローが上記の5つの条件から導いたのが「不可能性定理」である。「不可能性定理」とは，2人以上の構成員のいる社会が，3つ以上の選択肢に関して社会的選択を行う場合，条件1から条件5までを満足させる選択方式（＝社会的厚生関数）は存在しないということを証明するものである。厳密に言えば，条件1から条件4を使って，条件5の「非独裁性」の否定，つまり，独裁者の存在が導出できることを証明したのである。

　ただし，上記のアローの5つの条件に対してブラウ（Julian H. Blau）によって批判がなされ，この批判を受けて，条件2と条件4を「パレート原理」（「パレート最適性」とも呼ばれる）で置き換えた方が良いことを，アロー自身が1963年に発表した「社会的選択の理論に関する覚書き」において認めた[188]。パレート原理とは，「もしも社会の構成員の全員が，"xよりもyの方が良い"と主張したならば，社会はこれに従った決定をしなければならない」[189]というものである。この原理は，社会のすべての構成員の厚生がよ

り向上するような方策はこれを社会的に採用すべきであるという考えに立っている[190]。

このように条件の数が1つ減って4つになったとしても，アローの不可能性定理の証明は依然として難解であり，多数の研究者がこの定理を平易に説明する努力をしてきたものの，こうした試みの大部分は必ずしも成功しているようには思われない。もちろん，この定理の平易な証明は筆者の力量が及ぶところではない。そこで，次項において，アローの不可能性定理と同様の内容を有し，しかもその理解が容易な，1998年のノーベル経済学賞受賞者アマルティア・センによる議論を紹介する。

8.2　パレート派リベラルの不可能性定理

センは，多数決がリベラルではないという批判を検証することを目的として，1970年に「パレート派リベラルの不可能性」と題した論文を発表した。同論文の「はじめに」において，彼は次のように問題提起する。

> 社会の他のすべての事情を所与として，もしあなたが白よりもピンクの塀を望むなら，地域住民の大多数が反対のことを望んでいようとも，社会はあなたが塀をピンクに塗ることを許可すべきである[191]。

この個人の自由という問題の帰結について考察するために，センは，最初に定義域の非限定性の条件を導入する。

> 条件U（定義域の非限定性）：集団的選択ルールの定義域には，論理的に可能な個人的順序のあらゆる集合が含まれている[192]。

この定義域の非限定性は，個人選好の無制約性と言い換えることができる。次に，彼は彼独自の「パレート原理」を導入する。

> 条件P（パレート原理）：ある選択肢 x を他の選択肢 y よりも全員が選好するならば，社会は y よりも x の方を選好しなければならない[193]。

最後に，センは個人的自由の条件を導入する。

> 条件L（リベラリズム）：社会のすべての構成員にとって，彼がyより もxを選好すれば社会もそのように選好し，彼がyよりもxを選好すれ ば社会も同じ選好をしなければならないとされる，選択肢のペア(x, y) が少なくとも1つ存在する[194]。

この条件Lは少し理解しにくいが，センは，「各個人に少なくとも1つの社会的選択を決定する自由を与えること」と言い換えている。
　以上の3つの条件からセンが導いた結論は，3つの条件を同時に満たすことのできる社会的選択ルール（センはこのルールを「社会的決定関数」と呼んでいる）は存在しないというものである。条件Uは議論の前提条件にすぎないので，この結論は個人の自由とパレート原理とは同時に存立できないと言い換えることができる。ちなみに，個人の自由とパレート原理が同時に存立できないことを，センは「パレート派リベラルの不可能性」と名付けている。
　彼はさらに，条件Lの要請を弱くした，自由主義の最小限の要請といえる条件L*も導入する。

> 条件L*（最小限のリベラリズム）：いかなる社会においても，少なくとも二人の構成員は，それぞれが自己の選好順序にしたがって選択することが社会的に承認されるべき相異なる選択肢の対を，少なくとも1組ずつは所有していなければならない[195]。

条件Lと条件L*は，条件Lが認められれば条件L*が必然的に認められ，他方，条件L*が否定されれば条件Lも必然的に否定されるという関係にある。また，条件L*において「少なくとも2人の構成員」という条件を加えている理由について，佐伯胖は，「もしもこれがたったひとりについてだけ社会的承認を与えるというのであれば，いわば，独裁者の存在を認めることになってしまうからである」[196]と指摘している。

このように条件L*によって自由の条件を緩和しても,やはり条件Uと条件Pと条件L*を同時に満たす社会的選択ルールは存在しない,とセンは結論する[197]。

アローの不可能性定理の証明ほどではないが,センの不可能性定理の証明もまた理解が容易であるとは言い難い。幸いなことに,センは具体例を用いて不可能性定理を説明している。ここではセンの著書『正義のアイデア』(2009年)に掲げられた具体例を,表現を変えて紹介する[198]。

いま,1冊の猥雑な内容を含む本があり,それを読むかもしれないA氏とB氏の2人がいるとする。硬派のA氏はこの本を嫌い,それを読みたいとは思っていない。しかも,その本が大好きなもう1人のB氏がそれを読むことによってより大きな迷惑を受けると思っている(A氏は,B氏がその本を読むと猥雑な箇所をA氏の前で延々と話し始めることに特に悩まされている)。他方,B氏はその本を読むのが大好きであるが,A氏がそれを読むことの方を望んでいる。

このとき,3つの選択肢——A氏がそれを読む(x),B氏がそれを読む(y),2人とも読まない(z)——がある。A氏は2人ともこの本を読まないことを最も好み,2人のうちどちらかが読むとすれば,それを読んで自分に迷惑をかけるB氏が読むよりも,むしろ自分がそれを読むことを好む。そこで選好の強い順にランクづけすると,$z \succ x \succ y$ ということになる。他方,B氏は2人とも読まないことよりも,どちらかが読むことの方を好んでいる。さらに,彼はA氏がこの本を読んだら面白いことになりそうだと思っているので,B氏の1番の選好はA氏が読むことであり,次に,自分が読むこと,2人とも読まないのが最悪ということになる。したがって,ランクづけは $x \succ y \succ z$ となる。以上の選好関係をまとめたのが表Ⅱ.3である。

表Ⅱ.3 本を読むことに関する2人の選好順位

選好順位	A氏	B氏
1位	z	x
2位	x	y
3位	y	z

(参考文献)佐伯胖『「決め方」の論理』東京大学出版会,1980年,p.110。

さて，前述のように，パレート原理とは，ある選択肢 x を他の選択肢 y よりも全員が選好するならば，社会は y よりも x の方を選好しなければならないというものであった。表Ⅱ.3から，この原理を満たしているのは選好関係 $x \succ y$ だけであることが明らかである。

　また，個人の自由（リベラリズム）とは，他人に関与しなければ，個人の選択を自由にすることができることであったが，「誰も読まない」(z) というケースを自由に基づいて主張することはできない。なぜなら，B氏は明らかにその本を読みたいと思っているので，その決定にA氏が干渉すべきではないからである。また，A氏がその本を読むこと (x) を自由に基づいて主張することもできない。その理由は，明らかにA氏はその本を読みたいとは思っていないし，B氏がその選択に口出しする立場にないからである。残された唯一の可能性は，B氏がその本を読むことである。これはパレート原理に基づく前述の選好関係 $x \succ y$ と矛盾する[199]。

　以上のようにセンは，アローの前提とした公理2の「推移律」さえ前提とせずに，個人の自由の条件（条件Lと条件L*）と，アローの定理の第1の条件「個人選好の無制約性」ならびに第2の条件の「パレート原理」との間に矛盾が生じることを明らかにし，その結果，社会的選択ルール（ひいては社会的厚生関数）の存在を否定したのである。

9 福祉測定の基礎理論としての潜在能力アプローチ

9.1 センの潜在能力アプローチ

前節までにおいて取り上げた旧厚生経済学, 無差別曲線分析, 社会的厚生関数, 社会選択論は, いずれも経済政策や経済システムの成果を評価する際に, 帰結にのみ注目して手続き的な特性を無視し (帰結主義), 帰結が個々人にもたらす効用 (厚生) だけを評価対象にして, 帰結の非厚生的な特徴を無視する (厚生主義) という特徴を共有している。このことから, 鈴村・後藤は, この特徴のことを「厚生主義的帰結主義」[200] と呼んでいる。

イギリスの経済学者サグデン (Robert Sugden) は, この厚生主義的帰結主義がアローの不可能性定理の登場によって急速に求心力を失った一方で, 経済的公正や社会的公正が厚生主義的な基礎をもつ必要がないことを主張する政治哲学が1970年代にノージック (Robert Nozick, 1938-2002) の『アナーキー・国家・ユートピア』(1974年) や, ドウォーキン (Ronald Dworkin, 1931-2013) の『権利論』(1977年), そして前節で取り上げたロールズの『正義論』において展開された, と指摘している[201]。

具体的には, ノージックは帰結主義そのものを否定して義務論 (deontology) を唱えた (図Ⅱ.1参照)。義務論とは, 「行為や制度がもつ帰結を考慮することなしに, 行為や制度そのものの特質によって望ましいかどうか」[202] の判断基準とするもののことである。また, ドウォーキンは平等論を展開し, 「資源」をシステムに関する判断基準とした。前節では効用論の文脈の中でロールズの正義論を取り上げたが, システムについての彼の最終的な判断基準は「社会的基本財」であって, 効用ではないことを強調したい。

このようなロールズやノージックの政治哲学だけでなく, バーグソン=サ

ミュエルソンの社会的厚生関数，アローの社会的選択論をも超克するために，アマルティア・センが『財と潜在能力』(1985年) において提示したのが非厚生主義的帰結主義の立場に立つ潜在能力アプローチ (capability approach) である。それでは，非厚生主義，すなわち人々の主観的な満足に依拠しないで経済・社会システムの良否を判断する，センの潜在能力アプローチとはどのようなものであろうか。

　通常の経済学は依然として，財やサービスから得られる効用を，財・サービスの価値に結びつけている。これに対してセンは，財・サービスと効用の「狭間に挿入された中間項」[203] である「機能」(functionings) に注目する。センの定義によれば，「機能」とは「ひとがなしうること，あるいはなりうるもの」であり，彼は生活を機能の集合からなるものとみなす。彼が重要な機能の例として挙げているのは，「適切な栄養を得ているか」，「健康状態にあるか」，「避けられる病気にかかっていないか」といった単純なものや，「幸福であるか」，「社会生活に参加しているか」といった複雑なものである[204]。

　しかし，なぜセンは機能に注目したのであろうか。また，機能に注目することにどのような意味があるのであろうか。このことは，センが潜在能力アプローチを展開した『財と潜在能力』第2章の冒頭部分から容易に推察できる。同書第2章は次のように，ゴーマン (William Moore Gorman, 1923-2003) とランカスター (Kelvin John Lancaster, 1924-1999) の特性 (characteristics) の理論に関する説明から始まっている。

　　ゴーマン (1956) とランカスター (1966) が先鞭をつけたアプローチによれば，財とはそれが備える諸特性の組合せに他ならない。ここで特性とは，問題の財がもつさまざまな望ましい性質を意味している。ある量の財を確保することにより，人はその財のもつ特性に対して支配権を確立できる。例えば，食物を所有することにより，ひとは飢えをしのぎ，栄養を摂取し，食べる楽しみを得，社交的なある集まりを支援するといった，食物がもつ諸特性を入手できるのである[205]。

この書き出しに続けて，センは，「財の特性はそれを用いてひとがなにをなし得るかを教えてはくれない」[206]と述べ，特性アプローチの限界を指摘する。機能と特性の相違を説明するために彼が用いている例の1つが自転車の例である。自転車を所有することは，移動手段という特性をもつ財を支配することであるが，自転車を乗り回すことはそれを所有する人の機能である。また，センは，自転車を乗り回すことと，その行為から得られる喜びとは別のものであり，後者は機能を通じて得られた幸福という形での効用である，と言う[207]。したがって，この場合，センは，財・サービスとその特性は機能に先立つものであり，効用は機能の後にくるものとして捉えているのである。

　センの潜在能力理論において，機能と対をなす概念が潜在能力（capabilities）である。潜在能力とは，ある個人が達成しうる機能のさまざまな組合せ（あり方），生き方の幅のことである。換言すれば，ある個人が機能の選択に関してもつ自由度のことである。

　センは『財と潜在能力』において，機能，潜在能力，個人の福祉（幸福）の関係を以下のように形式的に規定している[208]。まず，個人が彼の所有する財ベクトル x_i を用いて達成する機能 b_i を次式のように表す。

$$b_i = f_i(c(x_i)) \qquad (15)$$

ただし，$c(\cdot)$ は財ベクトルを特性ベクトルに変換する関数，$f(\cdot)$ は，個人 i が所有する財の特性ベクトルから機能ベクトルを生み出すための利用関数。

個人 i が達成する機能に関連づけられた幸福関数を $h_i(\cdot)$ で表すと，この関数の下で個人 i が享受する福祉 u_i は，

$$u_i = h_i(f_i(c(x_i))) \qquad (16)$$

で示すことができる。センは，(15)式が人のありさま（状態）を，また，(16)式が，その人の達成しているありさまの評価を表していると述べている。ただし，(16)式の u_i は，機能ベクトル b_i の下でどの程度幸福であるか

を告げるにすぎず，その生き方がどの程度良いかを告げるものではない，と彼は付け加えている。そこでセンは，生き方の良さを判断する個人 i の評価関数 $v_i(\cdot)$ を，別途次式で定義している。

$$v_i = v_i(f_i(c(x_i))) \qquad (17)$$

以上は特定の利用関数の下での議論であるが，いま，利用関数の集合を F_i で表すとき，財ベクトル x_i が与えられた場合に個人 i にとって実現可能な機能ベクトルの全体 $P_i(x_i)$ は次式によって与えられる。

$$P_i(x_i) = \{b_i | \text{ある } f_i(\cdot) \in F_i \text{ に対して } b_i = f_i(c(x_i))\} \qquad (18)$$

もし，個人 i が集合 X_i 内の財ベクトルだけを選択できるのであれば，その人が実現できるベクトルの集合 $Q_i(X_i)$ は，次式で与えられる。

$$Q_i(X_i) = \{b_i | \text{ある } f_i(\cdot) \in F_i \text{ とある } x_i(\cdot) \in X_i \text{ に対して } b_i = f_i(c(x_i))\} \qquad (19)$$

(19) 式で定義されたベクトルの集合 $Q_i(X_i)$ が個人 i の潜在能力を表すものに他ならない。センは，この潜在能力に関しても，個人 i が達成する福祉の評価 V_i を次式で定義している。

$$V_i = \{u_i | \text{ある } b_i \in Q_i \text{ に対して } u_i = u_i(b_i)\} \qquad (20)$$

以上の形式的な議論において明示されているように，センは，効用，幸福さらには欲求充足といったものを最終的な福祉の判断の拠り所としておらず，生き方に対する個々人の評価を福祉に関する最終的な判断の拠り所としている。つまり，機能や潜在能力さえ，個々人の生き方の判断材料にすぎないのである。

それではなぜ，個人の生き方に関する評価を，福祉の最終的な判断の拠り所とするのであろうか。この点について，センは，幸福，欲求充足といった，効用に基礎をおくアプローチには，「1) ひとの精神的な態度に全面的に基礎をおくこと，2) そのひと自らの評価作業——ある種の生き方を他の生き方と比較して評価しようとする知的活動——への直接的な言及を避けること」[209] という問題点があることを指摘している。センは，1) を物理的条件

の無視，2）を評価の無視と呼んでいる．この2つの無視が，福祉の判定において矛盾を来す原因となることを，次のような事例を用いて説明している．すなわち，食物さえ満足にない人であっても，「彼・彼女が僅かな施しにも喜びを感じるような習性を身につけているならば，幸福や欲求充足の次元では高い位置にいることが可能である」[210]．

　以上のようなセンの潜在能力の理論は，機能および潜在能力という客観的な側面に着目したことにおいて，高い評価に値すると言える．

9.2　潜在能力の指標化
9.2.1　ヌスバウムによる機能・潜在能力のリスト

　センの潜在能力の理論は発想としては大変興味深い．しかし，それを現実の問題に応用するとなると困難が伴う．その理由は，「機能」および「潜在能力」の内容を特定することが容易ではないからである．この困難さは，セン自らが，機能の具体例として，自転車を乗りこなす機能や，食事を楽しむ機能等の限られた例を断片的に挙げるにとどまっていること，また，1980年代前半のインド，中国，スリランカ，ブラジル，メキシコの5カ国の比較を行うために，彼が『財と潜在能力』の付録Aの中で，機能の指標として提示したのは，①1人当たりGNP（米ドル），②出生時平均余命，③乳児死亡率，④幼児死亡率，⑤成人識字率，⑥高等教育就学率，の6指標にすぎなかったことから容易に推察できるであろう[211]．

　他方，福祉の評価をするためのデータについても，また評価関数についても，センは若干の言及を行うにとどまっている．たとえば，福祉を評価するためのデータに関して，センは，市場で購入された財・サービス，アンケート調査，日常生活の観察から得られると述べ，とくに日常生活の観察を重視している[212]．しかし，誰が機能と潜在能力のリストを作成し，誰が福祉の評価関数を特定するかということについての明言は避け，個々人に評価が任されていると述べているだけである．このように潜在能力アプローチにおいては，機能・潜在能力の内容を特定することが重要な課題の1つとして残されている．

　そうした中で，機能・潜在能力のリスト（内容の一覧）作りを積極的に進

表Ⅱ.4　センとヌスバウムの機能・潜在能力のリスト

1. 死すべき運命に関連する徳
   1.1 「可能な限り，人生の完全な終わりまで生きることができる」(N, S)
   1.2 「勇敢でいることができる」(N)
2. 身体的徳
   2.1 「健康でいられる」(N, S)
   2.2 「十分な栄養が得られる」(N, S)
   2.3 「十分な住まいを持てる」(N, S)
   2.4 「性的満足の機会を持てる」(N)
   2.5 「引っ越しすることができる」(N, S)
3. 快楽の徳
   3.1 「不必要で役に立たない苦痛または快楽を避け，快い経験を持てる」(N, S)
4. 知覚的徳
   4.1 「五感を使える」(N)
   4.2 「想像することが可能である」(N)
   4.3 「考え，推論できる」(N)
   4.4 「十分に見聞が広い」(N, S)
5. 関心を持つことの徳Ⅰ（思いやり）
   5.1 「われわれ自身の外部にあるものや人に愛着を持つことができる」(N)
   5.2 「愛し，深く悲しみ，あこがれや感謝の念を持つことができる」(N)
6. 実践的理性の徳（はたらきかけ）
   6.1 「善についての考えを形成することができる」(N)
       「選択する潜在能力」，「目標，言質，価値を形成する能力」(S)
   6.2 「その人の人生設計に関して批判的に省察することができる」(N, S)
7. 関心をもつことの徳Ⅱ（友情と正義）
   7.1 「他人を生きがいにし，他人のために生き，他の人を受け入れ，関心を示し，様々な形の家族的，社会的相互作用に関わる」(N)
   7.1.1 「親交を持てる」(N)　「友を訪ね，友を喜ばすことができる」(S)
   7.1.2 「コミュニティに参加することができる」(S)
   7.1.3 「政治的参加が可能であり，公正でいられる」(N)
8. 生態学的徳
   8.1 「動植物，自然界に対して関心と関係をもって生活することができる」(N)
9. 余暇の徳
   9.1 「笑い，遊び，余暇活動を楽しむことができる」(N)
10. 自立の徳
    10.1 「誰か他人のではなく自らの人生を生きることができる」(N)
    10.2 「まさにその人自身の環境や文脈の中で生きることができる」(N)
11. 自尊の徳
    11.1 「自尊心を持つ潜在能力」(S)
    11.2 「恥じらうことなく公衆の面前に登場する潜在能力」(S)
12. 人間の繁栄の徳
    12.1 「自然の可能性が許す限界まで，豊かで充実した生活を送る潜在能力」(N)
    12.2 「価値ある機能を達成する能力」(S)

(出所) Crocker, D. A., "Functioning and capability: the foundations of Sen's and Nussbaum's develomment ethic, Part 2", in Nussbaum, M. C. and Glover, J. (eds.), *Women, Culture and Development: A Study of Human Capabilities*, Oxford University Press, Oxford, 1995, pp. 174-176.

めてきた研究者の1人が,「現代の卓越したアリストテレス主義者」[213]と言われているヌスバウム（Martha Craven Nussbaum）である。彼女は，固有価値（intrinsic value）という観点から個人の機能・潜在能力のリストを作成することを試みてきた[214]。その結果，彼女は，①死すべき運命，②身体，③快楽と苦痛に関する能力，④知覚力，⑤幼児期の発展，⑥実践的理性，⑦他人に対する関心，⑧他の種や自然に対する関係性，⑨ユーモアと遊び，⑩自立，等の要因を機能・潜在能力のリストとして提示している[215]。

　ヌスバウムのリストは普遍的な観点から作成されたものであるが，これに対してセンは，インドに代表される発展途上世界を念頭においた機能・潜在能力のリストを想定しているといって差し支えない。そうした中でクロッカー（David A. Crocker）は，ヌスバウムとセンが機能・潜在能力の内容をどのように捉え，それぞれの考えにどのような共通点と相違点があるかを，彼らの一連の著書・論文を精査したうえで一覧表の形で整理した[216]。表Ⅱ.4に掲げたのがクロッカーの作成したリストである。同表の各項目の末尾のSとNはそれぞれセンとヌスバウムの頭文字であり，たとえば，（N）はヌスバウムのリストには含まれているがセンのリストには含まれていないことを，（S，N）は両者のリストに含まれていることを示す。この表から，センのリストとヌスバウムのリストには多くの相違点があること，後者の方が包括的であること，また，両者とも各項目の内容の表現が抽象的であることがわかる。さらに，財の所有や財の特性と機能・潜在能力の関係，さらには項目間の関係について，おそらく彼らが十分に考察していないことを，このリストから推察できる。

　クロッカーの一覧表に示された機能・潜在能力のリストを拡充するだけでは，潜在能力理論を指標化し，これを現実の問題に応用することには役立たないと思われる。それよりも，財・サービスの所有や財・サービスの特性と機能・潜在能力の関係，さらには諸要因間の関係を明らかにしていくことの方が実りある結果に結びつくであろう。この目的のために，次項において，チリの経済学者マックス－ニーフ（Manfred Max-Neef, 1932-）が作成した基本的ニーズのマトリックスを取り上げる。

9.2.2 マックス-ニーフのマトリックス

　栄養，衛生，安全等の，われわれが生活していくうえで基本的なものを基本的ニーズ（human basic needs）と呼び，こうしたニーズが満たされていれば福祉が充足されているとみなす考え方がある。しかし，ひとくちに基本的ニーズと言っても，何通りかの捉え方がある。

　そのうちの1つが，基本的ニーズの内容を，われわれの生存にとって必要不可欠であり，しかも，客観的に特定できると思われるものに限定する捉え方である。このアプローチを福祉に対する客観的アプローチと呼ぶこともある。しかし，貧困にあえぐ人びとでさえ，単なる生存のためのニーズだけでなく，それ以外のニーズの充足を求めるであろう[217]。また，基本的ニーズを客観的に捉えることができるとの主張に対しては，サムナー（Leonard Wayne Sumner, 1941-）をはじめとして，さまざまな論者によって批判がなされている[218]。

　基本的ニーズのもう1つの捉え方は，ニーズを欲求と同一視し，欲求が充足されていることをもって福祉が実現されているとの考え方である。この方向の理論の中で最も有名で，影響力をもっているのが，アメリカの心理学者マズロー（Abraham Harold Maslow, 1908-1970）の唱えた欲求段階説（Maslow's hierarchy of needs）である。

　人の行動を決定し，方向づける原因となるのが動機（motivation）であるが，動機を起こさせる源泉とみなされているのが欲求である。マズローは，欲求を，低次のものから順に，生理的欲求，安全に対する欲求，所属と愛の欲求，承認の欲求，自己実現の欲求に区分したうえで，低次の欲求が満たされた後に，より高次の欲求が段階的に生じると主張した。また，彼は5段階の欲求のすべてを基本的ニーズと呼んだ。

　マズローの欲求段階説に対しては，第1に，各段階の欲求がはたして段階的に生じるのかどうか，第2に，欲求の次元が彼の指摘したとおりかどうか，第3に，5段階の欲求のすべてを基本的欲求とみなすことが妥当かどうか，第4に，各段階の欲求を充足するためには具体的にどのようにすればよいかという点についてマズローは言及していない，等の問題点が指摘されてきた[219]。

基本的ニーズに対する第3の考え方を提示しているのが，マックス－ニーフである。彼は，先験的な価値論と日常経験に基づいて，ニーズを非階層的に捉えようとする。すなわち，表Ⅱ.5に示すように，彼は，ニーズを価値論と存在論という2つの視点から整理し，価値論の視点からニーズを9つの範疇（生存，保護，愛情，理解，参加，余暇，創造，アイデンティティ，自由）に区分し，他方，存在論の視点からは，ニーズを4つの範疇（状態，所有，行動，交流）に区分し，9×4のマトリックス（行列）を想定する。

　このマトリックスの前提となっているのは，すべてのニーズが相互関係をもって相互に影響し合い，また，生存のニーズを唯一の例外として，他のニーズの間には階層構造は存在しないという考えである[220]。つまり，マックス－ニーフは，ニーズ間の同時性，補完性およびトレード・オフを想定して，ニーズのマトリックスを作成したのである。

　彼の独自性は，基本的ニーズを多元的に捉えようとすることだけではなく，ニーズの定義の仕方そのものが従来の研究者と異なっている点にある。すなわち，従来の研究においては，食料や住宅自体が基本的ニーズであるとみなされることが多かったが，マックス－ニーフは，食料や住宅は「生存」というニーズの充足因（satisfier），すなわち基本的ニーズを充足するための要因の1つにすぎないと考えるのである。9×4行列の各要素（成分ともいう）には，この充足因が書き込まれている。

　表Ⅱ.5から明らかなように，充足因と各ニーズは1対1対応ではない。1つの充足因が複数のニーズに同時に関わることが可能であり，他方，あるニーズを充足するには複数の充足因が満たされることが必要である。さらに，マックス－ニーフは同表に掲げたニーズを基本的ニーズと呼び，これが有限で，比較的少数で，しかも分類可能で，文化や時代が異なっても不変であり，他方，ニーズの充足の仕方，つまりニーズと充足因の関係，および充足因として選ばれる要因だけが時代や文化に応じて変化しうる，と述べている[221]。

　以上のような内容を有するマックス－ニーフのニーズのマトリックスに対しては，ニーズの分類の仕方や個々の充足因の選択の仕方が主観的であるとの批判が可能であろう。マックス－ニーフは，とくに充足因に関して，社会や文化が異なればその構成も変化しうることを認めており，また，表Ⅱ.5

9　福祉測定の基礎理論としての潜在能力アプローチ　　199

表Ⅱ.5　マックス-ニーフの基本的ニーズのマトリックス

価値論的カテゴリー	存在論的カテゴリー			
	状態 (Being)	所有 (Having)	行動 (Doing)	交流 (Interacting)
生 存	身体の健康，精神的健康，平静，ユーモアのセンス，適応性	食料，家，仕事	食べる，生殖する，休息をとる，働く	生活環境，社会的環境
保 護	ケア，適応性，自律，平静，連帯	保険制度，貯蓄，社会保障，保健制度，権利，家族，仕事	協力する，保護する，世話する，計画する，癒す，手助けする	居住空間，社会的環境，住まい
愛 情	自尊心，連帯，尊敬の念，寛容，寛大，敬意，情熱，決心，官能性，ユーモアのセンス	友情，家族，自然との協力	セックスする，愛撫する，感情を表す，情動，分け合う，世話をする，深める，感謝する	プライバシー，親密さ，家庭，一緒に居る空間
理 解	批判的意識，感受性，好奇心，驚き，自制，直感力，合理性	文学，教師，方法，教育政策，コミュニケーション政策	調査する，研究する，実験する，教育する，分析する，取り次ぐ	発達面での相互作用の環境，学校，大学，学会，集団，共同体，家族
参 加	適応性，感受性，連帯，許容，決心，献身，敬意，情熱，ユーモアのセンス	権利，責任，義務，特権，仕事	加入する，協力する，提案する，共有する，意見を異にする，服従する，交わる，同意する，意見を表明する	参加による相互的影響を受ける環境，政党，組合，教会，共同体，近隣，家族
余 暇	好奇心，感受性，想像力，向こう見ず，ユーモアのセンス，静穏，官能性	ゲーム，見せ物，クラブ，パーティー，心の平和	白昼夢，くよくよする，夢を見る，昔を回想する，空想にふける，回顧する，くつろぐ，興ずる，遊ぶ	プライバシー，親密さ，近親感の得られる空間，自由時間，周囲の状況，景観
創 造	情熱，決心，直感，想像力，大胆さ，合理性，自律，創意，好奇心	能力，技能，方法，仕事	働く，発明する，造る，デザインする，作曲する，解釈する	生産的でフィードバックのある環境，仕事場，文化集団，聴衆，表現の場，一時的な自由
アイデンティティ	帰属意識，一貫性，差別化，自尊心，積極性	象徴，言語，宗教，習慣，慣習，準拠集団，性的特質，価値，規範，歴史的記憶，仕事	献身する，自らを統合する，直面する，決意する，自らを知るようになる，自己認識する，自己実現する，成長する	社会のリズム，日常的な環境，ある人の所属する環境，成熟段階
自 由	自律，自尊心，決心，情熱，積極性，偏見のなさ，大胆さ，反逆心，寛容	平等権	同意しない，選択する，人と異なる，危険を冒す，意識を高める，不服従	違った場所で違った時に違った人びとと接触できること

（原著者注）状態（Being）の列には，名詞形で表される個人ないし集団的属性を列挙した。所有（Having）の列には1つ以上の単語で表される制度，規範，手段，法律を列挙した。行動（Doing）の列には動詞で表現される個人ないし集団の行動を列挙した。交流（Interacting）の列には場所と環境を列挙した。

（出所）新田功「ニーズの概念とその数量化の理論的枠組み」『政経論叢』第73巻，第3・4号，2005年，p. 41。ただし，2014年にデイリー＝ファーレイの翻訳が出版されたので下記の翻訳を参考にして訳語の一部を修正した。

（原典）Max-Neef, M., "Development and human needs," in Ekins, P. and Max-Neef, M. (eds.), *Real-Life Economics*, Routledge, London, 1992, pp. 206-207. Daly, H. & Farley, J., *Ecological Economics*, Island Press, Washington D. C., 2004, p. 239（佐藤正弘訳『エコロジー経済学』NTT出版，2014年，p. 254）に引用あり。

に示した体系が一例にすぎず，完全なものとは言えないことを認めている。しかし，不完全であるとはいえ，ニーズが有限で，比較的少数であり，しかもどのような充足因と関わりがあるかをマトリックスの形で多元的に示したことは，学問的業績として評価に値する。とくに，経済財が多様な充足因の中のごく一部を占めているにすぎないことを明示したことの意義は大きいと言える。

　マックス－ニーフは，彼が提示したニーズのマトリックスをどのように数量化し，それを現実の政策にどのように活かすかということについて，言及していない。また，彼のニーズの体系と，福祉に関する既存の学説との関係についてもほとんど触れていない。

　そうした中で，アメリカの環境経済学者デイリー（Herman Daly）とファーレイ（Joshua Farley）は彼らの共著『エコロジー経済学』（2003 年）において，マックス－ニーフのニーズの体系と，セン等の潜在能力の理論とを関連づける可能性を示唆している[222]。そこで，マックス－ニーフの表と前掲のクロッカーの表とを比較し，この関係性について考察することにしたい。

　表Ⅱ.5 の「価値論的カテゴリー」と表Ⅱ.4 の大項目とを対比すると，クロッカーの一覧表とマックス－ニーフのニーズのマトリックスの間には共通項とみなすことのできるものが多く含まれていることがわかる。たとえば，クロッカーの表の「1. 死すべき運命」および「2. 身体的徳」はマックス－ニーフのマトリックスの「生存」に対応している。また，クロッカーの一覧表の枝番号のついた小項目の内容と，マックス－ニーフの「存在論的カテゴリー」とを比較すると，潜在能力はマックス－ニーフが区分した 4 つの存在論的カテゴリー，すなわち「状態」「所有」「行動」「交流」という 4 つのカテゴリーのうち，状態と所有に位置づけられているものに対応し，また，機能は行動と交流に対応していると判断される。

　以上の比較から，次のことを指摘できる。第 1 に，潜在能力は，マックス－ニーフのマトリックスにおける状態と所有のカテゴリーに位置づけられた充足因にほぼ対応し，他方，機能は行動と交流に対応しているとみなすことができる。第 2 に，表Ⅱ.4 の機能・潜在能力のリストにおいては，財・サービスの所有（ないし獲得）およびそれから得られる特性が考慮の対象外で

あり，また，機能・潜在能力の前提条件となるさまざまな社会的・環境的条件についてほとんど言及されていないのに対して，表Ⅱ.5のマックス-ニーフのマトリックスにおいては，機能・潜在能力と，それを実現するための要因との関係を明示的に捉えることができる。第3に，前述のように，マックス-ニーフのマトリックスにおける充足因は複数の領域において並列的に位置づけられており，機能・潜在能力の同時性，補完性を適切に捉えることができるように思われる。

したがって，潜在能力の理論と，マックス-ニーフの提示したニーズの体系は補完的であり，後者を理論づけする役割を前者が担い，前者の指標体系（ないしリスト）の役割を後者が担うとみなすことができるであろう。

しかし，このように機能・潜在能力の理論とマックス-ニーフの基本的ニーズの理論の間に関係性を見出すことができるとは言え，マックス-ニーフの表を基に福祉指標を構築することは容易ではない。デイリーとファーレイはこの課題を達成するための方法として，福祉の主観的評価と充足因の客観的尺度との関係についての，実証研究と対話を通じて，福祉指標の有効性の検証を行うことを示唆している[223]。

次章において，デイリーとファーレイが示唆した方向での福祉指標作りがすでにわが国の地方自治体において試みられていることについて言及する。

10　本章のまとめ

　QOLに関する先行研究の大部分が，これまで経済学および倫理学において展開されてきた幸福計算の可能性を巡る議論を無視してきた。そこで本章では，QOLの研究に携わる倫理学，経済学以外の領域の研究者の今後の研究の礎を提供することを目的として，幸福計算をめぐる倫理学者，経済学者の議論を再検討した。その結果，次のような所見が得られた。

　ベンサムは経済学者とは言い難いが，後続の経済学者に対する影響力および幸福計算の創始者という点から，彼の幸福計算に関する議論を最初に取り上げた。彼の議論は歯切れのよいものであり，量的功利（快楽）主義の論旨は一貫性を保っている。ベンサムの意義は，「快楽や苦痛の差には目もくれずに，徹底的にそれらを量に還元して，計算可能なものとして理解しようとした」ことに尽きるといえる。また，「最大多数の最大幸福」の原理は彼のオリジナルとは言えないかもしれないが，この原理を社会改良に応用しようとした彼の意図は高い評価に値する。

　次に，ベンサムの知遇を得ていたJ. S. ミルは，「幸福とは快楽を，そして苦痛の不在を意味」すると述べたように，幸福，快楽，苦痛などの定義に関してはベンサムの見解を踏襲していた。しかし，幸福の内容については意見を異にしていた。ミルは快楽と苦痛の質の差を考慮すべきことを説いたのであり，彼の功利主義は質的功利主義とも呼ばれる。しかし，誰が快楽と苦痛の質についての最終判定者となるのかという重大問題を，彼の質的功利主義はクリアできない。幸福計算の観点からする限りにおいて，ミルの質的功利主義は，計算の実践者に過大な期待を寄せざるをえず，実行可能性という点においてベンサムよりも後退したとの印象をもたざるをえない。

ようやく近年になってから再評価されているシジウィックは，功利主義を最も深くかつ体系的に論じた倫理学者である。彼は究極的な善は幸福しかありえないという立場に立ち，幸福＝快楽と考えていた。彼は快楽の総和をもって社会全体の善とみなしている。幸福計算に関しては，彼はJ.S.ミルの質的功利主義を批判し，ベンサムの量的快楽主義に戻ることの必要性を感じていたようである。シジウィックは，幸福計算の方法論については直接貢献しなかったものの，幸福計算を行ううえで考慮すべき点を指摘したことに彼の功績が認められる。具体的には，第1に，利己主義的快楽主義と普遍的快楽主義の対立の可能性を指摘したこと，第2に，快楽の中に個人の選好の概念を取り込んだこと，第3に，全体的功利と平均的功利の区別を行ったこと，第4に，経済学との関連において幸福を実現する方法を提案したこと，これら4点に，彼の幸福計算への寄与を認めることができる。

幸福計算という観点から見た場合，この問題に経済学の領域からはじめて本格的に取り組んだのはジェヴォンズであった。彼は快楽を最大化することが経済学の目的であると断言し，その測定法を考察した。彼が1870年代に起こった経済学の限界革命の旗頭の1人であったことに象徴されるように，彼は快楽そのものではなく，「効用」を，快楽を生み出すものと規定した。さらに彼は総効用を幸福計算の測定対象にするのではなく，限界効用を測定すべきことを指摘した。しかし，限界効用を測定する尺度としてもっぱら価格だけを論じたことから明らかなように，ジェヴォンズの考察は経済学の領域にとどまり，また，効用の可測性についても十分な理論を展開したとは言えない。

ジェヴォンズとも私的交流のあったエッジワースは，功利主義に対して興味を抱き，快楽と苦痛の計算方法，すなわち，幸福計算について考察した。しかし，彼の導いたのは，効用の可測性（および加法性）を前提としない，より一般的な効用関数である。その結果，効用の概念ははるかに空虚で捕らえどころのないものになり，同時に幸福計算も虚ろなものになってしまったと思われる。

ピグーは「福祉の経済学」の創始者であり，幸福計算の可能性について楽観的であった。その理由は，彼は依然として効用の可測性および効用の個人

間比較の可能性を信じていたからである。また，彼が考察の対象としたのは全体的な福祉ではなく，貨幣で測定できる経済的福祉であった。このためピグーは幸福計算の範囲を矮小化したと言えるかもしれない。そうした中で，彼の功績は，いわゆる「ピグーの3命題」を提示したこと，とくに分配面の重要性を認識し，幸福計算においてもこの点を考慮すべきことを示唆した点にあると考えられる。

ピグーの「福祉の経済学」は，効用の可測性と個人間比較の可能性を否定したロビンズの批判によって頓挫した。ロビンズによる基数的効用論に対する批判以降の経済学を現代経済学と呼ぶことにすれば，本章の後半では，効用の概念を巡って展開された現代経済学の3つの方向の議論について考察した。

第1の方向は，無差別曲線分析と顕示選好の理論であり，これらは基数的効用理論の軛から脱することを可能にするものである。19世紀末にエッジワースによって種が蒔かれ，20世紀に初頭にパレートによって水が与えられ，1930年代にヒックスによって大きく開花した無差別曲線分析は，効用の可測性を前提とせずに，単に，消費者が，2つの財バスケットのうちどちらが好ましいか，あるいはそれらが無差別であるかを判断できるという仮定を前提にするだけである。この点において，無差別曲線分析は基数的効用理論を凌駕したことは間違いない。しかし，無差別曲線分析は経済学から効用の概念を無用にしたわけではなく，基数的効用を序数的効用に置き換えたにすぎない。

無差別曲線分析に続いて登場した顕示選好理論は，効用の概念を一切前提とせずに，消費者の行動を説明することが可能であることを示した。しかも，この理論から無差別曲線を導くことが可能なことも明らかにした。しかし，顕示選好の理論は現代経済学から効用の概念を完全に放逐することができたとは思われない。標準的なミクロ経済学のテキストを繙いてみれば明らかなように，顕示選好の理論のみで消費者選択の説明を試みるものは少数であり，無差別曲線分析を消費者選択の分析の中心に据えるものが大多数である。さらに入門書に至っては，限界効用逓減の法則を依然として用いているものさえある。顕示選好の理論がこのような扱いを受けている主な理由は，この理

論が消費者行動を記述するだけにとどまり，消費者選択の背後にある動機を説明できないためであると考えられる。

　以上のことから，現代経済学は消費者選択の説明原理としての効用の概念を無用にするまでには至っていないと言えるであろう。

　第2の方向は，社会全体の効用の集計の仕方についての議論である。そこでは個々人の効用を社会全体について集計する方法を社会的厚生関数と呼び，これによって社会的厚生が，それに影響を及ぼすと考えられる要因にどのように依存するかを表現しようとすることが試みられた。公共経済学等の分野においては，ベンサム型社会的厚生関数やロールズ型社会的厚生関数についての研究がなされ，これらの研究によってベンサムの功利主義やロールズの正義の原理の背後に潜む価値判断が明示された。これは広義の福祉の研究に携わる他の学問領域の研究者たちにとっても知的共有財産となる重要な貢献であると言える。

　第3の方向は，社会選択論と呼ばれる，社会的厚生関数が民主的手続きによって決定しうるかどうかに関する議論である。投票制に代表される民主主義的な決定が，推移律を満たさないという点で非合理になる可能性があり，独裁性が唯一合理的決定になりうることを明らかにしたアローの不可能性定理は重大な問題提起である。板谷淳一は，アロー以後の研究の方向として，1）アローの不可能性定理における仮定の修正や除外によって社会的厚生関数を再構築しようとする方向，2）どのような社会的厚生関数が望ましいかを経済学者は議論すべきではないという方向，3）効用の個人間（家計間）比較を積極的に認めたうえで，現実の経済政策に役立つような経済的命題を導出しようという方向，4）政府の意思決定において単一の社会的厚生関数は存在しないとする方向，の4つがあると指摘している[224]。社会選択論の貢献は，福祉の研究者が，社会的厚生関数に関して，これら4つの選択肢のうちどれを選ぶのか，態度を明示することが必要であることを示唆した点にあると言えるであろう。

　幸福計算およびロビンズによる幸福計算批判以後に展開された効用に関する議論は，いずれも，制度や行為をその帰結に従って道徳的に判断する「帰結主義」の立場に立っているだけでなく，その帰結の望ましさを判断する際

に，個々人の厚生・効用・満足のみを判断の材料とする「厚生主義」の立場に立っている。これに対して，帰結の望ましさを厚生・効用・満足以外の要因によって判断しようとする立場は「非厚生主義」と呼ばれている。

アマルティア・センは，人びとの機能（人びとがなしうること，あるいはなりうるもの）に注目し，潜在能力アプローチを提示した。このアプローチは帰結の望ましさを機能の充足度によって判断しようとするものであり，非厚生主義を代表する理論の1つとなっている。潜在能力アプローチは，福祉を規定する客観的な要因としての機能・潜在能力に着目したという点において大きな意味をもつ。他方，このアプローチの難点は，機能・潜在能力のリストが完備しているとは言えないこと，また，評価関数に関する議論が不十分なことである。

本章では，センやヌスバウムが想定している機能・潜在能力のリストとマックス-ニーフのニーズのマトリックスとを比較した。その結果，機能・潜在能力は，マックス-ニーフのニーズのマトリックスにおける存在論的カテゴリーの中の「状態」と「行動」のカテゴリーに位置づけられた充足因に対応していることが明らかになった。また，マックス-ニーフのニーズのマトリックスは，機能・潜在能力と社会的・環境的条件との関係を明示できる可能性のあることも指摘した。したがって，マックス-ニーフのニーズのマトリックスは，潜在能力アプローチと補完的な役割を果たしうることを強調したい。

第Ⅱ章 注

1 清水幾太郎『倫理学ノート』岩波書店，1972年，p. 98。
2 前掲書，p. 105。
3 前掲書，p. 91。
4 Plamenatz, J. P., *The English Utilitarians*, Basil Blackwell, Oxford, 1949, p. 76.（堀田彰他訳『イギリスの功利主義者たち：イギリス社会・政治・道徳思想史』福村出版，1974年，p. 121）
5 ベンサムの幸福論および幸福計算を再評価している研究として，たとえば次の研究がある。西尾孝司『ベンサムの幸福論』晃洋書房，2005年。同書においては，幸福論は pp. 13-20 で扱われている。
6 関嘉彦「ベンサムとミルの社会思想」『ベンサム J. S. ミル 世界の名著38』中央公論社，1967年，p. 25。
7 山田孝雄『ベンサム功利説の研究』大明堂，1970年，p. 80。
8 関嘉彦，前掲論文，pp. 25-26。
9 Bentham, J., *Introduction to the Principles of Morals and Legislation*, Athlone Press, London, 1970,

p. 11.（山下重一訳「道徳および立法の諸原理序説」『ベンサム　J. S. ミル　世界の名著38』中央公論社，1967年，p. 81）
10　関，前掲論文，p. 27。
11　泉谷周三郎『ヒューム』研究社出版，1996年，pp. 138-139。
12　山田英世『ベンサム　人と思想16』清水書院，1967年，p. 94。
13　Plamenatz, op.cit., p. 47.（堀田他，前掲訳書，p. 77）
14　Bentham, op.cit., pp. 34-37.（山下，前掲訳書，pp. 108-112）
15　西尾，前掲書，p. 18。
16　Bentham, op.cit., pp. 38-39.（山下，前掲訳書，pp. 113-114）
17　西尾，前掲書，p. 17。
18　Bentham, op. cit., p. 40.（山下，前掲訳書，p. 115）
19　山田英世，前掲書，p. 103。
20　山田英世，前掲書，p. 103。
21　Dinwiddy, J. R., *Bentham*, Oxford University Press, Oxford, 1989, p. 28.（永井義雄・近藤加代子訳『ベンサム』日本経済評論社，1993年，p. 46）
22　Ibid., p. 21.（前掲訳書，p. 35）
23　Ibid., p. 28.（前掲訳書，pp. 46-47）
24　山田英世，前掲書，p. 108。
25　山田英世，前掲書，p. 104。
26　山田孝雄，前掲書，p. 192。
27　Mill, J. S., *Utilitarianism, Liberty & Representative Government*, Dent, London, 1910, p. 4.（井原吉之助訳「功利主義論」『ベンサム　J. S. ミル　世界の名著38』中央公論社，1967年，p. 464）
28　菊川忠夫『J. S. ミル　人と思想18』清水書院，1966年，p. 116。
29　Mill, op.cit., p. 6.（井原，前掲訳書，p. 467）
30　Mill, op.cit., p. 7.（井原，前掲訳書，pp. 468-469）
31　Mill, op.cit., p. 8.（井原，前掲訳書，p. 469）
32　Mill, op.cit., p. 8-10.（井原，前掲訳書，pp. 469-471）
33　Mill, op.cit., p. 8.（井原，前掲訳書，p. 469）
34　Mill, op.cit., p. 11.（井原，前掲訳書，p. 472）
35　Mill, op.cit., p. 10.（井原，前掲訳書，p. 471）
36　山田孝雄，前掲書，p. 198。
37　シジウィックの再評価を行った1980年代以降の代表的な研究書として以下のものを挙げることができる。塩野谷祐一『価値理念の構造』東洋経済新報社，1984年，第2編。行安茂編『H. シジウィック研究』以文社，1992年。奥野満里子『シジウィックと現代功利主義』勁草書房，1999年。
38　泉谷周三郎「J. S. ミルの功利主義とシジウィック」行安茂編『H. シジウィック研究』以文社，1992年，p. 173。
39　内井惣七『自由の法則　利害の論理』ミネルヴァ書房，1988年，p. 164。
40　前掲書，pp. 220-221。
41　Sidgwick, H., *The Methods of Ethics* (7th ed.), Hackett Publishing, Indianapolis, 1981, p. 127. 内井，前掲書，p. 221の訳を参照した。
42　Ibid., p. 111. 内井，前掲書，p. 222の訳を参照した。
43　内井，前掲書，p. 222。
44　Sidgwick, op.cit., p. 411. 泉谷，前掲論文，p. 189の訳を参照した。
45　規則功利主義と行為功利主義の説明は次の文献に依拠した。塩野谷，前掲書，p. 215。
46　泉谷，前掲論文，p. 189。
47　Sidgwick, op. cit., p. 94. 泉谷，前掲論文，p. 191の訳を参照した。
48　泉谷，前掲論文，p. 191。
49　内井，前掲書，p. 222。
50　内井，前掲書，pp. 223-228。
51　塚崎智「シジウィックの直覚主義」行安茂編『H. シジウィック研究』以文社，1992年，pp.

166-167。
52 泉谷，前掲論文，p. 192。
53 内井，前掲書，p. 222。
54 内井，前掲書，pp. 227-228。
55 内井，前掲書，p. 228。
56 深見保則「シジウィックの経済社会論」行安茂編『H.シジウィック研究』以文社，1992 年，p. 80。
57 山崎聡「シジウィック：アートとしての経済学」小峯敦編『福祉の経済思想家たち』ナカニシヤ出版，2007 年，p. 69。
58 深見，前掲論文，p. 85。
59 深見，前掲論文，p. 85。
60 Sidgwick, H., *The Principles of Political Economy*（3rd ed.）, Macmillan, London, 1901, p. 396.
61 深見，前掲論文，p. 80。
62 Sidgwick, *The Principles of Political Economy*, p. 498.
63 詳しくは，深見，前掲論文，pp. 84-85 を参照されたい。
64 Keynes, J. M., *Essays in Biography*, *The Collected Writings of John Maynard Keynes. vol. X*, Macmillan, London, 1972, p. 131.（大野忠男訳『人物評伝　ケインズ全集第 10 巻』東洋経済新報社，1980 年，pp. 175-176）
65 Jevons, W. S., *The Theory of Political Economy*（5th ed.）; reprint, Augustus M. Kelly, New York, 1965, p.vi.（小泉信三他訳・寺尾琢磨改訳『経済学の理論』日本経済評論社，1981 年，p. xii）小泉他の訳書は，訳文が古いために，必要に応じて筆者が改訳した。以下同様。
66 Ibid., p. 23.（小泉他，前掲訳書，p. 18）
67 Ibid., p. xvii.（小泉他，前掲訳書，p. xx）
68 Black, R. D. C., "W. S. Jevons, 1935-1882," in O'Brien, D.P. and Presley, J. R.（eds.）, *Pioneers of Modern Economics in Britain*, Macmillan, London, 1981, p. 5.（井上琢磨他訳『近代経済学の開拓者』昭和堂，1986 年，p. 9）
69 Jevons, op.cit., p. 10.（小泉他，前掲訳書，p. 8）
70 Jevons, op.cit., p. 11.（小泉他，前掲訳書，p. 9）
71 Jevons, op.cit., p. 13.（小泉他，前掲訳書，pp. 10-11）
72 Jevons, op.cit., p. 13.（小泉他，前掲訳書，p. 11）
73 Jevons, op.cit., p. 32.（小泉他，前掲訳書，p. 25）
74 Jevons, op.cit., p. 38.（小泉他，前掲訳書，p. 30）
75 Jevons, op.cit., p. 38.（小泉他，前掲訳書，p. 30）
76 Jevons, op.cit., p. 45.（小泉他，前掲訳書，p. 35）
77 Jevons, op.cit., p. 51.（小泉他，前掲訳書，p. 39）
78 Jevons, op.cit., p. 13.（小泉他，前掲訳書，p. 11）
79 Jevons, op.cit., p. 75.（小泉他，前掲訳書，p. 58）
80 Jevons, op.cit., p. 75.（小泉他，前掲訳書，p. 58）
81 丸山徹「ジェヴォンズの経済理論」R.ケーネカンプ・丸山徹著，内山智子・中山千佐子訳『ジェヴォンズ評伝』慶応通信，1986 年，p. 179。
82 Edgeworth, F. Y., *Mathematical Psychics: An Essay on the Application of Mathematics to the Moral Science*, in Newman, P.（ed.）, *F. Y. Edgeworth's Mathematical Psychics and Further Papers on Political Economy*, Oxford University Press, Oxford, 2003, p. 20. ジェヴォンズ自身は，加法型の効用関数を明示しているわけではなく，2 財の交換後の効用の比を次式のように表しているにすぎない（式の表記法は本書の記述に従っている）。Jevons, op. cit., p. 100.（小泉他，前掲訳書，p. 76）
$$\frac{\phi_A(a-x)}{\phi_A(y)} = \frac{y}{x} = \frac{\phi_B(x)}{\phi_B(b-y)}$$
83 丸山，前掲論文，p. 169。
84 Hutchison, T. W., *A Review of Economic Doctrines 1870-1929*, Clarendon Press, Oxford, 1953, p. 109.（長守義他訳『近代経済学説史』東洋経済新報社，1957 年，上巻，p. 126。訳文が古いの

で，筆者が改訳した。以下同様）
85 Newman, P., "Francis Ysidro Edgeworth," in Newman, P.(ed.), *F. Y. Edgeworth's Mathematical Psychics and Further Papers on Political Economy*, Oxford University Press, Oxford, 2003, p. xxviii.
86 Keynes, op. cit., pp. 256-257.（大野，前掲訳書，p. 339）
87 Edgeworth, F. Y., *New and Old Methods of Ethics*, in Newman, P.(ed.), *F. Y. Edgeworth's Mathematical Psychics and Further Papers on Political Economy*, Oxford University Press, Oxford, 2003, p. 207.
88 Edgeworth, *Mathematical Psychics*, p. 7.
89 Edgeworth, *Mathematical Psychics*, p. 7.
90 Edgeworth, *Mathematical Psychics*, p. 7.
91 Edgeworth, *Mathematical Psychics*, pp. 8-9.
92 Hutchison, op. cit., p. 110.（長他，前掲訳書，p. 128）
93 Keynes, op. cit., p. 257.（大野，前掲訳書，p. 340）
94 Creedy. J., "F. Y. Edgeworth, 1845-1926," in O'Brien, D. P. and Presley, J. R.(eds.), *Pioneers of Modern Economics in Britain*, Macmillan, London, 1981, p. 75.（井上琢磨他訳『近代経済学の開拓者』昭和堂，1986 年，pp. 79-80）
95 Edgeworth, *Mathematical Psychics*, p. 104.
96 エッジワースは *Mathematical Psychics* の p. 20 において，個人 A と個人 B の効用関数をそれぞれ $F(xy)$，$P(xy)$ と表しているが，ジェヴォンズの例との整合性からも，本書の本文に掲げた $F_A(x_1, y)$，$P_B(x, y_1)$ という表記の方が適切であろう。この修正は立教大学黒木龍三教授から受けた指摘に基づいている。
97 Hutchison, op. cit., p. 114.（長他，前掲訳書，pp. 132-133）
98 本郷亮「ピグー：厚生の経済学」小峯敦編『福祉の経済思想家たち』ナカニシヤ出版，2007 年，pp. 127-128。
99 Pigou, A. C., *The Economics of Welfare* (4th ed.), Macmillan, London, 1960, pp. 3-4.（気賀健三・千種義人訳『厚生経済学』東洋経済新報社，1953 年，第 I 巻，pp. 3-5）
100 千種義人『ピグー　経済学者と現代 7』日本経済新聞社，1979 年，p. 35。
101 Marshall, A., *Principles of Economics* (9th ed.), Macmillan, London, 1961, p. 1.（馬場啓之助訳『経済学原理』東洋経済新報社，1965 年，第 I 巻，p. 3）
102 千種，前掲書，p. 36。
103 Pigou, op.cit., p. 10.（気賀他，前掲訳書，第 I 巻，p. 12）
104 Pigou, op.cit.,, pp. 10-11.（気賀他，前掲訳書，第 I 巻，pp. 12-13）
105 Marshall, op.cit., p. 16.（馬場，前掲訳書，第 I 巻，p. 20）
106 Pigou, op.cit., p. 10.（気賀他，前掲訳書，第 I 巻，p. 12）
107 Pigou, op.cit., p. 23.（気賀他，前掲訳書，第 I 巻，p. 28）
108 Pigou, op.cit., p. 848.（気賀他，前掲訳書，第 I 巻，pp. 175-176）
109 千種，前掲書，p. 52。
110 Pigou, A. C., "Some aspects of welfare economics," *The American Economic Review*, vol. 41, no. 3, p. 292.（気賀健三・千種義人訳『厚生経済学』東洋経済新報社，1953 年，第 I 巻，p. 179）
111 Ibid., p. 292.（前掲訳書，p. 179）
112 Pigou, *The Economics of Welfare*, p. 31.（気賀他，前掲訳書，第 I 巻，p. 38）
113 Pigou, *The Economics of Welfare*, p. 34.（気賀他，前掲訳書，第 I 巻，p. 41）
114 気賀他，前掲訳書，第 I 巻，序文，p. 59。
115 本郷，前掲論文，pp. 132-133。
116 Pigou, *The Economics of Welfare*, pp. 87-97.（気賀他，前掲訳書，第 I 巻，pp. 108-120）
117 千種，前掲書，pp. 72-73。
118 千種，前掲書，pp. 75-76。
119 Robbins, L., *An Essay on the Nature & Significance of Economic Science* (2nd ed.), Macmillan, London, 1952, pp. 136-137.（辻六兵衛訳『経済学の本質と意義』東洋経済新報社，1957 年，p. 205）

120 Ibid., p. 142.（前掲訳書，p. 214）
121 Ibid., p. 137.（前掲訳書，p. 206）
122 Ibid., p. 138.（前掲訳書，p. 207）
123 Ibid., p. 138.（前掲訳書，p. 207）
124 Ibid., p. 139.（前掲訳書，p. 209）
125 Ibid., pp. 139-140.（前掲訳書，pp. 210-211）
126 Ibid., p. 141.（前掲訳書，p. 212）
127 新厚生経済学に対して，ピグーの立場を直接・間接に継承した人びとから反論がなされた（ロビンズに対するハロッドの批判，およびハロッドに対するロビンズの反論は，清水，前掲書，pp. 59-62 において詳しく紹介されている）。たとえば，ハロッド（Roy Forbes Harrod, 1900-1978）は Harrod, R., "Scope and method of economics," *Economic Journal*, vol. 48, 1938, pp. 383-412 において，政策問題に対するイギリス経済学者の伝統的な態度を擁護しようとした。
128 大野忠男「限界革命の承継と発展」熊谷尚夫・大石泰彦編『近代経済学史　近代経済学(3)』有斐閣双書，1970 年，p. 120。
129 原著は 1906 年にミラノの Societa Editrice Libraia から *Manuale di economia politica* として出版された小型本である。同書の復刻版が Verlag 社から刊行されている。Pareto, V., *Manuale di economia politica*, Verlag Wirtscaft und Finanzen, Düsseldorf, 1992. 本書では同書のフランス語訳とフランス語訳からの英訳を使用した。Traduit par Bonnet, A., *Manuel d'économie politique*, Librarie Droz, Genève, 1966. Translated from French edition by Schwier, A., *Manual of Political Economy*, A. M. Kelly, New York, 1971.
130 Bonnet, op. cit., p. 169.（Schwier, op.cit., p. 119）
131 パレートは効用という用語が社会的，政治的，倫理的な意味合いをも含むより広範な概念として用いられるべきであるとの視点から，財・サービスの消費から得られる経済的な満足にはオフェリミテ（ophélimité）という特別な用語を充てている。福岡正夫「パレートの経済学」『三田学会雑誌』第 99 巻第 4 号，2007 年 1 月，pp. 8-9。
132 Bonnet, op.cit., p. 171.（Schwier, op.cit., pp. 119-120）
133 Bonnet, op.cit., p. 171.（Schwier, op.cit., p. 120）
134 Bonnet, op.cit., p. 171.（Schwier, op.cit., p. 120）
135 Hicks, J. R., *Value and Capital*, Clarendon Press, Oxford, 1939, p. 12.（安井琢磨・熊谷尚夫訳『価値と資本』岩波現代叢書，1951 年，上巻，pp. 46-47。安井・熊谷の訳書では「マーシァル」という表記になっているが，本書では「マーシャル」と表記する）
136 この関係が当てはまるのは普通財である。補完財についてヒックスは『価値と資本』第 3 章で考察している。
137 Ibid., p. 17.（前掲訳書，p. 53）
138 Ibid., p. 17.（前掲訳書，p. 53。訳文の一部を修正した）
139 ヒックスは「scale」と表現している（訳書では scale に「階梯」という訳語が与えられているが本書では「順序」と訳した）。Ibid., p. 18.（前掲訳書，p. 54）
140 Ibid., p. 19.（前掲訳書，p. 57）
141 Ibid., pp. 19-20.（前掲訳書，p. 57）
142 Ibid., p. 20.（前掲訳書，p. 57）
143 ヒックスは次式を言葉で定式化しただけであり，数式は提示しなかった。
144 Mátyás, A., *History of Modern Non-Marxian Economics*（2nd ed.），Macmillan Education, London, 1985, p. 138.（関恒義監訳『近代経済学の歴史』大月書店，1984 年，上巻，p. 155）。訳書は原書第 1 版からの翻訳であるが，原書の第 1 版と第 2 版は引用箇所が同一表現なので，原書については第 2 版のページ数を掲げた。
145 Robertson, D. H., *Lectures on Economic Principles*, Staples Press, London, 1957, vol. 1, pp. 84-85.（森川太郎・高本昇訳『経済原論講義』東洋経済新報社，1960 年，第 1 巻，pp. 98-100）
146 Ibid., vol. 1, p. 85.（前掲訳書，第 1 巻，p. 100）
147 Mátyás, op.cit., p. 138.（関，前掲訳書，上巻，p. 154）
148 Mátyás, op.cit., p. 141.（関，前掲訳書，上巻，p. 158）

149 Blaug, M., *Great Economists Since Keynes : An Introduction to the Lives and Works of One Hundred Modern Economists*（2nd ed.）, Edward Elgar, Northampton, MA, 1998, p. 213.（中矢俊博訳『ケインズ以後の100大経済学者：ノーベル賞に輝く人々』同文舘，1994年，p. 253）
150 Samuelson, P., "A note on the pure theory of consumer's behavior," in Stiglitz, J. E. (ed.), *The Collected Scientific Papers of Paul A. Samuelson*, MIT Press, Cambridge, MA, 1966, vol. 1, p. 7.（宇佐美泰生他訳「消費者行動の純粋理論に関するノート」篠原三代平・佐藤隆三編『サミュエルソン経済学体系2 消費者行動の理論』勁草書房，1980年，p. 70）
151 顕示選好の弱公理に関する以下の説明は次の文献を参照した。西村和雄『ミクロ経済学（第3版）』岩波書店，2011年，pp. 78-79。
152 Binger, R. B. and Hoffman, E., *Microeconomics with Calculus*, Harper Collins, New York, 1988, pp. 150-151.（木村憲二訳『微積分で学ぶミクロ経済学』シーエーピー出版，1996年，上巻，pp. 155-156）
153 Little, I. M. D., "A reformulation of the theory of consumer's behaviour", *Oxford Economic Papers*, New Series, vol. 1, no. 1, 1949, p. 94.
154 Samuelson, P., "Consumption theory in terms of revealed preference," in Stiglitz, J. E. (ed.), *The Collected Scientific Papers of Paul A. Samuelson*, MIT press, Cambridge, MA, 1966, vol. 1, pp. 64-72.（篠原三代平，佐藤隆三編『サミュエルソン経済学大系2 消費者行動の理論』勁草書房，1980年，pp. 99-109）
155 Houthakker, H. S., "Revealed preference and the utility function", *Economica*, new series, vol. 17, 1950, pp. 159-174.
156 Mátyás, op.cit., p. 145.（関，前掲訳書，上巻，pp. 163-164）
157 Bergson, A., *Essays in Normative Economics*, Harvard University Press, Cambridge, MA, 1966, p. 3.
158 『経済分析の基礎』の出版は1947年であるものの，執筆されたのは1938年頃だったと言われているので，バーグソンの論文の公刊後すぐにサミュエルソンは社会的厚生関数に関する研究をまとめたことになる。
159 Samuelson, A., *Foundations of Economic Analysis*, Harvard University Press, Cambridge, MA, 1947, p. 220.（佐藤隆三訳『経済分析の基礎』勁草書房，1967年，p. 227）
160 Ibid., p. 221.（前掲訳書，p. 228）
161 Ibid., pp. 222-226.（前掲訳書，pp. 229-233）
162 Ibid., pp. 229-230.（前掲訳書，pp. 236-237）
163 Ibid., pp. 224-225.（前掲訳書，p. 232）
164 Ibid., p. 226.（前掲訳書，p. 233）
165 厚生主義という用語はJ. R.ヒックスによる造語である。
166 Baumol, W. J., "The community indifference map: a construction," *Review of Economic Studies*, vol. 17, no.3, 1950, pp. 189-197. 水谷重秋は社会的無差別曲線と呼ぶ代わりに「社会的厚生高線」と呼んでいる。水谷重秋『厚生経済学と社会的選択の理論』日本経済評論社，2012年，pp. 13-14。
167 林正義・小川光・別所俊一郎『公共経済学』有斐閣アルマ，2010年，p. 265。
168 匿名性の仮定はサミュエルソンの仮定⑦に対応する。板谷淳一は，次のような数値例でこの仮定を説明している。2人の個人からなる社会において，個人1と個人2の効用の組み合わせが $(u_1, u_2) = (10, 20)$ から $(u_1, u_2) = (20, 10)$ になっても社会的厚生 W が変化しないことをこの仮定は意味する，と。板谷淳一・佐野博之『コア・テキスト 公共経済学』新世社，2013年，p. 88。
169 Mueller, D. C., *Public Choice*（3rd. ed）, Cambridge University Press, New York, 2003, pp. 566-567.（加藤寛監訳『公共選択論』有斐閣，1993年，p. 364）サミュエルソン自身も1967年の論文で効用の比較可能性の仮定が必要であることを認めている。Samuelson, P. A., "Arrow's mathematical politics," in Hook, S. (ed.), *Human Values and Economic Policy*, New York University Press, New York, 1967, pp. 41-51.
170 （10）式ないし（11）式で定義される社会的厚生関数は功利主義的社会的厚生関数と呼ばれることがある。しかし，功利主義は行為功利主義と規則功利主義とに大別され，ベンサムの唱

えた功利主義は行為功利主義に分類される。加藤尚武『現代倫理学入門』講談社学術文庫，1997 年，p. 70。
171 川本隆史『現代倫理学の冒険』創文社，1995 年，p. 25。
172 Rawls, J., *A Theory of Justice* (revised ed.), Harvard University Press, Cambridge, MA, 1999, p. 22.（川本隆史・福間聡・神島裕子訳『正義論（改訂版）』紀伊國屋書店，2010 年，p. 37）
173 Ibid., p. 23.（前掲訳書，p. 38）
174 Ibid., p. 11.（前掲訳書，p. 18）
175 Ibid., p. 53.（前掲訳書，p. 84）
176 Ibid., p. 73.（前掲訳書，p. 115）。『正義論』においては，原書 p.53（前掲訳書，84 頁）で第 2 原理について最初に次のような定義付けを行っている。「社会的・経済的不平等は，次の 2 条件を満たすように編成されなければならない：(a) そうした不平等が各人の利益になると無理なく予期しうること，かつ (b) 全員に開かれている地位や職務に付随する［ものだけに不平等をとどめるべき］こと」（括弧内原著者）。
177 川本隆史『ロールズ：正義の原理』講談社，2005 年，p. 112。
178 Rawls, op. cit., p. 130.（川本他，前掲訳書，p. 204）
179 川本隆史『現代倫理学の冒険』，p. 30。
180 投票のパラドックスに関する以下の説明は次の文献を参照した。Varian, H. R., *Intermediate Microeconomics : A Modern Approach* (7th ed.), W. W. Norton & Company, New York, 2005, p. 615.（佐藤隆三監訳『入門ミクロ経済学』勁草書房，2007 年，pp. 549-550）
181 このパラドックスの発見者にちなんで「コンドルセ・パラドックス」とも呼ばれる。Hindriks, J. and Myles, G. D., *Intermediate Public Economics* (2nd ed.), MIT Press, Cambridge, MA, 2013, p. 347.
182 反射率，連結律，推移律，および弱順序仮説に関する説明は，佐伯胖『「決め方」の論理』東京大学出版会，1980 年，pp. 65-66 に依拠した。
183 佐伯胖は，反射率，連結律，推移律の 3 つを合わせて，「弱順序仮説」と呼んでいる。
184 熊谷尚夫『経済政策原理』岩波書店，1964 年，p. 7。
185 Arrow, K. J., *Social Choice and Individual Values*, John Wiley & Sons, New York, 1951, pp. 24-31.（長名寛明『社会的選択と個人的評価』勁草書房，2013 年，pp. 35-43）
186 アローは，この条件を「社会的評価と個人的評価の間の正の連関」と呼んでいる。Ibid., p. 25.（前掲訳書，p. 35）
187 Mueller, op. cit., p. 589.（加藤，前掲訳書，p. 380）
188 Arrow, op. cit., p. 113.（長名，前掲訳書，p.141）
189 佐伯，前掲書，p. 138。
190 佐伯，前掲書，p. 123。
191 Sen, A., "The impossibility of a Paretian liberal," *Journal of Political Economy*, vol. 78, no. 1, 1970, p. 152.（大場健・川本隆史訳『合理的な愚か者』勁草書房，1989 年，pp. 1-2）
192 Ibid., p. 153.（前掲訳書，p. 4）
193 Ibid., p. 153.（前掲訳書，p. 4）
194 Ibid ., p. 153.（前掲訳書，p. 4）
195 Ibid ., p. 154.（前掲訳書，p. 5）この条件については，佐伯，前掲書，p. 114 の表現を採用した。
196 佐伯，前掲書，p. 114。
197 Sen, op. cit., p. 154.（大場・川本，前掲訳書，p. 7）
198 Sen, A., *The Idea of Justice*, Penguin Books, London, 2010, pp. 309-314.（池本幸生訳『正義のアイデア』明石書店，2011 年，pp. 442-448）
199 Sen, *The Idea of Justice*, p. 310.（池本，前掲訳書，pp. 442-443）
200 鈴村興太郎・後藤玲子『アマルティア・セン：経済学と倫理学』実教出版，2001 年，p. 106。
201 Sugden, R., "Welfare, resources, and capabilities: a review of *Inequality Reexamined* by Amartya Sen," *Journal of Economic Literature*, vol. 31, 1993, p. 1947.
202 塩野谷祐一『価値理念の構造』東洋経済新報社，1984 年，p. 18。
203 鈴村・後藤，前掲書，p. 185。

204 Sen, A., *Inequality Reexamined*, Oxford University Press, Oxford, 1992.（池本幸夫・野上裕生・佐藤仁訳『不平等の再検討』岩波書店，1999 年，p. 59）
205 Sen, A., *Commodities and Capabilities*, Oxford University Press, New Delhi, 1985, p. 6.（鈴村興太郎訳『福祉の経済学―財と潜在能力』岩波書店，1988 年，p. 21）
206 Ibid., p. 6.（前掲訳書，p. 21）
207 Ibid., p. 7.（前掲訳書，p. 22）
208 以下，(15) 式から (20) 式までは，Sen, *Commodities and Capabilities*, pp. 7-9（鈴村，前掲訳書，pp. 23-26）に拠った。
209 Sen, *Commodities and Capabilities*, p. 14.（鈴村，前掲訳書，p. 34）
210 Sen, *Commodities and Capabilities*, p. 14.（鈴村，前掲訳書，pp. 34-35）
211 Sen, *Commodities and Capabilities*, p. 47.（鈴村，前掲訳書，pp. 97-98）ここでは child death rate を児童死亡率と訳した。また，翻訳では「平均余命」，「大人識字率」，「高等教育率」となっているが，本稿ではそれぞれ「出生時平均余命」，「成人識字率」，「高等教育就学率」と表記した。
212 Sen, *Commodities and Capabilities*, p. 26.（鈴村，前掲訳書，p. 59）
213 鈴村・後藤，前掲書，p. 189。
214 固有価値に関する議論の 1 つとして次の文献を参照されたい。Des Jardin, J. R., *Environmental Ethics: An Introduction to Environmental Philosophy* (3rd ed.), Wadsworth, Belmont, California, 2001, pp. 131-134.（新田功・生方卓・藏本忍・大森正之訳『環境倫理学：環境哲学入門』人間の科学新社，2005 年，pp. 204-209）
215 川本『現代倫理学の冒険』，pp. 77-79 において，ヌスバウムの研究と，10 項目からなる彼女の機能・潜在能力のリストが紹介されている。ヌスバウム自身は機能・潜在能力のリストを何回か改訂している。より体系的なリストは次の論文の中に収められている。Nussbaum, M. C., "Human capabilities, female human beings," in Nussbaum, M. C. and Glober, J. (eds.), *Women, Culture, and Development: A Study in Human Capabilites*, Oxford University Press, Oxford, 1995, pp. 73-85.
216 Crocker, D. A., "Functioning and capability: the foundations of Sen's and Nussbaum's development ethic," in Nussbaum, M. C. and Glober, J. (eds.), *Women, Culture and Development: A Study in Human Capabilites*, Clarendon Press, Oxford, 1995, pp. 153-198.
217 Daly, H. E. and Farley, J., *Ecological Economics : Principles and Applications*, Island Press, Washington D. C., 2003, p. 238.（佐藤正弘訳『エコロジー経済学』NTT 出版，2014 年，p. 253）
218 Sumner, L. W., *Welfare, Happiness & Ethics*, Oxford University Press, New York, 1996, pp. 53-60.
219 欲求段階説に関する説明は次の文献を参照した。Frank G. G., *The Third Force: The Psychology of Abraham Maslow*, Grossman, New York, 1970, ch. 4.（小口忠彦監訳『マズローの心理学』産業能率大学出版部，1972 年，第 4 章）。新田功「福祉水準の国際比較についての一考察：開発途上国の福祉水準の計測の問題を中心にして」『政経論叢』第 61 巻第 5・6 号，1993 年，pp. 93-94。
220 Max-Neef, M., "Development and human needs," in Ekins, P. and Max-Neef, M. (eds.), *Real-Life Economics*, Routledge, London, 1992, p. 199.
221 Ibid., pp. 199-200.
222 Daly and Farley, op. cit., pp. 241-242.（佐藤，前掲訳書，pp. 255-256）
223 Daly and Farley, op. cit., p. 242.（前掲訳書，p. 257）
224 板谷・佐野，前掲書，pp. 104-106。

Ⅲ

福祉の測定から
クオリティ・オブ・ライフの測定へ

1 本章の課題

　第Ⅰ章第7節で述べたように，1970年代前半にクオリティ・オブ・ライフという用語が登場した。そして1980年代になると，（広義の）福祉はクオリティ・オブ・ライフ（以下，QOL）という用語に取って代わられるようになる。このようにQOLに関する研究は，すでに40年以上の歴史を有することになる。この間に，医療保健分野のQOLの測定，あるいは心理学の領域における幸福の測定において長足の進歩が見られた。また，この他の領域でも，多くの研究が積み重ねられ，見るべき成果が収められている。
　しかし，QOLに関するグランドセオリーは依然として確立されていない。というよりも，QOLという用語そのものが多義的であるために，QOLを一元的に説明できる理論やモデルを構築することなど，これからも極めて困難であることは疑いない。それでは，QOLの理論の構築やQOLの測定を試みることは無益であろうか。言うまでもなく，答えは否である。
　われわれは日常生活の中でさまざまな意思決定を迫られるが，その場合，多くの人びとは自らの幸福や満足，あるいは達成感を高めるような意思決定を行うであろう。また，家族，地域社会，職場，さらには地方自治体や国家といった集団，組織，団体等も，意思決定を行う場合，その構成員の幸福や満足を考慮に入れるであろう。このように，さまざまな場面で個人や集団の意思決定が各人の幸福や満足に影響を及ぼすとすれば，たとえ不完全なものであっても，QOLの測定結果は，意思決定を行う有益な判断材料として役立ちうるであろう。
　こうして，QOLの測定が有益であることは明らかであるが，いったい，QOLの測定，ひいてはQOLの研究はどの程度まで進んでいるのであろう

か。イギリスの臨床心理学者ラプレー（Mark Rapley）は，QOL の研究に共通する問題点として，第1に，個別の研究において QOL が厳密に定義されていないこと，第2に，広範に利用されている QOL の尺度が QOL の理論と関係づけられていないこと，第3に，QOL のアウトプットが公共政策の形でなされるインプットと関係づけられていないこと，を指摘している[1]。また，研究が進んでいるはずの健康関連のクオリティ・オブ・ライフについてさえ，ハーゼ他（John E. Haase et al.）により，この分野の「理論的研究は十分に発展しておらず，しばしばその選定の基礎となる理論や過程をはっきりと確認することなしに，概念が，『ショッピングリスト』の中から取り出される」[2] という厳しい見方が示されている。

　以上の指摘にあるような，QOL の定義の混乱，理論と測定とが関係づけられていないこと，また，インプットとアウトプットの関係が等閑に付されていること，という3つの問題点は，いずれも，QOL の理論に関する研究が不十分なことに帰着すると考えられる。筆者は，QOL の理論に関する研究が不十分である理由として，方法論的な議論が少ないことを指摘したい。本章ではこの点について若干の考察を行う。

2 クオリティ・オブ・ライフの理論および測定と科学方法論

2.1 ヘイグの科学方法論から見たオーストラリア統計局のQOL指標作成法

　方法論の観点からの検討が必要であることを例証するために，ここではオーストラリア統計局（以下，ABS）のQOL指標作成のフローチャートを取り上げる（図Ⅲ.1）。このフローチャートを取り上げた理由は，筆者が知る範囲では，これがQOL指標作成の方法論を最も詳細に述べており，また，指標の完成度が高いと思われるからである。これに対して，これまでに行われたQOLに関する実証研究を概観すると，測定しようとする事柄の概念規定を行い，この概念を数量的に操作可能な形（操作定義）に言い換え，この操作定義に対応する指標を選定し，指標の測定を行うという方法論，つまり，概念規定→操作定義→データという3段階の方法論を使用するものも少なからずあったと考えられる。

　図Ⅲ.1を見ていくと，最上段の「QOLとは何か」には「関心領域」が対応し，具体的な関心領域として，健康，家族とコミュニティー，教育と訓練，仕事，経済資源，住宅，犯罪と司法，文化と余暇の8領域が示されている。これはABSがQOLを，個人の生活状態や属性，および個人を取り巻く集団や生活条件によって規定される，多元的な要素をもつ概念として捉えていることを意味する。

　上から2段目の「QOLにどのような要因がどのように影響するか」という問題意識と，上から3段目の「人びとの生活状態はどうか，事態は改善しているか悪化しているか」という問題意識は極めて妥当である。前者に関しては個人的要因と社会的要因が区別され，具体例として，個人的要因については身体障害，学歴，所得が，他方，社会的要因としては社会資本，社会変

図Ⅲ.1 QOL指標作成のフローチャート

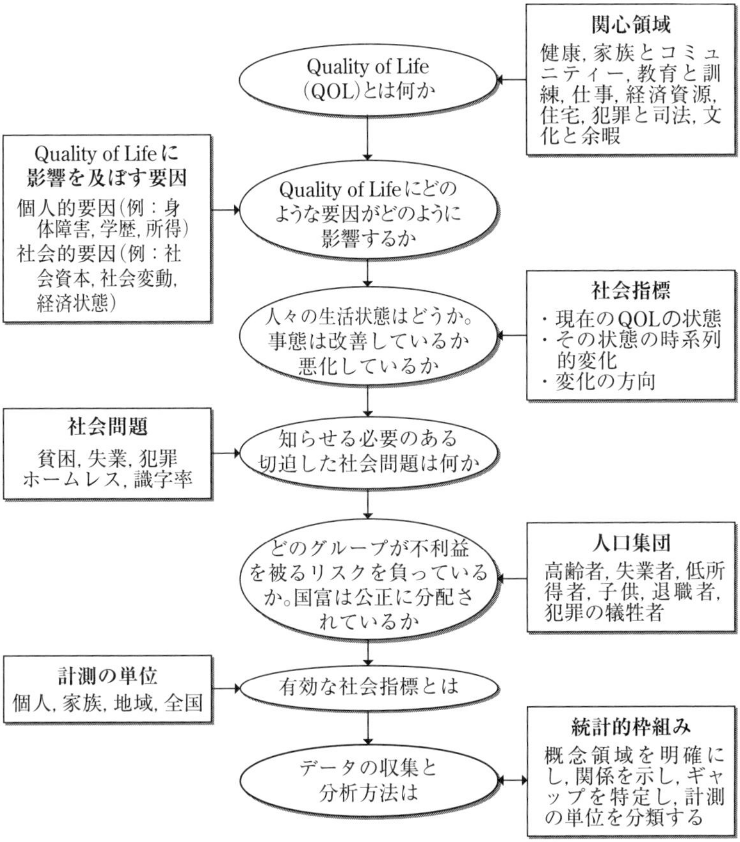

関心領域
健康, 家族とコミュニティー, 教育と訓練, 仕事, 経済資源, 住宅, 犯罪と司法, 文化と余暇

Quality of Life (QOL)とは何か

Quality of Lifeに影響を及ぼす要因
個人的要因(例:身体障害, 学歴, 所得)
社会的要因(例:社会資本, 社会変動, 経済状態)

Quality of Lifeにどのような要因がどのように影響するか

人々の生活状態はどうか。事態は改善しているか悪化しているか

社会指標
・現在のQOLの状態
・その状態の時系列的変化
・変化の方向

社会問題
貧困, 失業, 犯罪ホームレス, 識字率

知らせる必要のある切迫した社会問題は何か

どのグループが不利益を被るリスクを負っているか。国富は公正に分配されているか

人口集団
高齢者, 失業者, 低所得者, 子供, 退職者, 犯罪の犠牲者

計測の単位
個人, 家族, 地域, 全国

有効な社会指標とは

データの収集と分析方法は

統計的枠組み
概念領域を明確にし, 関係を示し, ギャップを特定し, 計測の単位を分類する

注) オーストラリア統計局 (ABS) のフローチャートにおいては, QOLではなくwell-beingという用語が用いられている。
(出所) Australian Bureau of Statistics, *Measuring Well-being: Frameworks for Australian Social Statistics*, Australian Government Printing Service, Canberra, 2001, p. 5.

動, 経済状態が挙げられている。また, 後者については「社会指標」を用いることが示されている。上から4段目の「知らせる必要のある切迫した社会問題は何か」, 同5段目の「どのグループが不利益を被るリスクを負っているか。国富は公正に分配されているか」, も意味は明解であり, 社会問題としては貧困や失業, 犯罪が挙げられており, 人口集団としては高齢者, 失業

図Ⅲ.2 J.ヘイグの「理論構築の方法」

（出所）Hage, J., *Techniques and Problems of Theory Construction in Sociology*, John Wiley and Sons, New York, 1972, ch. 1-ch. 6（小松陽一．野中郁次郎訳『理論構築の方法』白桃書房，1978年，第1章〜第6章）から筆者作成．

者，低所得者，子供などの社会的弱者が挙げられている．図の上から6段目において計測の単位が特定され，最後にデータの分析と収集が位置づけられている．

以上がABSのQOL指標作成のフローチャートの概要であるが，このフローチャートに示された方法論の背後にある指標作成者の意図，およびこの方法論の意義と限界を明らかにするために，ヘイグ（Jerald Hage, 1932-）が『理論構築の方法』（1972年）で提示した科学方法論を援用する．図Ⅲ.2に示すように，彼は理論構築を6段階に分けている．

まず，第1段階の理論概念は，範疇（categfory）や部類（class）を示す範疇概念（非変数）と，現象の次元を示す概念（一般変数）からなる．図Ⅲ.1に即して言えば，関心領域が範疇概念にあたり，現象の次元を示す概念が学歴，所得，社会資本にあたる．

第2段階は理論言明であって，これは命題あるいは仮説とほぼ同義である．具体的には，Xが大きいほどYは大きいというように，2つの概念XとYが連結されることを言う．理論言明では3つ以上の変数を結合することも可能である．図Ⅲ.1において理論言明にあたるのが上から3段目のステップであり，そこでは2段目の作業で採用された変数の変化の方向（増加・減少）が調べられる．

ヘイグの理論構築の第3段階では，理論定義と操作定義が導入される．理論定義とは，概念の意味を明確にすることを指し，操作定義とは概念を測定するための方程式を特定することを指す．次の第4段階は連結の特定化であり，ヘイグはこれも操作連結と理論連結の2種類に分けて議論している．理論連結とは，諸変数が，なぜある仕方で結合されるべきかを，つまり，変数間の関係を説明することを指し，操作連結とは，理論言明（＝命題ないし仮

説）の方程式のパラメーターを推定することを指す。

　ヘイグの第3段階およびそれ以降の段階に対応するものは，もはや図Ⅲ.1のフローチャートには存在しない。このことから，ABSのフローチャートは，ABSの関心が理論構築ではなく，QOLの記述にあることが浮かび上がる。そしてABSのQOL指標における測定の役割は，「社会報告」（social report）をするための現状把握にあると解釈できる。

　ちなみに，図Ⅲ.2の第5段階の「概念と定義の順序づけ」は，変数が多くなった場合に，概念と定義を何らかの概念図式に整理することを言う。また，最後の第6段階の「言明と連結の順序づけ」は，複数の理論言明を，因果的論証や事象の流れをより良く理解できるように，組織化することである。

　以上のように，ヘイグの理論構築の方法論との対比によって，QOLに関する理論構築を行うためにはヘイグの方法論の第3段階以降の作業が必要になることが明らかになる。しかし，ヘイグの理論構築の方法は，現実についての観察や個別的な経験から一般的な規則性を推論しようとする帰納法に対して小さな役割しか与えていないように感じられる。また，理論構築は必ず理論概念の探索から始めなければならないとする点で単線的である。

　QOLの理論と測定に関する研究は，図Ⅲ.2に示したような方法論だけを用いて行われているわけではない。たとえば，すでに理論ないしそれと同等の学説がある場合，その理論ないし学説から演繹法によって新たな仮説を導き，その仮説を現実のデータと照らし合わせることによって検証することも行われている。そうした作業が準拠すべき方法論がどのようなものか，また，個々の研究者（あるいは研究機関）が行っている作業が大局的に見た場合どのようなところに位置づけられるかを知る手がかりをもつことは，QOLの理論と測定を全体的に進捗させることになると筆者は考える。そこで，次項において，そうした方法論的な準拠枠の1つを取り上げ，さらに，塩野谷祐一による価値研究の方法についても言及する。

2.2　ウォレスの方法論と塩野谷祐一の価値研究の方法
2.2.1　ウォレスによる方法論の循環図式
　ウォレス（Walter Wallace, 1927-2015）は『社会学における科学の論理』

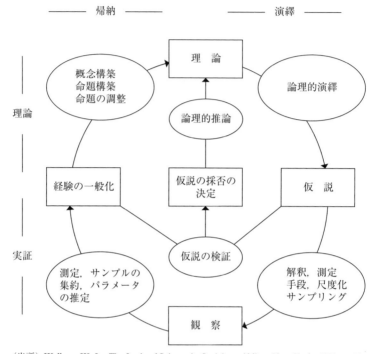

図Ⅲ.3 ウォレスの研究の循環図

(出所) Wallace, W. L., *The Logic of Science in Sociology*, Aldine, New York, 1971, p. 18.

(1971年) において，科学が，①理論の構築，②仮説の設定，③観察，④経験の一般化，⑤仮説の検証と採否の決定という5つの構成要素から成り立っており，これら5つの構成要素のいずれか1つを他の構成要素に変換する方法は，図Ⅲ.3に示すように6通りあると述べている（同図では構成要素を四角形で表しており，矢印が変換を表している）。

このウォレスの循環図は，帰納法と演繹法という観点から見ると，図の左半分が帰納法の適用であり，右半分が演繹法の適用である[3]。また，理論と実証という観点から見るならば，上半分が理論の適用，下半分が実証の適用である。さらに，この循環図を四分割するならば，左上の領域は，一般化された経験から理論を帰納する過程であり，右上の領域は理論から仮説を演繹する過程，右下の領域は仮説に基づいて現実を観察する方法を演繹する過程

である。最後に，左下の領域では実証分析（測定）を行い，それによって得られた知見や測定結果から経験の一般化を帰納する過程である。なお，図の中央の仮説の検証から理論の導出までに至る過程は，仮説と一般化された経験の両者と関連する。

　ウォレスは，これらの構成要素のどれから研究を着手してもよいと述べている。しかし，彼は，5つの構成要素のうち，図Ⅲ.3の「観察」から研究過程の説明を行っている。その理由について，彼は，「知識を獲得する科学的な方法の中で経験的観察は中心的な役割を果たしている」[4]からであると述べている。このように，ウォレスは経験的観察の重要性を強調しているものの，理想的には，この研究の過程は可能な限り循環することが望ましいとも述べている。

　上記のようなウォレスの「研究の循環図」の意義は，①理論の構築，②仮説の設定，③観察，④経験の一般化，⑤仮説の検証と採否の決定という，科学の5つの構成要素をこの番号の順番に沿って研究を進める必要はなく，どの構成要素から出発しても良いことを示唆している点にある。

　なお，筆者はここまで理論とは何かということを明確に述べてこなかったが，理論とは，複数の命題を連結したものであり，それは事象を単に記述するものではく，因果関係を説明するものであるというのが筆者の理解であることを付言しておく。

2.2.2　塩野谷祐一の価値研究の方法

　上記において取り上げたヘイグとウォレスはいずれも社会学者であり，彼らの業績はいずれも，社会学方法論が全盛を極めた1970年代前半のものである。彼らの社会学方法論に共通して言えることは，価値判断の問題にほとんど触れていないことである。

　社会科学，さらには自然科学においては，事実と価値，価値判断と事実認識，記述と規範の峻別が要求されてきた。科学が正当に行うことのできるのは「事実の認識，存在の記述であって，価値判断や当為の規範を科学的に基礎づけることはできない」という態度は，「実証主義の立場に立つ社会科学および自然科学に共通しており，価値中立性の科学像を形成してきた」[5]。し

かし，価値中立的な科学観は果たして現実的であると言えるのであろうか。

　少なくとも社会科学においては，価値判断が無視できない役割を演じている。経済学者の塩野谷祐一は，研究において価値判断が入り込む可能性のある次の4つの点を指摘している6。①問題の選択：社会科学者が選択する研究課題は，何が社会的に重要な価値であるかについての時代の潮流や科学者の主観的観念によって影響される。②結論の内容の決定：社会科学者の抱く価値判断は概念の形成や分析の中まで入り込み，結論の方向を規定する。③事実の識別：社会科学において価値と事実を截然と区別することは困難であり，一見したところ純粋な記述であると考えられる言明の中にも価値判断が入り込む。④証拠の評価：社会科学においては，理論の妥当性を評価する基準そのものが価値によって規定されている。

　筆者は，QOLの研究はこうした価値判断の入り込む余地が大きいと判断する。それでは価値判断を伴う概念を研究する場合に，われわれはどのように対処すべきであろうか。1つの方法は，価値前提を明示することである。この方法では，価値を外生的な与件として扱っていると言える。

　もう1つは，塩野谷が『価値理念の構造』（1984年）において提示した，価値研究と呼ばれる方法を採用することである。価値研究とは，ある価値が何を意味しているかを問題にするもので，目的としての価値理念の構造を解明することをねらいとする。同書で塩野谷は，価値とは理念であり，価値は関心に基礎を置いていると言い，さらに続けて，彼は次のように述べている7。対象への関心が，対象のもつべき望ましさについての事実的条件を与

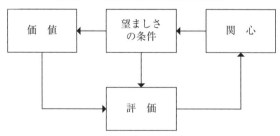

図Ⅲ.4　価値と関心と評価の関係

（出所）塩野谷祐一『価値理念の構造』東洋経済新報社，1984, p. 28。

えたのであり，観念としての価値はこの条件をスローガン的に表明したものである。価値はこの条件に照らして対象を評価する機能をもつ。これが価値判断である。価値判断は対象についての合理化，正当化，弁護，勧告などを行い，対象が望ましさの条件を満たしていないときは，それに対する批判を行う，と。

　塩野谷の言う価値と関心と望ましさの条件と評価の関係を図式化したのが図Ⅲ.4である。この図を構成する4つの要素のうち，計測に関係するのが評価である。評価は指標を用いて行われる。そして，指標の選択は価値に基づいて行われる。逆説的な言い方をすれば，指標から，その背後にある価値や関心を推測することが可能である。塩野谷の価値研究の方法を既存のQOL研究に適用して，再評価を行うことにより，興味深い成果が得られるのではないかと思われる。

3 クオリティ・オブ・ライフに対する主観的アプローチと客観的アプローチ

　QOL に関して必ず言及されてきたのが，QOL を人びとの主観によって評価しようとするアプローチと，客観的な現象や事物によって評価しようとする2種類のアプローチがあることである。ここでは，前者のアプローチによって評価された QOL を主観的 QOL，後者のアプローチによって評価された QOL を客観的 QOL と呼ぶことにする。

　この2種類のアプローチのうち，過去四半世紀の間に，研究が急速に進展したのが主観的 QOL に関する研究である。その主たる担い手になっているのが心理学である。心理学では 1980 年代半ば以降，幸福感や感情に対する研究が積み重ねられてきた[8]。

　このように研究が進展している主観的 QOL は，幸福と同義であろうか。また，幸福と満足，快・不快の感情はほぼ同義として見なせるのであろうか。そもそも幸福感は人びとの主観によってのみ評価されるのであろうか。また，主観的 QOL と客観的 QOL はどのような関係にあるのであろうか。本節では，イギリスの社会学者フィリップス（David Phillips）の『クオリティ・オブ・ライフ：概念，政策および実践』（2006 年）を手がかりとして，これらの点に関して若干の考察を行う。

3.1 主観的クオリティ・オブ・ライフと類似概念との関係
3.1.1 客観的幸福と主観的幸福

　最初に，フィリップスが，幸福感の測定それ自体についても2種類のアプローチがあると指摘していることに触れておきたい。彼は，ウォーバートン（David M. Warburton）に依拠して，「外部からの刺激に対して脳のドーパ

ミン系の神経化学物質の反応が引き起こす快い心理的感覚」[9]を客観的幸福と定義する。性交渉や食事は，こうした心理的感覚（快楽の感覚）をもたらす好例である。このように定義された客観的幸福が，QOLの測定に対してもつ意義は，それが合理的選択の単一の測定基準を提供しうるという点にある。具体的には，功利主義を基礎にする合理的選択の経済理論（効用理論）の裏づけとなりうるということである。

しかし，ある化学物質の脳内濃度の変化を客観的幸福とみなし，これをQOLの尺度とすることには限界がある。たとえば，エアロビクスをすることでもこの種の化学物質の濃度が上昇することが報告されている。さらに，覚醒剤や麻薬などの薬物の服用がもたらす感覚を幸福感とみなしてよいかどうか，倫理的に疑問をもたざるをえない。

以上のような客観的幸福に対するものとしての主観的幸福は，客観的幸福に比べると測定が容易である。というのは，人びとに幸福かどうかを尋ねればよいからである。しかし，測定が容易であるものの，幸福を正確に測定することはできないし，測定結果を客観的に証明することも困難である。

3.1.2 幸福，満足，快・不快の感情と主観的クオリティ・オブ・ライフ

幸福，満足，快・不快はほぼ同義の概念として理解され，これらの概念の関係が論じられることは少ないように思われる。この点に関しても，フィリップスは啓発的な議論を展開している。彼は，ディーナー（Ed Diener, 1946-）とルーカス（Robert Lucas, 1937-）の，快・不快と幸福との関係についての次のような定義を議論の出発点とする。

　　高水準の快の感情＋低水準の不快の感情＝幸福
　　低水準の快の感情＋高水準の不快の感情＝不幸

そしてフィリップスは，この快・不快の組合せに満足の要素を加えて，次の4つの範疇を作り出している[10]。

　1　幸福で満足
　2　不幸で不満足
　3　幸福で不満足
　4　不幸で満足

この4つの範疇のうち，第1の範疇の，快の感情が高水準で不快の感情が低水準でしかも幸福，つまり，満足で幸福な人の主観的QOLが高いことには異論がないであろう。また，第4の範疇の，快の感情が低水準，不快の感情が高水準でしかも不満足な人の主観的QOLが低いということにも異論はないであろう。しかし，第3の範疇と第4の範疇に関しては2通りの解釈が可能である。第1の解釈は，幸福な人は満足していなければならず，不幸な人は不満足なはずだから，これらの範疇は矛盾しているというものである。第2の解釈は，これらの範疇が矛盾しているわけではなく，主観的QOLの異なる次元を表しているというものである。第2の解釈を受け入れるならば，幸福と満足の区別が有意義であることになる。

　第2の解釈を受け入れた場合，幸福で不満足とはどのような状況を指すのであろうか。この例として，あらゆる快楽が自由に入手できるものの，人生の意味や精神的な充実感を見出せない人物を想像できる。他方，不幸で満足の例として，人類にとって必要不可欠な高い価値をもつサービスを提供するものの，極端に悲惨で不愉快な仕事に携わっている人物を挙げられる。

　さらに主観的QOLを巡って次のような問題がある。第1は，主観的QOLは自らの福祉についての回答者自身の判断であり，回答者が申告した判断を受け入れざるをえないが，この申告されたQOLにはどの程度の信頼性があるのか，という問題である。この点に関して，ブランチフラワー（D. Blanchflower）とオズワルド（A. Oswald）は，自己申告された主観的福祉と申告者の配偶者や友人，家族による幸福の評価との間に高い正の相関があることを明らかにしている[11]。

　第2は，主観的QOLに対して，人びとに包括的な評価を求めるべきか，それとも彼らの生活満足，快・不快の感情を尋ねるべきか，さらには，対人関係，金銭面，雇用などについて，各人の主観的QOLを尋ねるべきかという問題である。多数の論文のデータを統合して行う分析のことをメタ分析と呼ぶが，このメタ分析によって，主観的QOLの包括的な尺度の得点と，多元的領域の得点の間に高い相関があることが確かめられているので，主観的QOLに関しては，包括的な評価のみを求めればよい可能性がある[12]。

3.2　主観的クオリティ・オブ・ライフと客観的クオリティ・オブ・ライフ

　何をもって客観的 QOL とするかという点に関しては，多様な考え方がある。客観的な QOL の具体例としては，衣食住に代表される生活条件が満たされている場合，あるいは身体が健康である場合に，客観的な QOL が高いと言えるであろう。それでは，この具体例に代表されるような客観的 QOL が高いほど，主観的 QOL も高いという関係が見出されるのであろうか。それとも，両者に不一致が生じるのであろうか。

　この問題に関して，前出のラプレーは興味深い考察を行っている。彼は客観的 QOL と主観的 QOL の関係を表Ⅲ.1のようにまとめた。同表の4つのセルのそれぞれには上段と下段に呼称があるが上段はラプレーによるネーミングであり，下段はフィリップスによるネーミングである。

　この4つの範疇のうち，福祉（幸福で豊か）と，欠乏（不幸で貧しい）に関しては主観的 QOL と客観的 QOL の評価は一致している。この両者の意味するところは明確であり，それぞれに対する政策的対応も明らかである。すなわち，前者に対しては何ら政策的対応は必要ではなく，後者に対しては，物質的生活条件の充足を最優先すべきであることに異論の余地はないであろう。

　他方，不調和（不幸だが豊か）と適応（幸福だが貧しい）に関しては主観的 QOL と客観的 QOL の間に食い違いが生じている。そして，その政策的

表Ⅲ.1　主観的 QOL と客観的 QOL

		主観的 QOL	
		良い	悪い
客観的QOL	良い	福祉（well-being） 幸福で豊か	不調和（dissonance） 不幸だが豊か
	悪い	適応（adaptation） 幸福だが貧しい	欠乏（depriviation） 不幸で貧しい

注）各セルの上段はラプレー，下段はフィリップスによるネーミング。

（出所）Rapley, M., *Quality of Life Research: A Critical Introduction*, Sage Publications, London, 2003, p. 31. Phillips, D., *Quality of Life: Concept, Policy and Practice*, Routledge, London, 2006, p. 35.（新田功訳『クオリティ・オブ・ライフ』出版研，2011年，p. 41）

対応は多様でありうる。たとえば，前者に対しては物質的な生活条件は満たされているのだから，政策的対応は必要ないという考えが存在する一方で，幸福観を妨げている要因を取り除くべきであるという主張も成り立つであろう。また，適応に関しては，一定水準の物質的生活条件や基本的人権を満たすような政策的対応をすべきであるという点で意見の一致をみるであろうが，どの水準まで物質的生活条件を充足すべきかという点に関して意見が一致することは困難であろう。

このように客観的QOLと主観的QOLの間には食い違いが生じる可能性があるのであり，両方のQOLを測定し，比較検討することは，とくに政策的対応という点から見て必要性があるように思われる。

4 クオリティ・オブ・ライフの理論と測定の枠組み

4.1 クオリティ・オブ・ライフを把握する4つのレベル

　QOLの理論，あるいはQOLの測定を行うための指標を，対象とする範囲に応じて，すなわち，個人，家族，地域コミュニティ，あるいは国民全体のいずれを対象とするのかという観点から，分類・整理することは，QOLの理論およびQOL指標相互間の関係を理解し，それらの間に補完的な関係を構築するのに役立つであろう。このような整理・分類を行うためには，先ず，測定の対象とする範囲を区分することが必要となる。

　図Ⅲ.5は，この目的のために，ブボルツ（Margaret Bubolz）他が，コミュニティの健康関連QOLについて生態学的な展望を行った際に提示した図を参考にして作成したものである。中心には個人を表す楕円が位置し，その外側には家族・親族および友人・知人のネットワークを表す楕円が配されている。ブボルツ他はこれら2つの楕円で表される範囲をミクロシステムと呼び，このシステムの中で人びとは日々のQOLを達成すると述べている。内側から3番目にはコミュニティを表す楕円が配されているが，この範疇には地域コミュニティ，学校，職場など多様なものが含まれる。ブボルツ他は内側から3番目の楕円の中に国家を含めたうえで，この楕円に内包される範囲をメゾシステムと呼んでいるが，筆者はコミュニティと国家を一括りにすることには疑問を感じるので，コミュニティまでをメゾシステムとみなすことにする。筆者は国家の領域を表す楕円を内側から4番目につけ加え，この4番目の楕円に内包される範囲をマクロシステムと呼ぶことにする。最も外側の楕円は，地域あるいは地球全体を表す。筆者はこの楕円が内包する範囲をグローバルシステムと呼ぶことにする[13]。

図Ⅲ.5 4つの空間・ネットワークのレベル

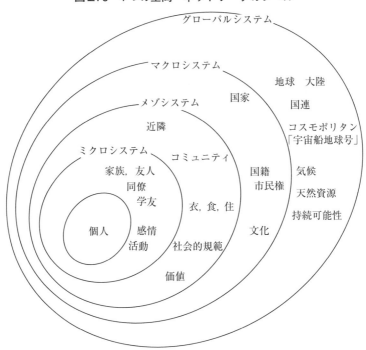

（資料）次の文献を基礎にして作成した。Bubolz, M. et al., "A human ecological approach to quality of life: a conceptual framework and results of an empirical study," *Social Indicators Research*, vol. 7, 1980, p. 106. Phillips, D., *Quality of Life*, p. 57.（新田，前掲訳書，p. 98）

　QOLをこれら4つのシステムのどの範囲まで考えるかに応じて，ミクロレベルのQOL，メゾレベルのQOL，マクロレベルのQOL，グローバルレベルのQOLと呼ぶことができるであろう。
　これら4段階のレベルにQOLの理論と指標を対応させたのが表Ⅲ.2である。同表を手がかりにして4段階のレベルに対応するQOLの理論と指標としてどのようなものがあるかを次に見ていきたい。

表Ⅲ.2　4段階のレベルで分類したQOLの主観指標・客観指標とQOLの理論

	主観指標	客観指標	理論・モデル
グローバルレベル			持続可能な発展モデル (ピアス＝バービア)
マクロレベル	国民生活選好度調査 ユーロバロメーター 世界幸福度報告	国民生活指標・新国民生活指標 人間開発指数 1人当たりGDP	QOLシステム理論構造モデル 包括的QOLモデル 公衆衛生モデル 社会の質
メゾレベル	県民選好度調査	高齢者のための社会指標体系 青森県政策マーケティング指標	潜在能力 人的欲求理論　　　効用理論 社会的結束 社会関係資本
ミクロレベル	効用型HRQOL指標 　EQ-5D (QALYとの併用) プロファイル型HRQOL指標 　包括的：WHOQOL, SF-36(12) 　疾病特異的：EPRTC-QLQ	ADL (日常生活動作能力) IADL (手段的日常生活動作能力)	

(参考文献) Rapley, M., *Quality of Life Research*, pp. 3-60. Phillips, D., *Quality of Life*, pp. 62-102. (新田，前掲訳書，pp. 105-166) 下妻晃二郎・江口成美「がん患者用QOL尺度の開発と臨床応用(Ⅰ)」『日医総研ワーキングペーパー』No. 56, 2001年10月, p. 8. 新田功「高齢化社会とQuality of Life (QOL) の数量化」『明治大学社会科学研究所紀要』第43巻第2号, 2005年, p. 142。

4.2　ミクロレベルのクオリティ・オブ・ライフの理論と指標

　4段階のレベルのうち，QOL指標が最も多く作成されているのがミクロレベルである。このレベルにおけるQOL指標の大部分は保健医療分野において開発されたものであり，健康関連QOL（Health related QOL，以下，HRQOL）と総称されている。

　HRQOLの大部分は主観的HRQOLであり，これはさらに効用型（ないし価値依存型）指標とプロファイル型指標に大別できる。後者のプロファイル型指標はさらに包括的指標と疾病特異的指標に区分されている。

　効用型指標の代表が，EuroQolグループが1990年に公開したEQ-5Dである。EQ-5Dは，①移動の程度，②身の回りの管理，③ふだんの活動，④いたみ／不快感，⑤不安／ふさぎ込み，の5項目のそれぞれについて，被調査者に3段階ないし5段階の評価を求めるものである。たとえば，日本語版EQ-5D-5Lにおける移動の程度は，回答者が「歩き回るのに問題はない」，「歩き回るのに少し問題がある」，「歩き回るのに中程度の問題がある」，「歩

き回るのにかなり問題がある」,「歩き回ることができない」という5段階の選択肢の中から1つを選ぶことによって決定される[14]。

このようにEQ-5Dは単純な内容であり,この指標単独では特筆するに当たらないが,EQ-5Dの意義はQALY算出のためのQOL値を提供することにあると言える。QALY（Quality-adjusted life year,質調整生存年）とは,完全な健康を1QALY,死亡を0QALYとする比例尺度で健康の程度を評価しようとするものである。EQ-5Dによって得られたスコアを換算表を用いて変換し,その値をQALYの係数として用いるのである。その場合,EQ-5Dの値が回答者にとっての健康の効用の大きさを反映するものとみなされている。

EQ-5Dの評点が回答者の効用に比例しているかどうか,疑問の余地はあるものの,EQ-5Dを用いて計算されたQALYが,医療行為の費用対効果を経済的に評価する手段として,英国国立医療技術評価機構によって用いられていることは,実用性という点から見て注目に値する。

主観的HRQOL指標のもう1つのグループであるプロファイル型指標のうち,包括型指標の代表的なものがWHOQOLとSF-36である。両者はいずれも,専門家からの意見聴取に基づく指標候補の作成,専門家による指標選択,仮指標を使用したパイロットスタディ,さらなるアイテムの絞り込みと下位指標の選定,指標の検証というステップを経て作成された。WHOQOL,SF-36ともにフルバージョンとショートバージョンが併存し,前者に関しては100の質問項目からなるWHOQOL100と,26の質問項目からなるWHOQOL-BREFが,後者に関しては,36の質問項目からなるSF-36と12の質問項目からなるSF-12（表Ⅲ.3),8つの質問項目からなるSF-8がある。

他方,プロファイル型指標のグループに属する疾病特異的指標にもさまざまなものがあるが,その名称からも明らかなように,QOL指標としての意義は限定されている。また,ミクロレベルの客観的QOL指標として表Ⅲ.2に掲げたADL（日常生活動作能力）指標とIADL（手段的日常生活動作能力）指標は高齢者や障害者の身体能力や日常生活レベルを図るための指標であり,疾病特異的指標の場合と同様に,QOL指標としての意義は限定され

表Ⅲ.3　SF-12v 日本語版（スタンダード版）

以下のそれぞれの質問について，一番よくあてはまるものに印をつけてください。

問1　あなたの健康状態は？
　　1　最高に良い　　2　とても良い　　3　良い　　4　あまり良くない　　5　良くない

問2　以下の質問は，日常よく行われている活動です。あなたは健康上の理由で，こうした活動をすることがむずかしいと感じますか。むずかしいとすればどのくらいですか。
ア）適度の活動，例えば，家や庭のそうじをする，1～2時間散歩するなど
　　1　とてもむずかしい　　2　少しむずかしい　　3　ぜんぜんむずかしくない
イ）階段を数階上までのぼる
　　1　とてもむずかしい　　2　少しむずかしい　　3　ぜんぜんむずかしくない

問3　過去1ヵ月間に，仕事やふだんの活動（家事など）をするにあたって，身体的な理由で次のような問題がありましたか。
ア）仕事やふだんの活動が思ったほど，できなかった
　　1　いつも　　2　ほとんどいつも　　3　ときどき　　4　まれに　　5　ぜんぜんない
イ）仕事やふだんの活動の内容によっては，できないものがあった
　　1　いつも　　2　ほとんどいつも　　3　ときどき　　4　まれに　　5　ぜんぜんない

問4　過去1ヵ月間に，仕事やふだんの活動（家事など）をするにあたって，心理的な理由で（例えば，気分がおちこんだり不安を感じたりしたために），次のような問題がありましたか。
ア）仕事やふだんの活動が思ったほど，できなかった
　　1　いつも　　2　ほとんどいつも　　3　ときどき　　4　まれに　　5　ぜんぜんない
イ）仕事やふだんの活動がいつもほど，集中してできなかった
　　1　いつも　　2　ほとんどいつも　　3　ときどき　　4　まれに　　5　ぜんぜんない

問5　過去1ヵ月間に，いつもの仕事（家事も含みます）が痛みのために，どのくらい妨げられましたか。
　　1　ぜんぜん妨げられなかった　　2　わずかに妨げられた　　3　少し妨げられた
　　4　かなり妨げられた　　5　非常に妨げられた

問6　次にあげるのは，過去1ヵ月間に，あなたがどのように感じたかについての質問です。
ア）おちついていて，おだやかな気分でしたか
　　1　いつも　　2　ほとんどいつも　　3　ときどき　　4　まれに　　5　ぜんぜんない
イ）活力（エネルギー）にあふれていましたか
　　1　いつも　　2　ほとんどいつも　　3　ときどき　　4　まれに　　5　ぜんぜんない
ウ）おちこんで，ゆううつな気分でしたか
　　1　いつも　　2　ほとんどいつも　　3　ときどき　　4　まれに　　5　ぜんぜんない

問7　過去1ヵ月間に，友人や親せきを訪ねるなど，人とのつきあいが，身体的あるいは心理的な理由で，時間的にどのくらい妨げられましたか。
　　1　いつも　　2　ほとんどいつも　　3　ときどき　　4　まれに　　5　ぜんぜんない

(出所)「健康関連QOL SF-36」のwebサイト「SF 12」スタンダード版質問項目のページ。
(URL) https://www.sf-36.jp/qol/files/sf12s.pdf （2019年5月5日取得）

ている。

　HRQOL指標に関して総じて言えることは，身体機能や精神機能に関連する項目が多く，QOLが「生活の質」というよりも「生の質」，「生命の質」

という意味合いで捉えられていることである．また，HRQOL指標を用いた実証分析も多数行われているものの，普遍性のあるQOLの理論を構築するまでには至っていないように思われる．しかし，こうした限界はあるものの，また，多種多様なHRQOLの指標が開発され，21世紀の初頭には「測定尺度の乱立」[15]と言われるほどになっているとはいえ，この領域のQOL指標の研究と開発がより一層促進されるものと予想される．

4.3 メゾレベルのクオリティ・オブ・ライフの理論と指標

　表Ⅲ.2のメゾレベルのQOL指標の欄には若干の例のみを挙げたが，とくに客観指標に関しては，社会指標運動が先進諸国を席巻した1970年代に，日本のほぼ全都道府県で社会指標や福祉指標が作成されたことを忘れてはならない．筆者が強調したいことは，QOLに固有の理論というわけではないが，メゾレベルにもマクロレベルにも適用可能な，しかも説得力と影響力のある理論がこのレベルにはいくつも存在することである．とくに，ドイアル（Len Doyal）とゴフ（Ian Gough）の「人的欲求理論」[16]（theory of human need）と，前章で取り上げたセンとヌスバウムが展開している潜在能力アプローチは内容に見るべきものがあり，これらの理論に沿って実証研究も進められつつある．また，比較的新しい理論である社会的結束や社会関係資本，社会的排除と社会的包摂といった理論についても詳しく検討してみる価値があるであろう[17]．

　ここではメゾレベルのすぐれた客観的QOLの指標として，青森県政策マーケティング指標の存在を指摘しておきたい[18]．同指標をここで取り上げる第1の理由は，指標体系の構築にあたって，住民を対象とした大規模な意識調査を行っただけでなく，調査結果に基づいて指標体系の原案が作られ，その後，さらに数次の意識調査，ヒアリング等の調査を行って，最終的に27の項目と66の個別指標が選定されたからである．

　具体的には，青森県政策マーケティング委員会は，最初に県民5,000人を対象として日常生活に対する満足度や考え方を把握するために県民意識調査を実施し，その調査結果から9つのテーマを選定し，県内でグループインタビューを実施した．そして，意識調査やインタビューの結果から，4つの政

策目標と87の点検項目を選定し，さらにこの87個の点検項目の重要度について1,223人の県民を対象としたアンケート調査を実施し，27の点検項目を選定した。点検項目の具体的内容を表すのが個別指標であるが，個別指標の選定に際しても，当初選定した126指標を最終的に66指標に絞り込むために県民や市民活動団体から意見聴取を行っている。このような選定作業を通じてできあがったのが，表Ⅲ.4に示すような政策目標と点検項目の体系である。

　第2の理由は，同指標において，統計データがない評価指標（個別指標）の現状値を，県民を対象とするアンケート調査を行って決定したことにある。つまり，政策マーケティング指標は主観指標と客観指標が融合した指標体系となっているのである。こうした2種類の指標の融合は，客観指標対主観指標という，QOL指標を巡る対立図式に一石を投じるものである。

　第3の理由は，単に生活状態の現状把握にとどまらずに，県内の各分野の実務家（390人）を対象として調査を行い，目標値（同指標では「目指そう値」と呼ばれている）と分担値を設定したことにある。分担値とは，各指標項目の目標値を達成するために8種類の主体（①個人・家庭，②NPO・市民団体，コミュニティ，町内会，③企業，農・漁協，労組，④学校，⑤その他，⑥市町村，⑦県，⑧国）が担うべき役割のことである。前述のオーストラリア統計局の社会指標やわが国の国民生活指標，新生活国民指標などにおいては現状値の把握に主眼がおかれているのに対して，政策マーケティング指標では政策目標が具体的に提示されている。これにより，目標値と現実値の両者の関係から政策課題が明らかになるだけでなく，政策の効果を評価することも可能である[19]。

　青森県政策マーケティング指標は1999年から2000年にかけて指標体系が構築され，2000年度から毎年『政策マーケティングブック』としてその成果が公表されていた[20]。残念なことに2005年度をもって指標の作成は終了したが，青森県政策マーケティング指標は地方自治体によるQOL指標構築の意欲的な試みであり，今後も同様のQOL指標作成の試みがなされていくことを期待したい。

表Ⅲ.4　青森県政策マーケティング指標の体系

暮らしやすさ条件	安心	つながり	自己実現	適正負担
政策目標	Ⅰ もしやの不安の少ない暮らし	Ⅱ 人や地域とつながりの深い暮らし	Ⅲ 自分の可能性を試すことのできる暮らし	Ⅳ 納得できる手間や負担で暮らせる暮らし
A 健康・福祉	1 地域で十分な保健・医療サービスが受けられるか　2 医療の質の低下や医療ミスに対する不安が少ないか	10 豊かな人間関係のなかで、孤独を感じることなく暮らせるか　11 住み慣れた地域社会で、死ぬまで暮らせるか	18 未成年者の飲酒、喫煙、薬物依存がないか	23 保健・医療・福祉サービスを受ける際の費用負担が合理的か　24 経済的困難があっても進学ができ、少ない負担で生涯学習・スポーツを楽しめるか
B 成長・学習	3 保育所・幼稚園・小学校の建物、通学路などが安全か	12 家庭・地域と学校が十分に連携しているか	19 子供が楽しく意欲的に学習しているか　20 能力・適正、興味・関心に沿った進学や、生涯学習・職業訓練の機会があるか	
C 仕事・職場	4 生活に必要な収入が得られ、退職や老後に備えて必要な蓄えができるか　5 雇用が安定し、中途退職者、高齢者、女性、障害者の働く場所があるか	13 個人の暮らしや家庭を尊重する職場環境か	21 地元で希望する就職、就業ができるか　22 高齢者、女性、障害者が職場で活躍しているか	
D 社会環境	6 災害や緊急時への不安が少ないか　7 犯罪が少ないか	14 高齢者、障害者が気軽に街に出ることができるか　15 里山や街の緑が豊かに守られているか		25 高齢者、障害者、乳幼児連れが移動しやすい交通環境か
E 家庭・地域生活	8 離別、死別、家族離散のときにも暮らしが成り立つか　9 歩行者や車が歩道や道路を安心して通ることができるか	16 家族のふれあいが深いか　17 近隣の関係が密接で地域づくりが活発なコミュニティで暮らせるか		26 質のよい住宅を適切な価格で入手できるか、借りることができるか　27 家庭・地域生活が省エネルギー型で環境にやさしいか

（出所）政策マーケティング委員会編『政策マーケティングブック2003～2004（Ver.03）』2004年3月，p.9。

4.4 マクロレベルのクオリティ・オブ・ライフの理論と指標

1960年代以降，さまざまな国や国際機関においてマクロレベル，すなわち国家単位のQOL指標の作成が試みられてきた。こうした試みは21世紀に入ってからも続けられている。

4.4.1 人間開発指数（HDI）

ここでは2つの国際機関が作成している3つのQOL指標を取り上げる。最初に取り上げるのは，国連開発計画（UNDP）が1990年から毎年作成・公表している「人間開発指数」（Human Development Index）である。

人間開発指数（以下，HDI）は平均余命指数，教育指数，所得指数の3つの指数値を総合したものであるが，HDIは全くオリジナルなQOL指標というわけではない。その理由は，アメリカの経済学者モーリス（Morris David Morris）が1979年に刊行した『世界の貧困状態を測定する』において，①乳児死亡率，②1歳児の平均余命，③成人識字率の3指標から，PQLI（Physical Quality of Life Index）と彼が名付けた合成指標を作成していたからである[21]。PQLIを構成する3指標のうち，成人識字率は原データの数値をそのまま使用するが，乳児死亡率指数 I_{1j} と1歳児の平均余命指数 I_{2j} はそれぞれ以下のように定義される。

$$I_{1j} = \frac{\max(X_1) - X_{1j}}{\max(X_1) - \min(X_1)} \times 100 \qquad (1)$$

$\min(X_1)$：ある期間中に観察された乳児死亡率の世界最小値，$\max(X_1)$：同期間中の乳児死亡率の世界最大値，X_{1j}：ある時点での j 国の乳児死亡率。

$$I_{2j} = \frac{X_{2j} - \min(X_2)}{\max(X_2) - \min(X_2)} \times 100 \qquad (2)$$

$\min(X_2)$：ある期間中に観察された1歳児の平均余命の世界最小値，$\max(X_2)$：同期間中の1歳児平均余命の最大値，X_{2j}：ある時点での j 国の1歳児平均余命。

j 国の成人識字率を I_{3j} で表し，さらに，同国のPQLIを PQLI$_j$ と表記することにすると，PQLI$_j$ は次式で求められる。

$$\mathrm{PQLI}_j = \frac{\sum_{i=1}^{3} I_{ij}}{3} \qquad (3)$$

　以上のように計算方法が単純であり，しかも個別指標のデータの入手が容易なために多数の国についてPQLIを算出することが可能なことが，PQLIの長所である[22]。しかし，PQLIの長所は同時に短所でもある。この指数を構成する3つの指標のうち，2つは国民の健康状態に関する指標であるために，この指数は国民の社会・経済生活の中の健康と教育という2つの側面だけから国民のQOLを捉えようとするにすぎないという批判にさらされた。

　PQLIの抱えるこうした批判を克服することを念頭に置いて，UNDPが新たに開発したのがHDIである。しかし，『人間開発報告1990年版』で初めて公表されたHDIはPQLIと代わり映えしなかった。その理由は，同年に作成されたHDIは，①出生時平均余命，②成人識字率，③1人当たり実質GDP（購買力平価換算）の3指標からなっており，1人当たり実質GDPを除く2指標はPQLIとほぼ同内容だった（1歳時平均余命が出生時平均余命に置き換わっただけだった）からである。しかも，指標の構成だけでなく，指標の計算方法も類似していた。さらに，1人当たり実質GDPについては変則的な取り扱いをした。すなわち，購買力平価換算の1人当たり実質GDPが約4800ドルを上回る場合，その上回る部分をすべて切り捨てる処理をしたからである。

　このように最初に公表されたHDIは指標構成も計算方法も新鮮味がなかったが，『人間開発報告1991年版』以降，HDIの計算方法は改良がなされた。第1に，教育指標に関して数回の改訂がなされた。まず，1991年版から，成人識字率と平均修学年数から教育水準の指標が合成され（前者と後者のウェイト比は2：1），さらに，2010年からは成人識字率の代わりに成人の平均修学年数と在学生の期待就学年数（expected enrollment rate）の2つの指標を用いて教育の合成指標（2つの指標には等ウェイトが与えられる）が算出されている。第2に，購買力平価換算の1人当たり実質GDPに関しても改定がなされてきた。最初に1991年版のHDIにおいては次のような方式で所得が計算された。貧困線（購買力平価換算1人当たり実質GDP 4829

ドル）を上回る所得について，貧困線を上回り貧困線の2倍までの水準の所得についてはその平方根をとった値に2倍したものを所得として加算し，貧困線の2倍以上3倍までの金額についてはその3乗根をとった値に3倍したものを所得として加算する等々という複雑な方式が導入された。たとえば，ある国の購買力平価換算の1人当たり実質GDPが12,000ドルの場合，HDIにおいてはその国の1人当たり実質GDP $= 4829 + 2\sqrt{4829} + 3\sqrt[3]{12000 - 9658} = 5008$ と計算するのである。しかし，この計算式は複雑なうえに，貧困線を上回る所得部分についての割引率が大きく，高所得国にとって不利な結果をもたらす。このため1999年度版のHDIからは購買力平価換算の1人当たり実質GDPの対数値が計算に用いられるようになった。

このような改訂を経た結果，2010年から採用されている現行の各指数の計算方法は表Ⅲ.5のとおりである（以下の3つの指数はいずれも0以上1以下の値をとる）。

HDIの第1の意義は，単純な仕組みで全世界の国々のQOLの比較を可能にしただけでなく，その計測結果を継続的に公表してきたことである。第1回の1990年以来，最新の2018年までHDIはほぼ連続して公表され，2018年版では171カ国が算出の対象となっている。第2の意義は，QOLの向上

表Ⅲ.5　HDIの作成方法（2018年度版）

$$平均余命指数 = \frac{当該国の出生時平均余命 - 20}{85 - 20}$$

$$教育指数 = \frac{成人平均修学年数指数 + 予想平均修学年数指数}{2}$$

$$所得指数 = \frac{\ln(当該国の1人当たり GDI) - \ln(100)}{\ln(75000) - \ln(100)}$$

$$HDI = \sqrt[3]{平均余命指数 \times 教育指数 \times 所得指数}$$

ただし，$$成人平均修学年数指数 = \frac{当該国の成人（25歳以上）平均修学年数}{15}$$

$$予想平均修学年数指数 = \frac{当該国の予想平均修学年数}{18}$$

1人当たりGDIは購買力平価換算，lnは自然対数

（出所）United Nations Development Programmeのwebサイト，*Human Development Report 2016*, technical notes, pp. 2-3.（URL）http://hdr.undp.org/sites/default/files/hdr2016_technical_notes.pdf（2019年6月9日取得）

が，所得水準の向上によってのみ達成されるのではなく，医療保健水準や教育水準の向上によっても達成しうるという発想を普及させたことである。第3の意義はHDIが，不平等調整済みHDIや，男女間の不平等度を反映させたジェンダー開発指数の作成に結びつき，不平等や男女間格差の問題に光を当てたことである。

　2012年と2017年に『人間開発報告』が公表されなかったり，2018年もHDIのアップデートが行われたのみで，報告書が発表されなかったことに

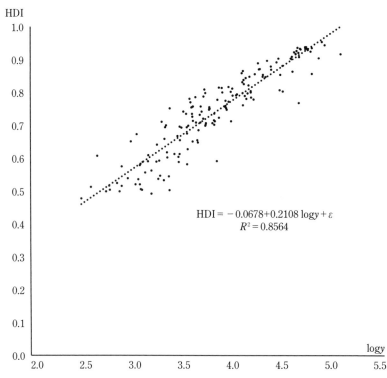

図Ⅲ.6　1人当たり名目GNIとHDIの散布図（2017年）

（資料）以下の資料を用いて図を作成した。United Nations Development Programmeのwebサイト, *Human Development Report 2018 Statistical Update*. (URL) http://hdr.undp.org/en/2018-update（2019年6月9日取得）The World Bankのwebサイト, "GNI per capita, Atlas method (current US$)" (URL) https://data.worldbank.org/indicator/ny.gnp.pcap.cd（2019年6月9日取得）

象徴されるように，HDI作成作業が2010年代に入ってから停滞しているように思われる。このような停滞の第1の理由は，HDIと名目所得水準との相関が高くなり，HDIを作成する意味が失われつつあることに求められるであろう。図Ⅲ.6は横軸に2017年の名目1人当たりGNIの対数値をとり，縦軸に同年のHDIの値をとって描いた散布図である。同図には回帰直線を当てはめてあるが，その回帰直線の自由度修正済み決定係数は$R^2 = 0.8564$と大きく，1人当たり名目GNIだけでHDIの大きさの85.6%を説明できることを示している。したがって，HDIを作成する必要性が少なくなっていると考えられる。第2の理由は，2010年代に入ってから，国連およびOECDにおいてより多元的なQOLの指標が作成・公表されるようになったために，HDIの魅力が弱まったことに求められる。次項においてこれらの新しい多元的QOL指標について考察する。

4.4.2　OECDの「よりよい暮らし指標」と国連の『世界幸福度報告』

2010年代に入ってから，マクロレベルのQOL指標の開発が活発に行われるようになった[23]。第1に，OECDが，創設50周年記念事業の1つとして2011年から「より良い暮らし指標」（Better Life Index）の作成・公表を開始した。第2に，国連の「持続可能な開発ソリューションネットワーク」が2012年以降『世界幸福度報告』（World Happiness Report）を公表している。第3に，ハーバード大学のポーター（Michael Porter）が中心になって設立した非営利組織「社会進歩の義務」（Social Progress Imperative）が2014年から「社会進歩指標」（Social Progress Index）を作成・公表している。また，単発ではあるが，ノーベル経済学賞受賞者のカーネマン（Daniel Kahneman），アメリカの心理学者ディーナー（Ed Diener），カナダの経済学者ヘリウェル（John F. Helliwell）が中心になって行った世界規模の主観的幸福度調査の結果も2010年に公表されている。

このように，2010年代に新たに開発されたマクロレベルのQOL指標のうち，OECDの「より良い暮らし指標」（以下，BLI）と国連の『世界幸福度報告』（以下，WHR）を取り上げる。

BLIは，「より良い暮らし」が①QOLと②物質的な条件とによって構成さ

れると仮定し，①に関する8つの要因［健康状態（2指標），ワークライフバランス（3指標），教育と技能（2指標），社会とのつながり（1指標），市民参加とガバナンス（2指標），環境の質（1指標），生活の安全（2指標），主観的幸福（2指標）］と，②に関する3つの要因［所得と資産（2指標），仕事と報酬（3指標），住居（2指標）］，の合計11の要因（計22指標）を測定することによって，個人の幸福が判定できるとしている。

　BLIは，1970年代にOECDがその構想を提示したものの実現にまで至らなかった福祉指標体系（第1章第7節参照）を，21世紀になってから遂に実用化したものである。BLIの第1の長所は，上述のように多元的にQOLを測定しようとする点にある。第2の長所は，世界的な世論調査会社であるギャラップ社が2005年から実施している「世界世論調査」（Gallup World Poll, 以下，GWP）による「生活満足度調査」の結果を主観的幸福の指標の1つである「生活満足度」の指標として採用したことである[24]。

　このようにBLIは多元的にマクロレベルのQOLを測定する意欲的な取組みであるものの，第1に，総合指数の算出が試みられていないこと，第2に，分析対象がOECD加盟国と若干の非加盟国（ロシア，南アフリカ，ブラジル，コロンビア）に限定されている，という2つの限界がある。

　他方，国連のWHRも，BLIと同様にギャラップ社のGWPの調査結果を使用しているが，生活満足度以外のGWPの調査結果をも活用して，世界各国の幸福度とその要因を明らかにしようとしている。すなわち，WHRは，GWPによる生活満足度の調査結果をもって各国の幸福度と規定し，また，この幸福度と，①社会的支援，②選択の自由，③汚職，④寛容性，⑤1人当たりGDP（購買力平価，対数値），⑥健康平均余命の6つの変数との関係について回帰分析を行い，幸福の要因分析を行っている。

　生活満足度，社会的支援，選択の自由，汚職，寛容性のそれぞれの得点は次のようにして求められる[25]。1）生活満足度に関しては，キャントリル（Hadly Canrtil, 1906-1969）が『人間の関心のパターン』（1965）において提示したキャントリルの階梯（図Ⅲ.7）によって，インタビューを受けた調査対象者が11段階で自らの生活満足度を評価する[26]。GWPでは各国ごとに1,000名前後を調査対象としているので，個々人の生活満足度を集計しそれ

図Ⅲ.7　キャントリルの階梯

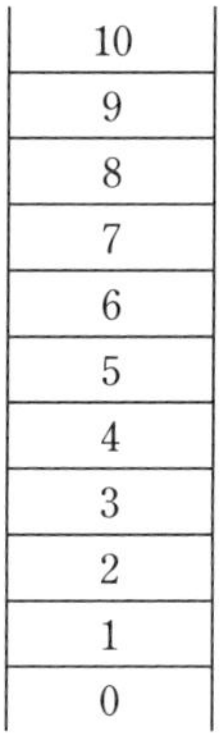

| 10 |
| 9 |
| 8 |
| 7 |
| 6 |
| 5 |
| 4 |
| 3 |
| 2 |
| 1 |
| 0 |

（出所）Cantril, H., *The Pattern of Human Concerns*, Rutgers University Press, New Brunswick, New Jersey, 1965, p. 22.

を算術平均したものが当該国の生活満足度（WHRの幸福度）となる。2）社会的支援は「困ったときにはいつでも頼りにすることのできる親戚や友人がいますか」という問いに対する二値応答（いる場合には1，いない場合には0とする回答）の全国平均，3）選択の自由は「あなたの生活に関してあなたが何をするかを選択する自由に満足していますかそれとも不満ですか」という問いに対する二値応答の全国平均，4）汚職は「政府全体に汚職が広まっていますか，いませんか」という問いに対する二値応答の全国平均，5）寛容性は「先月あなたは慈善事業に寄付をしましたか」という問いに対する二値応答の全国平均を1人当たりGDPに回帰した残差として求められる。他方，購買力平価換算の1人当たり実質GDPと健康平均余命のうち，前者は世界銀行の世界開発指標を援用し，後者はWHOのデータを援用している。

　WHRの意義として次の点を指摘できる。第1に，分析対象が2019年時点で157カ国に及んでいることであり，しかも，各国の幸福度（生活満足度）をランキングしているだけでなく，幸福度に関連する要因についてもランキングを行っていることである。第2に，回帰分析を行って，幸福度に関連する各要因の幸福度への寄与度を明らかにしていることである（図Ⅲ.8）。これは画期的なことであると言える。

　これに対して，WHRの課題として次の点を指摘できる。第1に，本章第

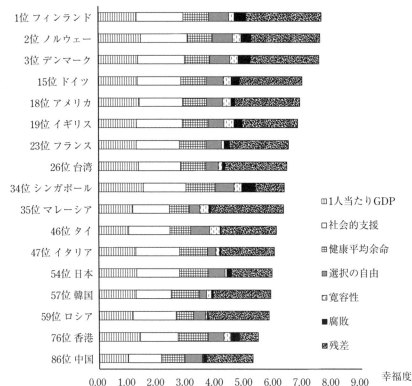

図Ⅲ.8 世界およびアジアの主要国の幸福度得点と各要因の寄与度（2018年）

（資料）Helliwell, J., Layard, R. and Sachs, J., *World Happiness Report 2018*, Sustainable Development Solutions Network, New York, Chapter 2, Online Data から作成。（URL）https://worldhappiness.report/ed/2018/（2019年6月29日取得）

　3節で考察したように，主観的幸福をもって，しかも生活満足度だけをもって幸福と規定してよいかどうかという問題がある。第2に，GWPの調査によって，生活満足度に関しては参加各国から回答が得られているものの，他の質問項目，とくに選択の自由，汚職に関しては国によってはこれらのことについての質問を行うことを拒否しているため，幸福度の要因分析に限界があることである。第3に，幸福度の公表が現実の政策に直結しないことである。この点はわが国についても該当し，WHRによる幸福度ランキングが毎年公表されても，政府は公表された結果を政策にフィードバックする姿勢を

示さないように感じられる。

4.5　グローバルレベルのクオリティ・オブ・ライフの理論と指標

　表Ⅱ.4のグローバルレベルのQOL指標の欄は空欄にしてある。国家レベルのQOLでさえ，その内容と測定方法について合意を見ることが困難であるために，グローバルな視点からQOLを把握しようとする試みがほとんどなされることがないのは当然の成り行きと言える。つまり，グローバルレベルでのQOLは，理論の面でも実証の面でも未開拓に近い領域である。

　それにもかかわらず，グローバルレベルでのQOLの理論・モデルの欄に「持続可能な発展のモデル」と筆者が書き入れたのは，このモデルが世界的な共通目標ともいうべき持続可能性（sustainability）の達成と，グローバルレベルでのQOLの向上という，2つの目標を同時に追求する枠組みを構築するうえで参考になると考えるからである。

　ピアス（David Pearce, 1941-2005）とバービア（Edward Barbier）は，「持続可能性」という概念とQOLとの関係をグローバルな視点から図Ⅲ.9のようにモデル化している[27]。彼らのモデルの意義は，持続可能性を考えていくうえでQOLを議論の中心に据えるべきこと，また，持続可能性に対する態度が「弱持続可能性」と「強持続可能性」の2つに分かれ，それが根本的には人間中心主義と生命中心主義の相克の問題であることを指摘している点にある。ちなみに，同図に示されているように，弱持続可能性とは，地球全体を構成する自然資本（環境資源），物的資本，人的資本の間に本質的な差はなく，減耗する自然資本がより価値の高い物的資本や人的資本で代替されるならば資本の総価値が長期的に増加し続けることが可能であるとする立場であり，その根底には，人間中心主義すなわち人間生活の持続可能性を優先する考え方がある。これに対して，強持続可能性とは，人間のQOLにとって不可欠な環境資源と生態学的サービスは，物的資本や人的資本で代替することは困難であるから，これらを保護し，枯渇しないようにすべきであるという立場である。この強持続可能性の立場の根底をなしているのが生態系中心主義，すなわち生態系の持続可能性を優先する考え方である。

　弱持続性の立場に立つにしても，強持続可能性の立場に立つにしても，何

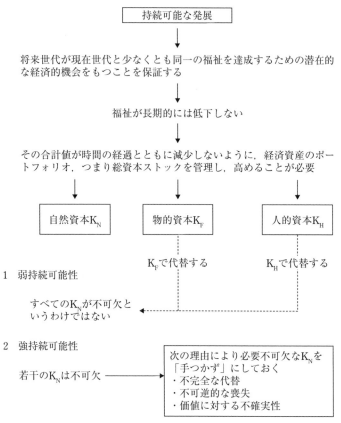

図Ⅲ.9 ピアーズ＝バービアの持続可能な発展のモデル

（出所）Pearce, D. and Barbier, E., *Blueprint for Sustainable Economy*, Earthscan Publications, London, 2000, p. 210.

らかの形で地球全体の環境負荷を低減することに多数の人びとないし国家は合意するであろう。その場合，環境負荷をどのような方法で測定するかが問題となるが，ここでは深入りせずに，イェール大学とコロンビア大学が共同で作成している「環境パフォーマンス指数」（Environmental Performance Index, EPI）の存在を指摘しておく。同指数は，地球温暖化に関連する指標だけでなく，生態系全般に関する，より多角的な環境指標を用いて世界の大多数の国（2018年版では180カ国）を対象として，各国の環境パフォーマ

図Ⅲ.10 環境クズネッツ曲線

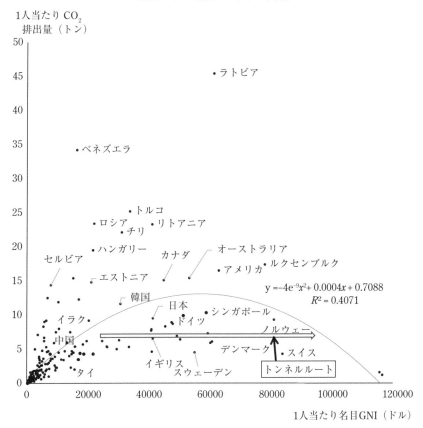

(資料)図Ⅲ.6に同じ。

ンスのランキングを行っている。

　どのような環境指標を採用するにしても，環境指標の改善は環境負荷の低減を意味するはずであり，その場合，環境負荷の低減とQOLの維持ないし向上をどのように両立させるかが重要な課題となるであろう。筆者は，環境負荷の低減とQOLの維持・改善を同時に達成するための方向性として，環境クズネッツ曲線に基づく政策立案について言及しておきたい。

　環境クズネッツ曲線とは，縦軸に環境負荷をとり，横軸に1人当たりGNI（＝GDP）をとったときに描かれる，お椀を伏せたような形の曲線のこ

とである（図Ⅲ.10）。この曲線の含意は，経済発展に伴って環境負荷（枯渇性資源消費，大気汚染物質の排出，水質汚濁等）の水準が上昇し続けるが，1人当たり GNI が一定水準を超えると，環境負荷が少なくなる傾向があることである。もちろん，GNI が高水準になったからといって環境負荷が低くなるわけではない。たとえば，アメリカやカナダでは環境負荷が他の先進諸国よりも高いままである。

　環境クズネッツ曲線に基づく政策とは，先進諸国が，発展途上国に対して，環境負荷を軽減するための環境技術を移転し，さらに環境政策に対する補助金を提供し，他方，発展途上国は1人当たり所得水準を高めることよりも，平均余命や教育水準の向上を通じて QOL の向上に重点を置くことである。このような政策によって，発展途上国は環境負荷を高めることなく，QOLの向上をも達成することが可能になるであろう。このような政策によって実現可能な発展経路を，定方正毅は「トンネルルート」と呼んでいる[28]。このトンネルルート理論に基づく政策を実施する場合，本章で取り上げた HDI が横軸の QOL の指標の有力な候補であることを指摘したい。

5　本章のまとめ

　最終章である本章では，1980年代から福祉という用語に代わって使用されるようになったQOLに関して，その測定法の課題について若干の考察を行った。
　第2節においては，科学方法論的観点からQOLの測定法の検討が必要であるとの考えから，この分野の3人の研究者，すなわち，ヘイグ，ウォレス，塩野谷裕一の研究成果を手がかりにして考察を行った。まず，ヘイグが『理論構築の方法』で提示した方法論的な枠組みを用いることにより，QOL指標の作成が社会状態の記述（社会報告）だけを意図するものか，それともQOLの諸要因間の因果分析まで意図するのか，さらには理論構築をも視野に入れるものであるのかを明らかにすることが可能となる。次に，ウォレスの提示した方法論の循環図式は，経験的観察を科学的な方法の中心に置くことが望ましいとしながらも，QOLの研究方法を単線的に考える必要はなく，①理論の構築，②仮説の設定，③観察，④経験の一般化，⑤仮説の検証と採否の決定という，科学の5つの構成要素のどれをQOL研究の出発点としてもよいことを示唆している点に，その意義を見出すことができる。
　ヘイグとウォレスの方法論は価値判断の問題にほとんど言及していないが，塩野谷祐一は，研究には，①問題の選択，②結論の内容の決定，③事実の識別，④証拠の評価という4つの段階のいずれにおいても価値判断が入り込む可能性があると指摘する。そして，塩野谷は価値判断が入り込んだ場合，その価値が何を意味しているかを問題にすべきであるという。塩野谷の指摘をQOLの研究に即して言えば，QOLの評価は指標を用いて行われるが，指標の選択は価値に基づいて行われる。したがって，選択された指標から，その

背後にある価値や関心を推測することが可能である。

　第3節では，フィリプスとラプレーの研究を手がかりとして，QOLと類似概念である幸福，満足，快・不快との関係について整理を試みた。こうした整理が今後の研究に役立てば幸いである。

　第4節では，QOLを測定する場合，対象とする範囲に応じて，4つのレベルに区分できることを指摘した。4つのレベルとは，個人を核とし，個人を取り巻く家族，友人等によって形成されるミクロシステムのレベル，近隣・コミュニティからなるメゾシステムに対応するレベル，国家を単位とするマクロシステムのレベル，大陸あるいは地球を包含するグローバルシステムのレベルである。この4つのレベルのそれぞれに対応したQOLの指標を構築することが可能である。本章では，ミクロレベルのQOL指標として健康関連QOL（HRQOL）を取り上げ，考察を行った。次に，メゾシステムに対応するQOL指標の先進的な事例として，青森県政策マーケティング指標を取り上げた。マクロシステムのレベルに対応するQOL指標は2010年代に入ってからも国際機関によって新規に開発されていること，注目すべきものとして，OECDの「よりよい暮らしの指標」（BLI）と国連の「持続可能な開発ソリューションネットワーク」による『世界幸福度報告』（WHR）があることに言及した。最後に，グローバルシステムに対応するQOL指標は現時点では存在しないが，持続可能性というグローバルな目標を達成するための一助としてQOL指標を活用することについて提案を行った。

第Ⅲ章　注

1　Rapley, M., *Quality of Life Research: A Critical Introduction*, Sage Publications, London, 2003, p. 29.
2　Haase, J. E., Heiney, S. P., Ruccione, K. S. and Stutzer, C., "Research triangulation to derive meaning-based quality-of-life theory: adolescent resilience model and instrument development," *International Journal of Cancer*, 12 (supplement), 1999, p. 125.
3　以下の説明は，高根正昭『創造の方法学』講談社現代新書，1979年，p. 191を参照した。
4　Wallace, W. L., *The Logic of Science in Sociology*, Aldine, New York, 1971, p. 29.
5　塩野谷祐一『価値理念の構造』東洋経済新報社，1984年，p. 3。
6　前掲書，p. 4。
7　前掲書，pp. 27-28。
8　幸福に対する心理学的アプローチの最新の成果を次の文献によって知ることができる。大石繁宏『幸せを科学する』新曜社，2009年。岩波書店編『科学』岩波書店，第80巻第3号，2010年3月，「幸福の感じ方・測り方」特集号。島井哲志編『ポジティブ心理学：21世紀の心理学

の可能性』ナカニシヤ出版，2006 年。
9 Phillips, D., *Quality of Life: Concepts, Policy and Practice*, Routledge, London, 2006, p. 16.（新田功訳『クオリティ・オブ・ライフ：概念・政策・実践』人間の科学新社，2011 年，p. 36）
10 Ibid., p. 19.（前掲訳書，p. 41）
11 Blanchflower, D. and Oswald, A., "Well-being over time in Britain and the USA," *Journal of Public Economics*, vol. 88, 2004, p. 1361.
12 Phillips, op. cit., pp. 21-22.（新田，前掲訳書，p. 44）
13 三重野卓は共生社会と QOL との関係をミクロレベル，メゾレベル，マクロレベルの 3 段階で捉えている。三重野卓「共生システムの論理と分析：『生活の質』およびガバナンスとの関連で」『応用社会学研究』，No. 60，2018 年，pp. 135-136。
14 池田俊也・色岩健他「日本語 EQ-5D-5L におけるスコアリング法の開発」『保健医療科学』第 64 巻第 1 号，2015 年，p. 49。
15 松田智大「QOL 測定の方法論と尺度の開発」『保健医療科学』第 53 巻第 3 号，2004 年，p. 182。
16 Doyal, L. and Gough, I., *A Theory of Human Need*, Guilford Press, New York, 1991.
17 社会関係資本，社会的排除と社会的包摂に関しては，Phillips, op. cit., pp. 132-157（新田，前掲訳書，pp. 209-246）を参照されたい。
18 青森県政策マーケティング指標に関する以下の説明は，新田功「高齢化社会と Quality of Life (QOL) の指標化」『明治大学社会科学研究所紀要』第 43 巻第 2 号，2005 年，pp. 148-151 を再掲した。
19 自治体の政策評価に関しては次の論文を参照されたい。三重野卓「政策評価とソーシャル・ガバナンス」金子勇編著『計画化と公共性』ミネルヴァ書房，2017 年，pp. 63-88。
20 青森県政策マーケティング指標の端緒から作成の中止までに至る経緯は以下の論文に詳しい。児山正史「青森県政策マーケティング委員会の 7 年 (1)：自治体行政における社会指標型ベンチマーキングの活用」『人文社会論叢（社会科学編）』第 16 号，2007 年，pp. 57-77。同「青森県政策マーケティング委員会の 7 年 (2・完)：自治体行政における社会指標型ベンチマーキングの活用」『人文社会論叢（社会科学編）』第 17 号，2007 年，pp. 131-153。
21 Morris, D. M., *Measuring the Condition of World's Poor: The PQLI*, Pergamon, New York, 1979, pp. 42-47.
22 モーリスは 1970 年代前半のデータを用いて 150 カ国の PQLI を算出した。Ibid., pp. 137-145.
23 マクロレベルの QOL 指標開発の最近の動向については次の文献を参照されたい。岡部光明『人間性と経済学』日本評論社，2017 年，pp. 172-194。
24 GWP の調査方法については Gallup の web サイトに情報が掲載されている。(URL) https://news.gallup.com/poll/105226/world-poll-methodology.aspx
25 Sustainable Development Solutions Network, World Happiness Report の web サイト，*World Happiness Report 2019*, p. 25.（URL）https://worldhappiness.report/ed/2019/#read
26 Cantril, H., *The Pattern of Human Concerns*, Rutgers University Press, New Brunswick, New Jersey, 1965, p. 22.
27 新田功「持続可能な発展と生活の質」新田功編『日本人と持続可能な社会』人間の科学新社，2008 年，pp. 30-32。
28 定方正毅『中国で環境問題にとりくむ』岩波新書，2000 年，p. 77。

参考文献

<欧文>

Bauer, R. A., *Social Indicators*, M. I. T. Press, Cambridge, MA, 1966.（小松崎清介訳『社会指標』産業能率大学出版部，1976年）

Baumol, W. J., "The community indifference map: a construction," *Review of Economic Studies*, vol. 17, no. 3, 1950, pp. 189-197.

Bell, D., "The idea of a social report", *The Public Interest*, no. 15, 1969, pp. 72-105.

Bentham, J., *Introduction to the Principles of Morals and Legislation*, 1789; reprint, Athlone Press, London, 1970.（山下重一訳「道徳および立法の諸原理序説」『ベンサム　J. S. ミル　世界の名著38』中央公論社，1967年，pp. 69-210）

Bergson, A., *Essays in Normative Economics*, Harvard University Press, Cambridge, MA, 1966.

Binger, R. B. and Hoffman, E., *Microeconomics with Calculus*, Harper Collins, New York, 1988.（木村憲二訳『微積分で学ぶミクロ経済学』シーエーピー出版，1996年，上・下巻）

Black, R. D. C., "W. S. Jevons, 1835-1882," in O'Brien, D. P. and Presley, J. R. (eds.), *Pioneers of Modern Economics in Britain*, Macmillan, London, 1981, vol. 1. pp. 1-35.（井上琢磨他訳『近代経済学の開拓者』昭和堂，1986年，pp. 3-37）

Blanchflower, D. and Oswald, A., "Well-being over time in Britain and the USA", *Journal of Public Economics*, vol. 88, 2004, pp. 1359-1386.

Blaug, M., *Great Economists since Keynes: An Introduction to the Lives and Works of One Hundred Modern Economists* (2nd ed.), Edward Elgar,

Northampton, MA, 1998. (中矢俊博訳『ケインズ以後の100大経済学者：ノーベル賞に輝く人々』同文館, 1994年)

Booth, C., "Inhabitants of Tower Hamlets (school board division), their condition and occupations," *Journal of Royal Statistical Society*, vol. 50, 1887, pp. 329-333.

Booth, C., *Life and Labour of the People in London, Poverty I, II*, Macmillan, London, 1891; reprint, A. M. Kelly, New York, 1969.

Booth, M., *Charles Booth: A Memoir*, Macmillan, London, 1918.

Booth, W., *In Darkest England, and the Way out*, Funk & Wagnalls, New York, 1890. (山室武甫訳『最暗黒のイングランドとその出路』救世軍本営, 1987年)

Bowley, A., *A Memoir of Professor Sir Arthur Bowley (1869-1957) and His Family*, U. K., 1972.

Bowley, A. L., "Changes in average wages in the United Kingdom between 1860 and 1891", *Journal of Royal Statistical Society*, vol. 58, no. 2, 1895, pp. 223-285.

Bowley, A. L., "Working-class households in Reading," *Journal of Royal Statistical Society*, vol. 76, no. 7, 1913, pp. 672-701.

Bowley, A. L., *The Nature and Purpose of the Measurement of Social Phenomena*, P. S. Kin & Son, Lodon, 1915.

Briggs, A., *A Study of the Work of Seebohm Rowntree*, Longmans, London, 1961.

Brooke, M. Z., *Le Play: Engineer & Social Scientist*, Longman, London, 1970.

Burnett, J., *A History of the Cost of Living*, Penguin Books, Harmondsworth, England, 1969.

Canning, J. (ed.), *The Illustrated Mayhew's London*, Guild Publishing, London, 1986. (植松靖夫訳『ヴィクトリア時代ロンドン路地裏の生活誌』原書房, 1992年, 上・下巻)

Cantril, H., *The Pattern of Human Concerns*, Rutgers University Press, New Brunswick, New Jersey, 1965.

Creedy. J., "F. Y. Edgeworth, 1845-1926", in O'Brien, D. P. and Presley, J. R. (eds.), *Pioneers of Modern Economics in Britain*, Macmillan, London, 1981, pp. 72-104.（井上琢磨他訳『近代経済学の開拓者』昭和堂，1986年，pp. 75-105）

Crocker, D. A., "Functioning and capability: the foundations of Sen's and Nussbaum's development ethic," in Nussbaum, M. C. and Glober, J. (eds.), *Women, Culture and Development: A Study in Human Capabilities*, Clarendon Press, Oxford, 1995, pp. 153-198.

Daly, H. E. and Farley, J., *Ecological Economics: Principles and Applications*, Island Press, Washington D. C., 2003.（佐藤正弘訳『エコロジー経済学』NTT出版，2014年）

Daly, H. E. and Cobb Jr., J. B., *For the Common Good*, Beacon Press, Boston, MA, 1989.

Darnell, A., "A. L. Bowley, 1869-1957," in O'Brien, D. and Presley, J. (eds.), *Pioneers of Modern Economics in Britain*, Macmillan, London, 1981, pp. 140-174.

De Steiguer, J. E., *The Age of Environmentalism*, McGraw-Hill, New York, 1997.（新田功他訳『環境保護主義の時代』多賀出版，2001年）

Des Jardin, J. R., *Environmental Ethics: An Introduction to Environmental Philosophy* (3rd ed.), Wadsworth, Belmont, California, 2001.（新田功・生方卓・藏本忍・大森正之訳『環境倫理学：環境哲学入門』人間の科学新社，2005年）

Dinwiddy, J. R., *Bentham*, Oxford University Press, Oxford, 1989.（永井義雄・近藤加代子訳『ベンサム』日本経済評論社，1993年）

Doyal, L. and Gough, I., *A Theory of Human Need*, Guilford Press, New York, 1991.

Ducpétiaux, É., *Budgets économiques des classes ouvriéres en belgique: subsistances, salaires, population*, Commission Centrale de Statistique, Bruxelles, 1855.

Edgeworth, F. Y., *Mathematical Psychics: An Essay on the Application of*

Mathematics to the Moral Science, in Newman, P. (ed.), *F. Y. Edgeworth's Mathematical Psychics and Further Papers on Political Economy*, Oxford University Press, Oxford, 2003, pp. 1-174.

Edgeworth, F. Y., *New and Old Methods of Ethics*, in Newman, P. (ed.), *F. Y. Edgeworth's Mathematical Psychics and Further Papers on Political Economy*, Oxford University Press, Oxford, 2003, pp. 175-274.

Engel, E., *Die Lebenskosten Belgischer Arbeiter-Familien: Früher und Jetzt*, C. Heinrich, Dresden, 1895.（森戸辰男訳『ベルギー労働者家族の生活費』栗田出版会，1968年）

Esping-Andersen, G., "Social indicators and welfare monitoring," *Social Policy and Development Programme Paper*, no. 2, May 2000.（渡辺雅男・渡辺景子訳『福祉国家の可能性：改革の戦略と理論的基礎』桜井書店，2001年）

Frank, G. G., *The Third Force: The Psychology of Abraham Maslow*, Grossman, New York, 1970.（小口忠彦監訳『マズローの心理学』産業能率大学出版部，1972年）

Frank, R. H., *Luxury Fever: Why Money Fails to Satisfy in an Era of Excess*, Free Press, New York, 1999.

Galbraith, J. K., *The Affluent Society*, Houghton Mifflin, Boston, 1958.（鈴木哲太郎『豊かな社会』岩波書店，1960年）

Goldfrank, W. L., "Reappraising Le Play," in Oberschall, A. (ed.), *The Establishment of Empirical Sociology: Studies in Continuity, Discontinuity, and institutionalization*, Harper Raw, New York, 1972, pp. 130-151.

Hindriks, J. and Myles, G. D., *Intermediate Public Economics* (2nd ed.), MIT Press, Cambridge, MA, 2013.

Houthakker, H. S., "Revealed preference and the utility function", *Economica*, new series, vol. 17, 1950, pp. 159-174.

Hicks, J. R., *Value and Capital*, Clarendon Press, Oxford, 1939.（安井琢磨・熊谷尚夫訳『価値と資本』岩波現代叢書，1951年）

Hutchison, T. W., *A Review of Economic Doctrines 1870-1929*, Claredon Press,

Oxford 1953.（長守善他訳『近代経済学説史』東洋経済新報社，1957 年，上・下巻）

Jevons, W. S., *The Theory of Political Economy* (5th ed.), Macmilan, London; reprint, Augustus M. Kelly, New York, 1965.（小泉信三他訳・寺尾琢磨改訳『経済学の理論』日本経済評論社，1981 年）

Keynes, J. M., *Essays in Biography, The Collected Writings of John Maynard Keynes, vol. X*, Macmillan, London, 1972.（大野忠男訳『人物評伝（ケインズ全集第 10 巻）』東洋経済新報社，1980 年）

Lagrange, J., "Essai d'arithmetique sur les premiers besoins de l'inteirur de la republique," *Œuvre*; reprint Georg Olms Verlag, Hildesheim, Niedersachsen, 1973, tome 7, pp. 571-579.

La Play, F., *Les ouvrier européens*, Imprimerie Imperial, Paris, 1955.

Le Play, F., *Les ouviers européens* (2e éd), Tour, Paris, 1879, tome 1. Academie Royal de Belgique, *Bibliographie nationale*, Bruxelles, tome 31, supplement 4, 1964, pp. 154-176.

Le Play, A., "Souvenirs sur Frédéric Le Play," in Société d'Économic et de Science Sociales, *Recueil d'études sociales a la memoire de Frédéric Le Play*, A. et J. Picard, Paris, 1956, pp. 3-13.

Little, I. M. D., "A reformulation of the theory of consumer's behaviour," *Oxford Economic Papers*, new series, vol. 1, no. 1, 1949, pp. 90-99.

Marshall, A., *Principles of Economics* (9th ed.), Macmillan, London, 1961.（馬場啓之助訳『経済学原理』東洋経済新報社，1965 年，第 I 巻）

Mátyás, A., *History of Modern Non-Marxian Economics* (2nd ed.), Macmillan Education, London, 1985.（関恒義監訳『近代経済学の歴史』大月書店，1984 年，上・下巻）

Maunder, W. F., "Sir Arthur Lyon Bowley (1869-1957)," in Kendall, M. and Plackett, R. L. (eds.), *Studies in the History of Statistics and Probability*, Charles Griffin, London, vol. 2, 1977, pp. 459-480.

Max-Neef, M., "Development and human needs," in Ekins, P. and Max-Neef, M. (eds.), *Real-Life Economics*, Routledge, London, 1992, pp. 197-213.

Mill, J. S., *Utilitarianism, Liberty & Representative Government*, Dent, London, 1910. (井原吉之助訳「功利主義論」『ベンサム　J. S. ミル　世界の名著 38』中央公論社，1967 年，pp. 459-528）

Morris, D. M., *Measuring the Condition of World's Poor: The PQLI*, Pergamon, New York, 1979.

Mueller, D. C., *Public Choice III*, Cambridge University Press, New York, 1989. (加藤寛監訳『公共選択論』有斐閣，1993 年）

Newman, G., *The Building of a Nation's Health*, Garland, New York, 1985.

Newman, P., "Francis Ysidro Edgeworth," in Newman, P. (ed.), *F. Y. Edgeworth's Mathematical Psychics and Further Papers on Political Economy*, Oxford University Press, Oxford, 2003, pp. xiii-xLix.

Nissel, M., "*Social Trends* and social change", *Journal of Royal Statistical Society*, Series A, vol. 158, part 3, 1995, pp. 491-504.

Nordhous, W. D. and Tobin, J., "Is growth obsolete?", Moss, M. (ed.), *The Measurement of Economic and Social Performance, Studies in Income and Wealth*, vol. 38, National Bureau of Economic Research, New York, 1973.

Nussbaum, M. C., "Human capabilities, female human beings," in Nussbaum, M. C. and Glober, J. (eds.), *Women, Culture, and Development: A Study in Human Capabilites*, Oxford University Press, Oxford, 1995, pp. 73-85.

OECD Social Indicators Development Programme, *Measuring Social Well-being*, OECD, Paris, 1976. (小金芳弘監訳『「暮らし良さ」測定法の研究』至誠堂，1979 年）

Ogburn, W., *Social Change, with Respect to Culture and Original Nature*, Huebsch, New York, 1922. (雨宮庸藏・伊藤安二訳『社會變化論』育英書院，1944 年）

Pareto, V., *Manuel di economia politica*; reprint, Verlag Wirtscaft und Finanzen, Düsseldorf, 1992. (Traduit par Bonnet, A., *Manuel d'économie politique*, Librarie Droz, Genève, 1966), (Translated from French edition by Schwier, A., *Manual of Political Economy*, A. M. Kelly, New York, 1971)

Petty, W., *The Political Anatomy of Ireland*, in Hull, C. H. (ed.), *The Economic Writings of Sir William Petty*, Cambridge University Press, Cambridge, 1899; reprint, Augustus M. Kelley, 1986.（松川七郎訳『アイァランドの政治的解剖』岩波文庫，1951 年）

Petty, W., *Political Arithmetic*, in Hull, C. H.（ed.）, *The Economic Writings of Sir William Petty*, Cambridge University Press, Cambridge, 1899; reprint, Augustus M. Kelley, 1986.（大内兵衛・松川七郎訳『政治算術』，岩波文庫，1955 年）

Phillips, D., *Quality of Life: Concepts, Policy and Practice*, Routledge, London, 2006.（新田功訳『クオリティ・オブ・ライフ』人間の科学新社，2011 年）

Pigou, A. C., *The Economics of Welfare*（4th ed.）, Macmillan, London, 1960.（気賀健三・千種義人訳『厚生経済学』東洋経済新報社，1953 年，Ⅰ-Ⅳ 巻）

Plamenatz, J. P., *The English Utilitarians*, Basil Blackwell, Oxford, 1949.（堀田彰他訳『イギリスの功利主義者たち：イギリス社会・政治・道徳思想史』福村出版，1974 年）

President's Research Committee on Social Trends, *Recent Social Trends in the United States*, McGraw-Hill, New York, 1933; reprint, Arno Press, New York, 1979.

Rapley, M., *Quality of Life Research: A Critical Introduction*, Sage Publications, London, 2003.

Rawls, J., *A Theory of Justice*（rev. ed.）, Harvard University Press, Cambridge, MA, 1999.（川本隆史・福間聡・神島裕子訳『正義論（改訂版）』紀伊國屋書店，2010 年）

Robbins, L., *An Essay on the Nature & Significance of Economic Science*（2 nd ed.）, Macmillan, London, 1952.（辻六兵衛訳『経済学の本質と意義』東洋経済新報社，1957 年）

Robertson, D. H., *Lectures on Economic Principles*, Staples Press, London, 1957, vol. 1.（森川太郎・高本昇訳『経済原論講義』東洋経済新報社，1960 年，第 1 巻）

Rowntree, S., *Poverty: A Study of Town Life*, Macmillan, London, 1901.（長沼弘毅訳『貧乏研究』千城，1975 年）

Sametz, A. W., "Production of goods and services: the measurement of economic growth", in Sheldon, E. B. and Moore, W. E. (eds.), *Indicators of Social Change: Concepts and Measurement*, Russel Sage Foundation, New York, 1968, pp. 76-96.

Samuelson, P. A., *Foundations of Economic Analysis*, Harvard University Press, Cambridge, MA, 1947.（佐藤隆三訳『経済分析の基礎』勁草書房，1967 年）

Samuelson, P., "A note on the pure theory of consumer's behavior," in Stiglitz, J. E. (ed.), *The Collected Scientific Papers of Paul A. Samuelson*, MIT Press, Cambridge, MA, 1966, vol. 1. pp. 3-14.（宇佐美泰生他訳「消費者行動の純粋理論に関するノート」篠原三代平・佐藤隆三編『消費者行動の理論（サミュエルソン経済学体系2）』勁草書房，1980 年，pp. 65-77）

Samuelson, P. A., "Arrow's mathematical politics," in Stiglitz, J. E. (ed.), *The Collected Scientific Papers of Paul A. Samuelson*, MIT Press, Cambridge, MA, 1966, vol. 3. pp. 411-421.

Sen, A., "The impossibility of a Paretian Liberal," *Journal of Political Economy*, vol. 78, no. 1, 1970, pp. 152-157.（大場健・川本隆史訳『合理的な愚か者』勁草書房，1989 年，pp. 1-14）

Sen, A., *Inequality Reexamined*, Oxford University Press, Oxford, 1992.（池本幸夫・野上裕生・佐藤仁訳『不平等の再検討』岩波書店，1999 年）

Sen, A., *Commodities and Capabilities*, Oxford University Press, New Delhi, 1985.（鈴村興太郎訳『福祉の経済学：財と潜在能力』岩波書店，1988 年）

Sen, A., *The Idea of Justice*, Penguin Books, London, 2000.（池本幸夫訳『正義のアイデア』明石書店，2011 年）

Sheldon, E. B. and Moore, W. E., "Monitoring social change in American society," in Sheldon, E. B. and Moore, W. E. (eds.), *Indicators of Social*

Change, Russell Sage Foundation, New York, 1963, pp. 3-24.

Sidgwick, H., *The Methods of Ethics* (7th ed.), Hackett Publishing, Indianapolis, 1981.

Sidgwick, H., *The Principles of Political Economy* (3rd ed.), Macmillan, London, 1901.

Silver, C. B., *Frédéric Le Play: On Family, Work, and Social Change*, The University of Chicago Press, Chicago, 1982.

Smelser, N. J., "The Ogburn vision fifty years later," in Smelser, N. J. and Gerstein, D. R., (eds.), *Behavioral and Social Science: 50 Years of Discovery*, National Academy Press, Washington D. C., 1986, pp. 21-36.

Stiglitz, J. E. (ed.), *The Collected Scientific Papers of Paul A. Samuelson*, MIT press, Cambridge, MA, 1966, vol. 1-3.（篠原三代平，佐藤隆三編『サミュエルソン経済学大系2　消費者行動の理論』勁草書房，1980年）

Stone, R., *Some British Empiricists in the Social Sciences, 1650-1900*, Cambridge University Press, Cambridge, 1997.

Sugden, R., "Welfare, resources, and capabilities: a review of *Inequality Reexamined* by Amartya Sen," *Journal of Economic Literature*, vol. 31, 1993, pp. 1941-1962.

Sumner, L. W., *Welfare, Happiness & Ethics*, Oxford University Press, New York, 1996.

U. S. Department of Health, Education, and Welfare, *Toward a Social Report*, University of Michigan Press, Michigan, 1970.

United Nations, *International Definition and Measurement of Levels of Living*, E/CN.5/353, 1961.

Varian, R. H., *Intermediate Microeconomics: A Modern Approach* (7th ed.), W. W. Norton, New York, 2006.（佐藤隆三訳『入門ミクロ経済学』勁草書房，2007年）

Westergaard, H., *Contributions to the History of Statistics*, P. S. King & Son, London, 1932; reprint, Augustus M. Kelly, New York, 1969.（森谷喜一郎訳『統計學史』栗田書店，1943年）

＜邦文＞

秋田茂「パクス・ブリタニカの盛衰」川北稔編『イギリス史』山川出版社，1998 年，pp. 295-334。

阿部實『チャールズ・ブース研究：貧困の科学的解明と公的扶助制度』中央法規出版，1990 年。

池田俊也・色岩健他「日本語 EQ-5D-5L におけるスコアリング法の開発」『保健医療科学』第 64 巻第 1 号，2015 年，pp. 47-55。

石田忠「チャールズ・ブースのロンドン調査について」『社会學研究』第 2 号，1959 年 3 月，pp. 313-385。

泉谷周三郎「J. S. ミルの功利主義とシジウィック」行安茂編『H. シジウィック研究』以文社，1992 年，pp. 173-195。

泉谷周三郎『ヒューム』研究社出版，1996 年。

板谷淳一・佐野博之『コア・テキスト　公共経済学』新世社，2013 年。

岩田正美・上野谷加代子・藤村正之『ウェルビーイング・タウン社会福祉入門』有斐閣アルマ，1999 年。

内井惣七『自由の法則　利害の論理』ミネルヴァ書房，1988 年。

エンゲルス，F 著，一條和生・杉山忠平訳『イギリスにおける労働者階級の状態』岩波文庫，1990 年，上・下巻。

大石繁宏『幸せを科学する』新曜社，2009 年。

大野忠男「限界革命の承継と発展」熊谷尚夫・大石泰彦編『近代経済学史』有斐閣双書，1970 年，pp. 87-127。

岡部光明『人間性と経済学』日本評論社，2017 年。

奥野満里子『シジウィックと現代功利主義』勁草書房，1999 年。

奥村忠雄「外国における家計研究の系譜」『大阪市立大学家政学部紀要』第 9 集，1961 年，pp. 199-211。

奥村忠雄・多田吉三『家計調査の方法』光生館，1981 年。

大橋照枝『静脈系社会の設計：21 世紀の新パラダイム』有斐閣，2000 年。

桂昭政『国民経済計算と経済厚生』桃山学院大学総合研究所，1992 年。

加藤尚武『現代倫理学入門』講談社学術文庫，1997年。

金森久雄・高瀬百合子・鵜野公郎『経済成長と福祉：日本のNNWの推計』日本経済研究センター，研究報告No. 41，1977年9月。

川北稔編『イギリス史』山川出版社，1998年。

川本隆史『現代倫理学の冒険：社会理論のネットワーキングへ』創文社，1995年。

川本隆史『ロールズ　正義の原理』講談社，2005年。

菊川忠夫『J. S. ミル　人と思想18』清水書院，1966年。

木村和範『標本調査法の生成と展開』北海道大学図書刊行会，2001年。

経済審議会NNW開発委員会編『新しい福祉指標NNW』大蔵省印刷局，1973年。

児山正史「青森県政策マーケティング委員会の7年（1）：自治体行政における社会指標型ベンチマーキングの活用」『人文社会論叢（社会科学編）』第16号，2007年，pp. 57-77。

児山正史「青森県政策マーケティング委員会の7年（2・完）：自治体行政における社会指標型ベンチマーキングの活用」『人文社会論叢（社会科学編）』第17号，2007年，pp. 131-153。

佐伯胖『「決め方」の論理』東京大学出版会，1980年。

定方正毅『中国で環境問題にとりくむ』岩波新書，2000年。

清水幾太郎『倫理学ノート』岩波書店，1972年。

塩野谷祐一『価値理念の構造』東洋経済新報社，1984年。

鈴村興太郎・後藤玲子『アマルティア・セン：経済学と倫理学』実教出版，2001年。

関嘉彦「ベンサムとミルの社会思想」『ベンサム　J. S. ミル　世界の名著38』中央公論社，1967年，pp. 5-68。

高根正昭『創造の方法学』講談社現代新書，1979年。

武川正吾『福祉社会：社会政策とその考え方』有斐閣アルマ，2001年。

千種義人『ピグー　経済学者と現代7』日本経済新聞社，1979年。

塚崎智「シジウィックの直覚主義」行安茂編『H. シジウィック研究』以文社，1992年，pp. 156-172。

島井哲志編『ポジティブ心理学：21世紀の心理学の可能性』ナカニシヤ出版，2006年。

西尾孝司『ベンサムの幸福論』晃洋書房，2005年。

新田功「国際連合における福祉指標の開発に関する一考察」『政経論叢』第51巻第1号，1982年，pp. 51-85。

新田功「福祉水準の国際比較についての一考察：開発途上国の福祉水準の計測の問題を中心にして」『政経論叢』第61巻第5・6号，1993年，pp. 89-138。

新田功「ニーズの概念とその数量化の理論的枠組み」『政経論叢』第73巻第3・4号，2005年，pp. 33-60。

新田功「高齢化社会とQuality of Life（QOL）の指標化」『明治大学社会科学研究所紀要』第43巻第2号，2005年，pp. 139-152。

新田功「クオリティ・オブ・ライフの数量化と幸福計算」『明治大学社会科学研究所紀要』第47巻第1号，2008年，pp. 153-188。

新田功編著『日本人と持続可能な社会』人間の科学新社，2008年。

新田功「クオリティ・オブ・ライフ測定の枠組みと方法論」『いきがい研究』第17号，2011年，pp. 30-45。

新田功「現代経済学と効用」『政經論業』第87巻，第3・4号，2019年，pp. 249-291。

深見保則「シジウィックの経済社会論」行安茂編『H. シジウィック研究』以文社，1992年，pp. 73-91。

福岡正夫「パレートの経済学」『三田学会雑誌』第99巻第4号，2007年1月，pp. 3-29。

福士正博「アーサー・ヤングと貧困問題」『土地制度史学』第105号，1984年，pp. 52-62。

本郷亮「ピグー：厚生の経済学」小峯敦編『福祉の経済思想家たち』ナカニシヤ出版，2007年，pp. 127-137。

松川七郎『ウィリアム・ペティ』岩波書店，1967年。

松田智大「QOL測定の方法論と尺度の開発」『保健医療科学』第53巻第3号，2004年，pp. 181-185。

丸山徹「ジェヴォンズの経済理論」R. ケーネカンプ・丸山徹著，内川智子・中山千佐子訳『ジェヴォンズ評伝』慶応通信，1986 年，pp. 141-246。
三重野卓『福祉と社会計画の理論：指標・モデル構築の視点から』白桃書房，1984 年。
三重野卓『「生活の質」の意味：成熟社会，その表層と深層へ』白桃書房，1990 年。
三重野卓『「生活の質」と共生』白桃書房，2004 年。
三重野卓『福祉政策の社会学：共生システム論への計量分析』ミネルヴァ書房，2010 年。
三重野卓「政策評価とソーシャル・ガバナンス」金子勇編著『計画化と公共性』ミネルヴァ書房，2017 年，pp. 63-88。
三重野卓「共生システムの論理と分析：『生活の質』およびガバナンスとの関連で」『応用社会学研究』，no. 60，2018 年，pp. 135-146。
水谷重秋『厚生経済学と社会的選択の理論』日本経済評論社，2012 年。
村上文司「フレデリック・ル・プレーの生涯」『釧路公立大学紀要：人文・自然科学研究』第 20 号，2008 年，pp. 3-23。
村上文司「エルンスト・エンゲルの生涯」『釧路公立大学紀要：人文・自然科学研究』第 23 号，2011 年，pp. 1-23。
山崎聡「シジウィック：アートとしての経済学」小峯敦編『福祉の経済思想家たち』ナカニシヤ出版，2007 年，pp. 69-79。
山田孝雄『ベンサム功利説の研究』大明堂，1970 年。
山田英世『ベンサム　人と思想 16』清水書院，1967 年。
行安茂編『H. シジウィック研究』以文社，1992 年。

索　引

A〜Z

ADL	234
EQ-5 D	233, 234
EuroQol	233
HDI	239-243
HRQOL	233-236
IADL	234
MEW	93-95
NNW	95
OECDの社会指標	103
PQLI	239, 240
QALY	234
QOL指標作成のフローチャート	219
SF-12 v	235
SF-36	234
t 分布	77
utility	139, 140, 150
welfare	150
WHOQOL	234

あ 行

アイルランド	6-9
アイルランドの独立問題	49
アイルランドの政治的解剖	6
青森県政策マーケティング指標	237, 238
アダム・スミス賞	73
アトウォーター, W. O.	66
アリストテレス主義者	197
アロー, K. J.	184
アローの不可能性定理	184-187
イーストホープ, G.	44
イーデン, F. M.	19-21
イェンセン, A.	75
石田忠	52
ウェッブ, S.	48
ウォーバートン, D. M.	226
ウォリントン	80
ウォレス, W.	221-223
ウォレスの循環図	222
エスピン-アンデルセン, G.	111
エッジワース, F. Y.	77, 145-149, 160, 161
エピクロス	130
エルヴェシウス, C. A.	126
エンゲル, C. L. E.	21, 37-41
エンゲルス, F.	45
エンゲルの法則	37, 40, 42
王立統計協会	50
オーストラリア統計局	218
オグバーン, W. F.	85, 86
オズワルド, A.	228

か 行

カーネマン, D.	243
外延的方法	63
下位関心	103
概念規定	218
快楽	125-128, 141
下位領域	103
格差原理	181
家事労働	94
家族	3
可測福祉	98
家族モノグラフ	28-32
価値研究	224
価値判断	223-225
価値論的カテゴリー	201
カップ, K. W.	93
環境クズネッツ曲線	249
環境パフォーマンス指数	248
カント, I.	133
帰結主義	122
基数的効用	165
規則功利主義	135
機能	192-195, 201
機能・潜在能力のリスト	196
基本的ニーズ	198, 199
基本的欲求	198
義務教育制度	47
木村和範	75

義務論	122	幸福で不満足	227	塩野谷祐一	223, 224
客観的QOL	226	幸福で満足	227	シジウィック, H.	132-138, 155
客観的幸福	227	効用	120, 146, 152		
強持続可能性	247	効用曲面	162, 163	指数	73
キング, G.	14-17	効用度	143	シスモンディ, J. C. L. S.	93
キング牧師	90	効用の可測性	144	自然主義的誤謬	130
クェーカー教	61	効用の比較可能性	146	持続可能性	247
苦痛	125-128, 141	功利主義	129, 130, 133, 134, 141, 146	持続可能な発展のモデル	248
グラント, J.	4, 14			七月革命	24, 33
グローバルレベルのQOL	232	コーエン, W. J.	89, 91	質的功利主義	131
クロッカー, D. A.	197	ゴーマン, W. H.	192	私的純限界生産物	93
クロムウェル, O.	5	国民生活指標	106	ジニ係数	99
経済的厚生	153	国民生活審議会調査部会	104	清水幾太郎	124
契約曲線	147	国民分配分	152, 155, 156	社会指標	88, 91
ケインズ, J. M.	140, 146, 147	国連憲章	96	社会指標運動	85
ケット	41	国連社会開発研究所	98	社会進歩指標	243
欠乏	229	ゴセット, W. S.	77	社会選択論	184-190
ケトレー, L. A. J.	37	古典的功利主義	180	社会的関心	103
ケネディ, J. F.	90	ゴフ, I.	236	社会的厚生関数	173-183
ケネディ, R.	90	コブデン賞	72	社会の純限界生産物	93
限界効用	143, 144	コント, I. A. M. F. X.	25	社会の無差別曲線	176
限界効用逓減の法則	156-159	コンポーネント・アプローチ	99	社会変動	86
限界代替率	166			社会民主連盟	48
限界代替率逓減の原理	166	**さ 行**		社会目標	102
研究の循環図	222			弱持続可能性	247
健康関連QOL	233	サーベイ法	44-46, 56	シャトーヌフ, L.-F. B.	22
顕示選好	167-173	最小限のリベラリズム	188	集中的方法	63
顕示選好の強公理	172	最大多数の最大幸福	125, 146	主観的QOL	226, 228
顕示選好の弱公理	169, 170	ザクセン王国	37, 40	主観的幸福	227
原初状態	180	定方正毅	250	主観的福祉	106
行為功利主義	135	サミュエルソン, P. A.	169-172, 174, 175	手段的消費	94
厚生	120, 152			ショー, G. B.	48
厚生主義	122, 176	サン・シモン, C. H.	24	序数的効用理論	160, 167
厚生主義的帰結主義	191	シーニア, N. W.	137	ジョンソン, L. B.	89
公正な機会均等の原理	182	ジェボンズ, W. S.	139-145, 147	新厚生経済学	159
幸福関数	193			新国民生活指標	106
幸福計算	127, 128	シェルドン, E. B.	88	人的欲求理論	236

新版社会指標		106
推移律		185
スコット, W.		101
スタンレー		80
スチュアート朝		5
スミス, A.		138, 139
生活規準		96
生活水準		3, 96, 99
生活水準指数		99, 101
生活標準		3, 82, 96
生産的消費		38
政治算術		6, 10, 12
生の質		235
生命の質		235
セー, J. B.		142
世界幸福度報告		243-246
セン, A.		187-197, 236
選好		136
潜在能力		191-197, 201
全体的功利		137
全部効用		143
操作定義		218
存在論的カテゴリー		201

た 行

代表法		75
ダヴェナント, C.		13
脱工業社会		93
ダルキー, N. C.		107, 110
タワーハムレッツ地区		52-55
チェンバリン, J.		55
直感（直覚）主義		133
ディーナー, E.		227, 243
デイヴィーズ, D.		19
定義域の非限定性		187
ティペット, L. H. C.		77
デイリー, H. E.		201, 202
適応		229
デモス		43
デュクペショー, É. A.		33-37
デルファイ法		107
ドイアル, L.		236
トインビー・ホール		49
ドウォーキン, R.		191
投票のパラドックス		184, 185
ドーパミン		226
トービン, J.		93, 94
特性		192
ドレブノフスキ, J.		98-102
トンネルルート理論		250

な 行

ナポレオンⅢ世		26
ニュートン, I.		124
人間開発指数（HDI）		239-243
ヌスバウム, M. C.		195-197, 236
ネイマン, J.		77
ノーザンプトン		79
ノージック, R.		191
ノードハウス, W.		93, 94
望ましい意識状態		134

は 行

バーグソン, A.		174
バーグソン=サミュエルソン型社会的厚生関数		174-178
バーネット夫妻		49
バービア, E.		247
ハインドマン, H. M.		48-50, 55
バウアー, R.		89
ハウタッカー, H. S.		172
バトラー, J.		133
バラット, A.		145
ハルツ鉱山		29
パレート, V. F. D.		160-162, 166
パレート原理		187
パレート最適性		186
パレート派リベラルの不可能性		187-190
反射率		185
ピアス, D.		247
非貨幣的指標		97, 102
非帰結主義		122
ピグー, A. C.		93, 137, 150, 152-155
非生産的消費		38
ヒックス, J. R.		162-167
非物質的生産		38
ヒューム, D.		126
標本抽出		77
標本理論		77
ヒル, O.		49
貧困線		79, 83, 240
貧困調査		50-61
ファー, W.		46
ファーレイ, J.		201, 202
フィッシャー, R.		77
フィリップス, D.		226, 229
ブース, C.		46-50, 63, 64
ブース, W.		62
フーバー, H. C.		85
フェビアン協会		48
フェヒナー, G. T.		146
不可能性定理		186
福祉		229
福祉状態		99
福祉水準指数		99, 102
不幸で不満足		227

索引 271

不幸で満足	227	マクロレベルのQOL	232	欲求段階説	198
不調和	229	マズロー, A. H.	198	よりよい暮らし指標	243
物質的生産	38	マックス-ニーフ, M.	199–202		
物質的貧困	151	マルクス, E.	48	ら 行	
普遍的快楽主義	136	マルクス, K. H.	21	ラヴォワジェ, A.-L.	22
ブボルツ, M.	231	マルクス主義	48	ラウントリー, J.	62
ブラウ, J. H.	186	ミクロレベルのQOL	232	ラウントリー, S.	61–68, 70
プラムナッツ, J. P.	124	ミッチェル, W. C.	85	ラグランジュ, J.-L.	22
ブランチフラワー, D.	228	ミル, J.	129	ラブレー, M.	217, 229
プリーストリ, J.	126	ミル, J. S.	129–133, 137	ランカスター, K. J.	192
プリンピキア	124	民主同盟	48	乱数表	77
プロファイル型指標	234	ムーア, W. E.	88, 130	ランド研究所	107
平均的功利	137	無拠出老齢年金法	61	リカードゥ, D.	139
ヘイグ, J.	220, 221	無差別曲線	147, 160–167, 171	利己的快楽主義	136
ペティ, W.	4-6	無知のベール	181	リトル, I. M. D.	170
ヘリウェル, J. F.	243	メイヒュー, H.	45	量的功利主義	128
ベル, D.	93	メゾレベルのQOL	232	臨界点	99
ベンサム, J.	124–129, 141, 146	メタ分析	228	倫理的価値判断	174
ベンサム型社会的厚生関数	178–180	モーリス, M. D.	239	ル・プレー, F. G.	22–32, 37-39
		目標分野	104	ルーカス, R. E.	227
ポーター, M.	243	モノグラフ法	27, 75	レディング調査	76–79
ボーモル, W.	176	モリス, W.	48	連結律	185
ボーレー, A.	73			ロールズ, J. B.	180, 191
ボーレー, A. L.	72–84	や 行		ロールズ型社会的厚生関数	182
補償原理	159	ヤング, A.	18		
ポッター, B.	55	有意抽出	75	ロールズ型社会的無差別曲線	183
		豊かさのパラドックス	233	ロバートソン, D. H.	167
ま 行		ユニテリアン主義	90	ロビンズ, R. C.	157–159
マーシャル, A.	72, 150–153, 155, 162, 165	ヨーク	139, 140, 150	ロンドン・スクール・オブ・エコノミクス	74
マーンズ, A.	49	ヨーク調査	63–71		
マキシミン・ルール	182	余暇時間	94	ロンドン調査	50, 70
		予算制約線	164		

あとがき

　広義の福祉（QOL）はとらえどころのない概念であり，筆者のような凡庸な研究者が研究成果を上げるために選ぶべきテーマではない。本書を書き上げるまで徒に時間が経過したのは，この茫漠としたテーマを研究する独自の切り口が容易に見つからなかったためである。

　本書の第Ⅰ章の着想を得たのは，1984 年のノーベル経済学書受賞者リチャード・ストーンの『1650 年～1900 年の社会科学におけるイギリスの経験主義者たち』（1997 年）を偶然手にしたことであった。国民経済計算の泰斗であるはずのストーンが，ペティからチャールズ・ブースにいたるまでのイギリス社会経済統計学史を見事に物していることに感嘆した。このことを契機として，福祉（QOL）測定の歴史をペティから書き始め，ストーンが論じていない 19 世紀末までのイギリス内外の動向と 20 世紀以降の推移を調べるという方針で研究を進めた。ル・プレーについては，彼が鉱業大学教授であったことを正しく伝える邦語文献が存在するにもかかわらず，彼を「鉱山技師」と紹介する社会学のテキストが少なからずあることに疑問を抱いていたので，その来歴と業績を詳しく調べた。ちなみに，ル・プレーの『ヨーロッパの労働者』の初版本は明治大学図書館に稀覯本として所蔵されている。ボーレーについても，明治大学図書館に彼の蔵書が所蔵されているにもかかわらず，本学で彼についての研究をしているという教員がいることを寡聞にして聞かない。また，ローントリーについては，学部学生のときに石田忠先生の社会保障論の授業中に，石田先生がローントリーの住まいを訪れたことをお聞きしたことを懐かしく思い出す。

　第Ⅱ章は，清水幾太郎の『倫理学ノート』を読み直してみると，並み居る経済学者が及ばないほどに清水が幸福計算を歯切れ良く論じていることに感心したことが契機となって書き始めた。ベンサムからロビンズまでの幸福計算論の盛衰については 2008 年に書き上げたものの，ヒックス以降の現代経済学における効用を巡る議論を理解し，論文の形にまとめるのに時間を要し

た。経済理論を教える機会があれば，講義や学生との議論の中で知識の錬磨がなされるに違いないが，統計学を生業とする筆者にはそのような機会がなかった。このため，自問自答しながら書き進める以外に方法はなかった。しかし，苦しみばかりというわけではなく，公共経済学の文献を手にした際には喜びを感じた。

　第Ⅲ章は，これまで筆者が折に触れて書いてきたことをまとめただけなので，おそらくQOLの研究者であれば誰でも書けるような内容であるに違いない。同章が後続の研究者の道標になれば幸いである。

　本書を結ぶにあたり，最初に，学部のゼミおよび大学院修士課程の指導教授であった吉田忠雄先生，博士後期課程から指導して下さった不肖の弟子に，明治大学政治経済学部に奉職する機会を与えて下さった飯塚仁之助先生を筆頭として，山本恭逸学兄，穴田義孝先生，清水浩昭先生をはじめ多数の先生方の学恩に感謝申し上げたい。次に，本書の原稿をもって明治大学社会学研究所叢書の出版助成に応募した際に，貴重なコメントを下さった2人の査読者の先生方に御礼申し上げたい。最後に，本書の出版を快く引き受けて下さった白桃書房の大矢栄一郎社長と，これまで約40年間，筆者に分不相応の我が儘をさせてくれた妻に深く感謝申し上げる。

2019年9月18日
船橋の寓居にて

［著者紹介］

新田　功（にった　いさお）

最終学歴　明治大学大学院政治経済学研究科博士後期課程（退学）
現　　職　明治大学政治経済学部教授

【主要業績】

横田雅弘編著『海外留学がキャリアと人生に与えるインパクト』学文社，2018年

新田功編著『日本人と持続可能な社会』人間の科学新社，2008年

新田功・大滝厚・森久・坂井和男『経済・経営時系列分析』白桃書房，2001年

D. フィリップス『クオリティ・オブ・ライフ』人間の科学新社，2011年（単訳）

H. デイリー『持続可能な発展の経済学』みすず書房，2005年（共訳）

T. ヴァーガ『複雑系と相場』白桃書房，1999年（共訳）

E. ピーターズ『カオスと資本市場』白桃書房，1994年（単訳）

■福祉測定の歴史と理論
　―QOL研究の学際的総括と展望―

明治大学社会科学研究所叢書

■発行日——2019年12月6日　初版発行　　〈検印省略〉

■著　者——新田　功

■発行者——大矢栄一郎

■発行所——株式会社　白桃書房

〒101-0021 東京都千代田区外神田 5-1-15
☎03-3836-4781　📠03-3836-9370　振替00100-4-20192
http://www.hakutou.co.jp/

■印刷・製本——三和印刷

Ⓒ Isao Nitta 2019 Printed in Japan
ISBN978-4-561-86053-2 C3033

本書のコピー，スキャン，デジタル化等の無断複製は著作権法上での例外を除き禁じられています。本書を代行業者等の第三者に依頼してスキャンやデジタル化することは，たとえ個人や家庭内の利用であっても著作権法上認められておりません。

JCOPY〈出版者著作権管理機構 委託出版物〉
本書の無断複写は著作権法上での例外を除き禁じられています。複写される場合は，そのつど事前に，出版者著作権管理機構（電話 03-5244-5088，FAX 03-5244-5089，e-mail: info@jcopy.or.jp）の許諾を得てください。